2021
出国留学蓝皮书
——海外留学全攻略

中信银行股份有限公司　著

中国金融出版社

责任编辑：黄海清　童祎薇　白子彤

责任校对：潘　洁

责任印制：张也男

图书在版编目（CIP）数据

2021出国留学蓝皮书：海外留学全攻略/中信银行股份有限公司著. —
北京：中国金融出版社，2020. 2

ISBN 978 – 7 – 5220 – 1023 – 6

Ⅰ.①2… Ⅱ.①中… Ⅲ.①留学教育 — 研究 Ⅳ.①G648.9

中国版本图书馆CIP数据核字（2021）第 026775 号

2021出国留学蓝皮书：海外留学全攻略

2021 CHUGUO LIUXUE LANPISHU：HAIWAI LIUXUE QUAN GONGLÜE

出版
发行　　**中国金融出版社**

社址　　北京市丰台区益泽路2号

市场开发部　　（010）66024766，63805472，63439533（传真）

网 上 书 店　www.cfph.cn

　　　　　　（010）66024766，63372837（传真）

读者服务部　　（010）66070833，62568380

邮编　　100071

经销　　新华书店

印刷　　北京侨友印刷有限公司

尺寸　　169毫米×239毫米

印张　　24.25

字数　　358千

版次　　2021年4月第1版

印次　　2021年4月第1次印刷

定价　　65.00元

ISBN 978 – 7 – 5220 – 1023 – 6

如出现印装错误本社负责调换　联系电话（010）63263947

《2021出国留学蓝皮书》
编审委员会名单

主　编：吕天贵

编　委：赵彤玮　官　强

编　者：王　旭　时　慧　甄金辉　缪逸峰

　　　　王　烨　王　乐　郭云蔚　陈华珊

　　　　吴雨霏　陈思颖　温琪美　王　希

　　　　江　滢　吕可欣

序一　致敬每一个追梦留学家庭

吕天贵　中信银行股份有限公司副行长

1872年8月11日，一批年龄在9岁到15岁的少年，从上海登船出发，他们的目的地是美国旧金山。这些中国少年先后进入哈佛大学、麻省理工学院、耶鲁大学等美国著名学府，他们当中有容闳、詹天佑等人，日后成为中国铁路、电报、矿山事业的鼻祖。

120年前，梁启超先生在《少年中国说》中曾用"少年强则国强"，总结出人才对于国家未来的重要意义。120年后的今天，在实现中国梦的道路上，人才仍是不可或缺的重要因子。

从戊戌变法开始，中华民族经历了近百年的风云激荡史。当今中国正处在实现中华民族伟大复兴的关键时期，习近平总书记在浦东开发开放30周年庆祝大会上的讲话和在深圳经济特区建立40周年庆祝大会上的讲话再次强调了中国未来将坚持改革开放的决心和信心。中国更加广泛和深刻的对外开放，将带来更多的国际化人才需求。从这个意义上来说，每一个准备留学和已经留学的家庭都在用自己的实际行动推进着中国梦的实现，都必将为全面建设社会主义现代化国家、实现第二个百年奋斗目标作出贡献。

2020年，对于中国和世界都是非常特别的一年。即便是在如此不确定的背景下，中信银行仍然为国内外留学人员家庭做了大量的服务工作。疫情期间，中信银行积极打造疫情防控期出国金融业务绿色通道，为广大客户提供了便利化银行服务。加快构建出国金融生态场景，业内首家推出不占用客户便利化购汇额度的线上留学汇款产品。开展"信视界出国俱乐部"线上系列讲座活动，累计60余万人次参加。推出"爱心口罩万里递送"活动，向海外留学生客户累计发放口罩7万余只。每日发布"出国金融护航日历"，向留学客群传递境外疫情防控、签证及留学政策等重要资讯信息，践行零售银行"信守温度"的服务理念。

中信银行是一家有着23年出国金融业务服务经验，2000多名专业出国金融服务人员，权威合作美国、英国、新加坡、以色列等多国使馆签证业务的商业银行，始终以为出国客户提供贴心、全面、便利的服务为己任，以用创新性思维发现和满足客户的实际需求为目标。中信银行是国内首批获得国家外汇管理局批准，推出个人外汇业务的银行；是业内率先推出"全球签"一站式签证办理服务的银行，也是合作使馆最多的国内银行。"要出国，找中信"的品牌形象深入人心。今年来，我们深切感受到客户对留学选择的关注与困惑。因此，我们特邀中国社会科学院的专家团队进行大量调研，并邀请海外知名高校教授以及国内留学专家根据研究结果撰写出版全新的《2021出国留学蓝皮书——海外留学全攻略》。我们希望通过相对客观中立的研究成果，为客户作出的下一步选择尽绵薄之力。

中信银行出版出国留学类书籍已经进入第五个年头。这一举动表明了中信银行对于出国留学金融业务的重视，也说明中信银行对于出国留学人员和家庭的服务是长期的承诺。与此同时，我们也认识到，在中国继续深化改革开放的前提下，了解世界、学习世界的知识仍将是永恒不变的逻辑，中信银行将一如既往地加强和改进出国留学金融服务，继续做一家了解客户需求的有温度的银行。

书籍之外，如果您对留学有任何问题，也可以亲临我们的营业网点，我们的出国金融专家团队将一如既往，携手努力，成就每一个家庭的出国留学梦。

序二　扬帆远航　拥抱未来

国际教育专家　甄金辉

中国历史上从未有过今天这样令人瞩目的发展，中国教育的发展也从未有过今天这样的成就。得益于"科教兴国战略"和"面向世界、面向未来、面向现代化"的指导方针，在中国经济发展大潮的影响下，越来越多的年轻人走出国门。据教育部统计，1978—2019年，各类出国留学人员累计达656.06万人。习近平总书记在欧美同学会成立100周年庆祝大会上发言提出"支持留学、鼓励回国、来去自由、发挥作用"的十六字方针。在这个新时代留学工作方针的指引下，越来越多的留学生走出去并学成归国，投入祖国建设发展，为国家建设贡献自己的力量。

读万卷书，行万里路。留学的意义，更多聚焦在全球化语境下如何提升专业知识、增长见识、开阔视野以及培养创新精神，这也是万千留学家庭作出留学决定的原因。为什么要留学？如何选择学校？如何才能进入理想的学校？这可能是众多学子和家长关心的问题。《2021出国留学蓝皮书——海外留学全攻略》是一本具有较强专业性、实用性和可读性的留学指南书。该书对于国际教育体系，尤其是英美两国教育体系进行了详细专业的解读。同时，对留学前学生的学业及课外活动规划、留学中的校园生存法则及面临的困境与解决方案、留学后的就业选择进行了专业的分析与解读。相信读者读完此书，会对留学海外有相对全面且清晰的认识。

中国处于历史发展的重要时期，充满着各种机遇与挑战。这个时代鼓励走出去看世界，同时也拥抱优秀学子学成归国。希望年轻学子有一天直挂云帆归来，成为国之栋梁。

少年强则国强。这是一个中华民族复兴的伟大时代，这个时代需要开放与交流，需要更多的优秀学子跻身其中。留学从某种意义上讲，是一次远航。在这个大时代，远航是为了更好地归来。

序三 迈向全球化

Jean-Marc Coicaud　欧洲人文科学院院士
美国罗格斯大学法学院特聘讲席教授

2019年我出版的《从国家、国际和全球角度讨论正义：与顶尖思想家的对话》，汇集了来自世界各地（法国、英国、德国、葡萄牙、美国、印度、中国、日本等）国际法、哲学、政治学、国际关系和经济领域的顶尖学者的观点。这本书是我与每位学者进行的对话合集。目的是聆听这些重要的知识分子从他们各自的观点对当今世界的现状有什么看法。这也是为了确保对话的内容简明扼要，让来自世界各地、不同领域的读者能够理解对话的重要性，并将其与自己的日常生活联系起来。毕竟，知识的部分价值在于尽可能广泛地传播并与各行各业的人进行分享。

我从这些对话中得到的经验教训之一，基本上已经总结在我对这本书的介绍性文章中，就是如今比以往任何时候都更有必要意识和了解到我们自己国家和社会以外的世界。受全球化的深刻影响，我们现在生活的世界比以往任何时候的联系都更为紧密。我们彼此孤立地生活在一个区域和文化中，而与世界上另一个区域和文化隔绝的时代已经结束。事实是，不管我们喜不喜欢，一个地方发生的事情很容易影响到世界另一个地方发生的事情。由此得出的结论是，我们必须了解并接触那些我们称之为"遥远的人"，那些生活在远离我们出生和成长的地方的人。

可以说，了解这些"遥远的人"的最好方式是通过教育。当然，这种通过教育的学习过程通常从家里开始，始于我们小学中学的早期阶段，甚至是幼儿园。如今，孩子们在学校学习的课程介绍了他们自己国家的历史和文化，但也提供了对其他国家和文化的见解。毋庸置疑，这是一个很好的开端。正如我们所知，对于任何一个孩子以及他们的智力和情感发展来说，早期阶段都是至关重要的，然而这远远不够。只要有可能，一旦一个年轻的学生完成了小学和中学教育，甚至大学的早期，花时间出国留学总是一个加分项。出国经历，尤其是在继续深造的背景下，注定是了解其他文化和世界的最好方式之一。同样重要的是，这是获得人际关系和技术技能的最佳途径之一，将使年轻人在他们的职业生涯中获得成功——从国外留学归来后在国内获得成功，或者，如果他们决定在国外继续生活，在所在国获得成功。

这就是本书如此珍贵的原因，它为中国学生出国留学提供了至关重要的建议和技巧，让中国学生在国外留学中能有所收获。本书的编者团队在美国留学教学多年，并为渴望出国留学的年轻人开发了国际教育和培训项目。这本书有条理、清晰、易于使用，聚焦未来国际学生和家人必须了解的所有要点，将是留学生在国外学习成功的财富与源泉。

Going Global

Distinguished Professor of Law and Global Affairs
Rutgers School of Law, Rutgers University, New Jersey, USA

In 2019 I published a book titled *Conversations on Justice from National, International, and Global Perspectives: Dialogues with Leading Thinkers.*[①] The book brought together a group of leading academics from around the world (France, the United Kingdom, Germany, Portugal, the United States, India, China, and Japan, among others) in the fields of international law, philosophy, political science, international relations, and economics. The format of the book was a collection of dialogues that I conducted with each of the contributors. The objective was to hear what these major intellectuals had to say on the present state of the world from their respective points of view. It was also to make sure that the content of the conversations would be straightforward and simple enough so that readers from around the world and working in different fields would be able to understand their importance and connect them with their daily life. After all, part of the value of knowledge is to disseminate and share it as widely as possible with people from all walks of life.

One of the lessons that I drew from these dialogues, essentially

---

① Jean-Marc Coicaud and Lynette E. Sieger (eds.) *Conversations on Justice from the National, International and Global Perspectives* (Cambridge, UK, Cambridge University Press, 2019).

summarized in my introductory essay to the book, was that now more than ever it is essential to know about and be aware of the world beyond our own national community. Because of the deep of influence of globalization, the world in which we now live is, more than ever, interconnected. The time when we were living in isolation from one another, from one region and culture of the world separated from another region and culture of the world is over. The fact is that, whether we like or not, what happens in one part of the world is prone to influence what happens in another part of the world. From this derives that it is imperative to learn about and engage those whom we could call our "distant others", those who live far away from where we were born and grew up.

Arguably, the best way to know about these "distant others" is through education. To be sure, such learning process through education usually begins at home, through the early years of schooling we receive in primary and secondary education, or even in kindergarten. Nowadays the curriculum to which children are exposed at school offers introduction to the history and culture of the country where they were born and live. But it also offers insights on other countries and cultures. Needless to say, this is a great start. As we know, for any child and their intellectual and emotional development, the early years are critical. However, this is not enough. Whenever possible, once a young student has gone through primary and secondary education, or even the early years of university, it is always a plus to spend time and study abroad. An experience abroad, especially in the context of furthering one's education, is destined to be one of the best ways to learn about other cultures, and the world in general. As importantly, it is one of the best ways to acquire the human and technical skills that will allow young people to succeed in their professional life – to succeed in their professional life, at home once they have returned from studying abroad or, if they decide to continue their life abroad, in their country of adoption.

This is why this guide written by Zhen Jinhui, offering crucial advice and tips for studies abroad, to make sure that students from China can get the most from a study-stay in a foreign country, is such a precious tool. Zhen Jinhui herself has first-hand experience, as she spent many years abroad, in the United States and has developed educational and training programs for young people eager to study abroad. Well-organized, clear, easy to use, and focusing on all the important points that future international students and their families have to know about, it will be an asset and a source of success for studies abroad.

Jcoicaur

前　言

　　自2017年起，中信银行陆续出品《出国留学蓝皮书》，为有留学意愿的家庭提供"有温度"的服务。本书在持续追踪行业动态、把握留学动向的基础上，对处于留学准备阶段与正在留学的群体进行了区分，全面洞察了留学生群体与家长群体从准备期到海外学习期的思考与困惑，带领留学家庭从不同方面洞悉留学发展趋势、走近留学准备过程、做好留学规划。

　　近20年来，我国留学人员数量不断增长，已经成为多数主要留学目的国的最大生源输出地，并且自费留学群体占出国留学总人数的比重一直在90%以上。伴随自费留学群体规模的日益扩大，留学群体对于海外留学的需求日趋多元化，学生也日趋年轻化。面对海外学校制度差异、专业种类繁多、"一带一路"沿线国家留学热等现象，如何选择适合自己的留学目的国、如何做好留学申请的物质与心理准备，成为摆在学生与家长面前的课题。本书旨在通过对正处于留学准备阶段与已经成行的海外留学群体的调查，帮助有留学意愿的学生与家长掌握留学申请趋势。

　　《2021出国留学蓝皮书——海外留学全攻略》作为一本可参考、可指导的留学情况调研汇编，共采集了5510份样本，其中5010份定量样本、500份定性样本，新增留学阶段划分，全面覆盖了留学各个环节。其中，5010份定量样本全面体现了不同留学阶段学生与家长各自的诉求，包括留学的决策与意向、留学申请过程、留学生活评价、未来发展方向等内容。

　　本书延续了往年国内留学生群体调研的部分，在国内采集的5510份样本覆盖了全国11个主要城市①，涵盖了一线城市、省会城市、地方中心

---

　　① 11个主要城市分别为北京、上海、广州、杭州、苏州、武汉、成都、深圳、西安、济南、长沙。

城市，在样本量和样本结构方面都达到了较高水准。通过反复凝练调查问卷、提高受访者回答率，尽量缩小调研误差，力求为读者展示最真实的留学市场分析。

海外样本方面，本书选取主流留学目的国（如美国、英国、加拿大、澳大利亚）为样本采集地。通过线上问卷的方式，客观反映留学家庭对于"后疫情时代"留学活动的需求与困惑。在对学生与家长的调研过程中，本书紧贴留学家庭实际需求，从留学申请到留学生活可能遇到的学业、生活的各个方面，比较了学生与家长对于留学的不同期待，分析了留学准备期与海外留学期学生的思维变化。为准备申请留学的家庭提供了一个参照项，帮助他们掌握留学活动进展、留学群体构成、留学生活收获等不同方面。

《2021出国留学蓝皮书——海外留学全攻略》作为可学习、可预测、可指导的留学现状分析和留学规划指导，新增了大量留学规划专业指导内容，以及对国际学校等多位专家的访谈，对留学过程中的新趋势、新做法作出了详尽分析与专业解读，以帮助留学家庭更好地应对变化，克服因文化不同及信息不对称而产生的障碍。同时，这是一本实用的留学应用指导手册，旨在让家长与学生深入了解留学全景，帮助有留学意愿的家庭解决可能遇到的种种难题与挑战，提前做好规划，从容步入海外名校。

本书由中信银行联合北京紫实教育科技有限公司和中国社会科学院的部分专家共同撰写。在成稿过程中，我们一直遵循客观严谨的原则，实事求是地呈现调研数据结果，依据调研数据客观阐释并进行关联分析。但是，为了紧追留学新趋势、把握发展新走向、尽快给留学家庭提供有用参考，成稿过程比较紧迫，书中难免有疏漏之处，敬请谅解。

本书能够顺利付梓，有赖于多方团队及人员的支持与通力合作，对此，我们心存感恩！衷心祝愿读到此书的每一位读者朋友前程似锦、幸福美满！

中信银行股份有限公司

2021年4月

目 录

第一章

留学教育是家庭的远见投资

留学潮还会持续多久？近年来，对此有疑问的家长特别多，而学生们却总是更加淡定；相较于家长对未来的忧虑，年轻学子简单的决定往往顺应了事物本身的潮流。在2020年11月英美"早申"中，最出乎意料的是，美国一些学校如弗吉尼亚理工学院、佐治亚大学的"早申"人数增长了25%，而英国大学则同比增长了30%，这一数字超出了许多人的预期。2021年美国大学入学考试SAT考位一经放出便被秒抢更是一个很好的佐证，印证了出国热潮依旧热度不减的事实。

其实这个结果一点也不出乎意料，因为留学这个"产品"与其他有形的产品性质完全不同。它本质上是家长与学生在千挑万选后才决定的进行长期投资的优质教育，不会因为一些短期的变化而放弃。

谈到不放弃，就要反思教育的初心是什么。家长的初心大抵都是培养一个全面发展的、人格健全的人，一个有益于社会的人。这里有两个因素：一是人的知识结构与技术能力，这需要通过新知积累而获取；二是精神层面高尚人格和品格的塑造，这需要家庭的影响、外界社会的影响，以及格局视野的拓展。

留学的热度不会退，因为在一定程度上，海外留学弥补了国内优质教育资源体量不足的情况。

1978年6月23日，邓小平对留学生工作作出指示："要成千成万地派，不是只派十个八个。"1979年初邓小平率团访问美国时，中美正式签署了关于中国派遣留美学生的协议。①

改革开放以来，为解决20世纪80年代中国人才断档问题，由诺贝尔奖获得者李政道教授主持，发起了中美联合培养物理类研究生计划（CUSPEA），即China-U.S. Physics Examination and Application。从1981年开始，中美双方联合通过专门的招生途径，每年从北京大学、中国科学院、中国科技大学等院校选送100名应届大学毕业生，赴美攻读博士学位。这是中国改革开放以后第一次大规模向国外派遣留学生，为中国后来的大规模国际人才交流和科学文化交流起到了开拓性作用。截至1988年该计划

---

① 资料来源：https://www.gmw.cn/01gmrb/2009-09/30/content_989705.htm。

结束，美国纽约大学、哥伦比亚大学等84所美国优秀大学（加拿大13所大学也加入其中，美加两国共97所大学）接收了中国近千名中美联合培养物理类研究生，其中美国物理专业排名前30的学校占比56%，排名前50的学校占比80%。CUSPEA项目先后培养了915名物理学高级人才，回国人员占比达到30%，其中12位科学家成为中国、欧洲、美国、加拿大等国家或地区院士，约300人在国际科学技术组织中担任职务，100余人次获得各类国际科技大奖，产生了400多位成功的高科技发明家和企业家。

其中，活跃于海内外科学界的有中科院院士、曾任北京大学物理学院院长的谢心澄教授（CUSPEA 81'），中国科学院北京纳米能源与系统研究所所长、中科院外籍院士、欧洲科学院院士、首位获阿尔伯特·爱因斯坦世界科学奖的华人科学家王中林教授（CUSPEA 82'），"千人计划"人才、清华大学天文系系主任毛淑德教授（CUSPEA 87'），斯坦福大学教授、美国艺术与科学院院士和美国国家科学院院士沈志勋教授（CUSPEA 82'），获得巴克莱奖的麻省理工学院文小刚教授（CUSPEA 81'）等。除了科学界，活跃于高科技产业与企业界的人才也不少，如搜狐的张朝阳（CUSPEA 85'）就是其中的佼佼者。

从1979年到今天，中国学生已成为美国最大的留学生群体，回国发展也成为更多年轻人的选择和未来的主要趋势。对于一生都将深情的目光凝视于中国大地，关注中国科研事业与人才培养，在上海交通大学创建研究所、图书馆，并将巨额产业赠予上海交通大学的李政道教授来说，这也许是40年前他在美国不辞辛苦地一所学校接着一所学校去说服接收中国留学生时没有预料到的。从1988年CUSPEA项目结束到2020年，又已经过去30多年，在过去的30多年中，中国经历了一系列伟大变革，物质生活的极大改善给中国众多家庭带来了走出国门接受教育的机会，中信银行等金融机构带来的强大而便捷的全方位出国留学业务更是令留学生无后顾无忧。从改革开放初走出去的百名留学生，到今天海外中国留学生多达100多万人，中国留学生的日益增长是国家改革开放及发展进步所带来的，也是40多年前海外华裔教授和国内老一辈知识分子为之努力的结果。

2013年以来，我国出国留学已经进入全面发展时期，学成归国人员规模也在日益扩大，从2013年的35.35万人增加至2018年的51.94万人。2013年

10月21日，习近平总书记在欧美同学会成立100周年庆祝大会上发表讲话，提出"支持留学、鼓励回国、来去自由、发挥作用"的方针。

为了更客观、更全面地对留学趋势进行分析，中国社会科学院社会发展战略研究院的郭云蔚、陈华珊老师带领团队进行了抽样调查和分析，本书基于2020年7月至9月进行的线上和线下问卷调查结果，共回收有效样本5010份。同时，有着丰富美国大学从教经验、曾在普林斯顿大学任教的甄金辉老师带领团队进行了500份定性访谈，结合抽样调查结果对留学规划及申请进行了专业梳理，在此基础上进行撰写。本书中的所有案例、专家观点、家长与学生视角都是此次定性访谈的成果。本次调查选取的样本主要涵盖三类人群：高中学生群体、本科及以上学生群体和学生家长，调查对象不仅涉及有留学意愿的学生，还包括正在留学或有过留学经历的人群。

本次调查专注于调查和了解中国留学生群体在留学生活的各个阶段所产生的不同需求，系统梳理学生在国内进行留学相关准备时期、到达留学目的地后开启留学生活时期对留学的期待、选择、规划，以及到达全新的学习、生活环境之后面临的问题与困惑。同时，本次调查比较了不同年级的留学生与留学生家长在规划、比较、决策留学方案时的主要影响因素，为了解中国留学生在后疫情阶段的留学选择方面提供参考。

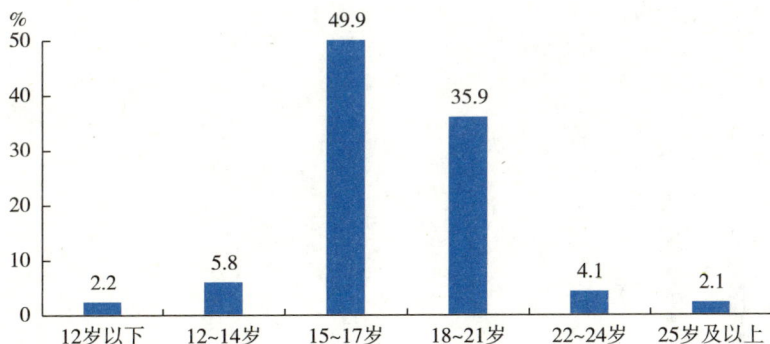

图1-1　学生年龄分布

此次调查的样本包括学生问卷回答者3430人、家长问卷回答者1580人，学生约占总体的68%，家长约占总体的32%。学生回答者的平均年龄17.5岁，其中约有50%的回答者集中于15~17岁这个年龄段，其次是18~21岁年龄段（见图1-1）。年龄低于14岁和高于22岁的学生回答者占比均不超过10%。从性别上看，学生回答者中女生的比例高于男生，女生约占总数的68%，男生约占总数的32%（见图1-2）。

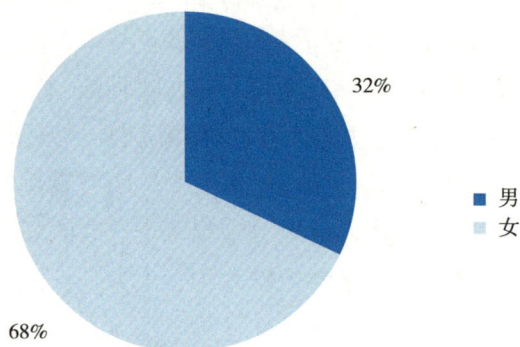

32%

■ 男
□ 女

68%

图1-2 学生性别分布

从所在地区看，学生回答者分布于全国11个主要城市及4个海外国家，45%的学生集中于北京、上海、广州三个城市，西安、杭州、苏州、成都和武汉的回答者也相对较多；4个海外国家中，留学目的地为美国和英国的学生回答者较多（见图1-3）。如图1-4所示，从留学活动所处的阶段来看，处于尚未留学状态的学生占到总体的85%，而正在留学或有留学经历的学生约为总体的15%。

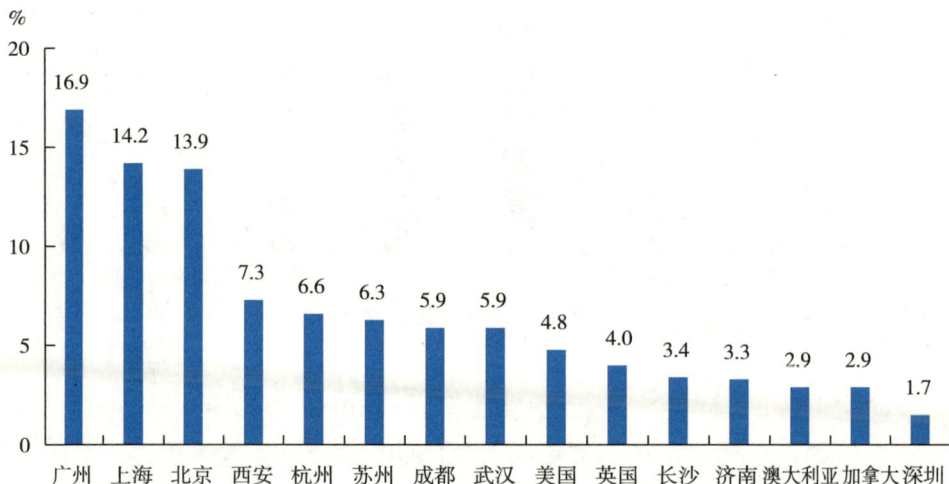

%

20

16.9
15 14.2 13.9

10

7.3 6.6 6.3 5.9 5.9
5 4.8 4.0 3.4 3.3 2.9 2.9

1.7

0

广州 上海 北京 西安 杭州 苏州 成都 武汉 美国 英国 长沙 济南 澳大利亚 加拿大 深圳

图1-3 学生所在地分布

15%

- 未留学
- 已留学（含工作）

85%

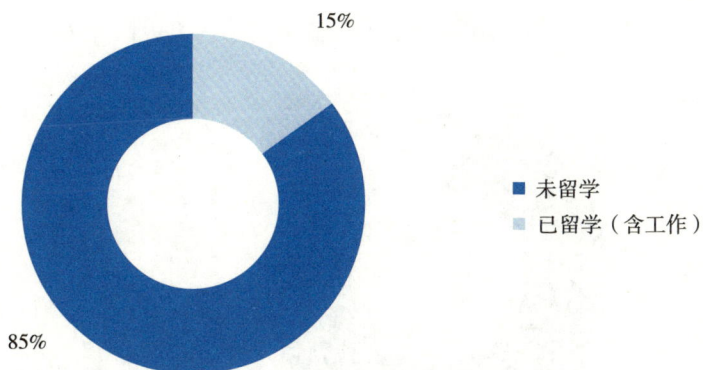

图1-4 学生留学状态

此次调查还单独将子女有留学意向和正在留学的家长群体作为调查对象。调查结果显示，学生家长的年龄主要集中于40~50岁，即"70后"的子女已经成为留学大军的主要成员，其人数约占全体的79%，"80后"家长占全体的比例不到10%，"60后"家长约占总体的13.8%（见图1-5）。

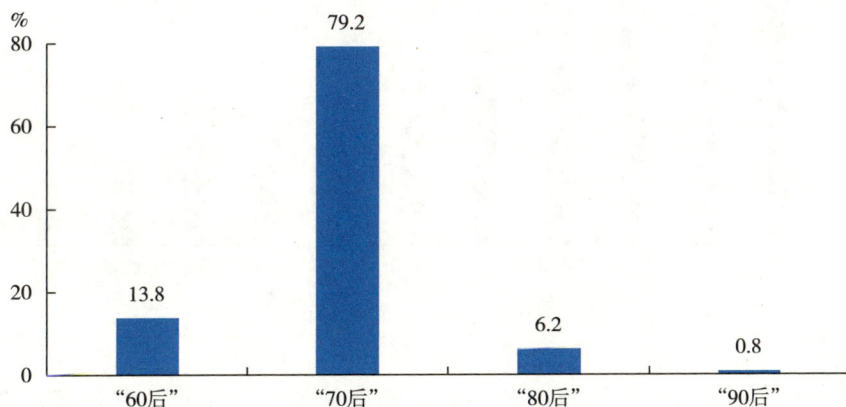

%
80
79.2

60

40

20
13.8
6.2
0.8

"60后"　"70后"　"80后"　"90后"

图1-5 家长年龄分布

家长问卷的回答者中女性的比例占总体的81%（见图1-6）。

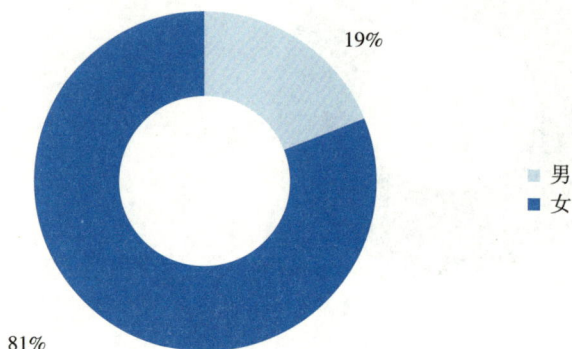

19%

男
女

81%

图1-6　家长性别分布

从家长回答者的居住地来看，济南、深圳、上海分列第一位至第三位，此外北京和长沙的家长回答者也相对较多（见图1-7）。

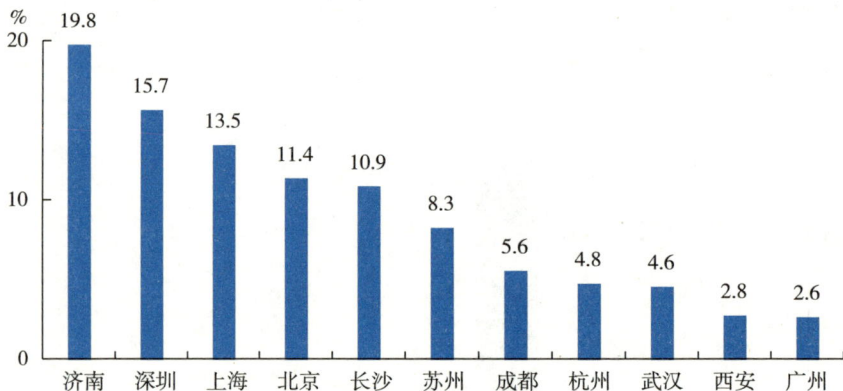

%
20　19.8
　　　　15.7
　　　　　　13.5
　　　　　　　　11.4
　　　　　　　　　　10.9
10　　　　　　　　　　　8.3
　　　　　　　　　　　　　　5.6
　　　　　　　　　　　　　　　　4.8　4.6
　　　　　　　　　　　　　　　　　　　　2.8　2.6
0
济南　深圳　上海　北京　长沙　苏州　成都　杭州　武汉　西安　广州

图1-7　家长所在地分布

如图1-8所示，家长回答者中，子女目前处于留学计划和准备阶段的人数占总体的57%，子女已经开启留学生涯或已经工作的占43%。

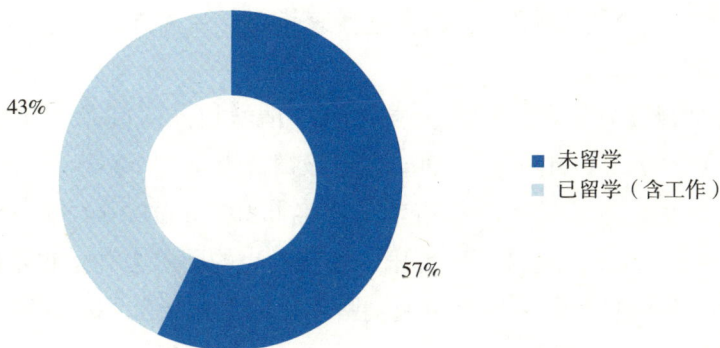

43%

■ 未留学
■ 已留学（含工作）

57%

图1-8　子女留学状态分布

第一节　留学是为了成就更好的自我

"看世界、获新知"已成为众多学子与家长选择留学的首要目标。从本次调查可以看出，留学目标一是拓宽国际视野，二是接受国际化教育。这与当今中国的时代环境和预期是一致的。看世界、获新知是最普遍的留学诉求。

百年前的留学生在国家贫弱之际，抱有"此去西洋，深知中国自强之计，舍此无所他求。背负国家之未来，求尽洋人之科学。赴七万里长途，别祖国父母之邦，奋然无悔"[①]的决心与责任。今天，成长于经济快速发展期的中国学子更多地关注个人的发展，在当今时代，个人的发展汇聚成社会乃至国家的整体发展。

一、此去西洋：我们奔向星辰大海

过去几十年的留学大潮，大浪淘沙，如今的学生与家长更为冷静与清醒。他们对外界的认知和对国际教育的感知，甚至比专业人士更敏感。这是一种个人与社会在面对国际化教育洗礼后的成长，不盲目、不盲从，以

---

① 出自北洋水师右翼总兵刘步蟾之口。

成熟心态来看待留学问题，是越来越多家长与学生的选择，他们的目标也因此更为清晰。

在此次调查中，意向留学人群计划申请学校的区间基本集中在美国排名前50的大学（TOP50）、英国G5超级精英大学[①]和QS世界排名前50大学；无论是家长还是学生，都将美国排名前30（TOP30）作为首选区间（见图1-9）。从以上选择可以看出家长与学生的要求之高，也是自我设定之高。除了自信的因素之外，也说明留学生的目标更加明确，将寻求更好的教育放在了目标的首位。

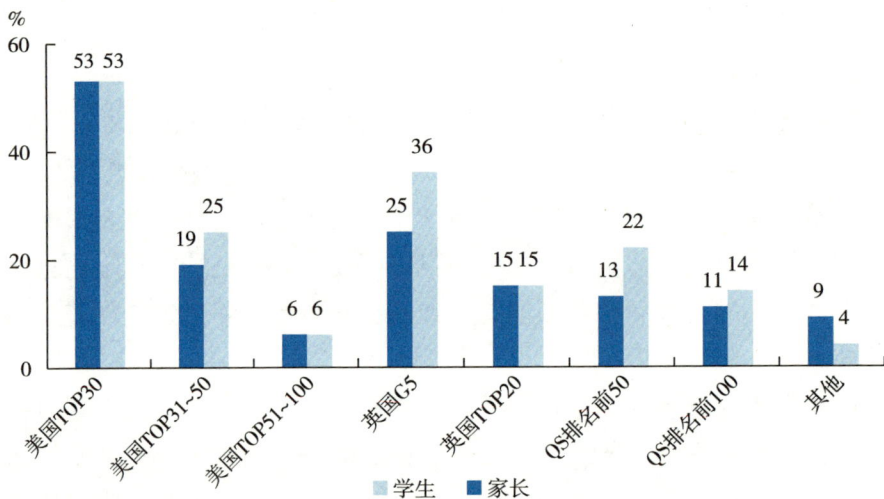

图1-9 意向留学人群计划申请学校的区间

二、留学的目标今非昔比

在对留学生群体的调查（见图1-10）中，"拓宽国际视野"和"接受多元文化"是他们留学的主要目的，其次"拥有国际化的教育经历""国

---

① 注：G5超级精英大学为牛津大学（University of Oxford）、剑桥大学（University of Cambridge）、伦敦大学学院（University College London）、帝国理工学院（Imperial College London）、伦敦政治经济学院（The London School of Economics and Political Science）。

外高校选择多""体验国外生活"等留学目的在留学生群体中也占有很大比例。而"打算将来移民""国外学制短""家长强烈意愿""受周围环境影响"等留学目的则占比较小。另外值得注意的是，出于移民的目的而计划留学的学生群体占比远远低于出于有助于回国发展的目的而计划留学的学生群体占比，这在一定程度上说明留学生回国发展或将是一种长久趋势。究其原因，主要得益于中国长期稳定发展的社会环境，以及由此带来的经济快速增长。特别是近年来出台的一系列鼓励海归创业的优惠政策，给留学生带来了许多机会。

在对家长的调查中，我们发现家长与学生群体的留学目的存在一些差异。家长群体考虑的出国留学目的较为集中，"拓宽国际视野"和"拥有国际化的教育经历"是家长希望学生留学的主要目的。"接受多元文化"和"国外高校选择多"在留学生家长中同样占有很高比例。"打算将来移民""国外学制短""受周围环境影响""家长强烈意愿"则占非常小的比例。家长群体和学生群体在留学目的上基本保持一致，稍显不同的是在"体验国外生活"上，留学生群体选择这一选项的比例为52%，而家长群体选择这一选项的比例仅为29%，这说明留学生更关注个人的体验，而家长则更关注学生的个人能力提升。

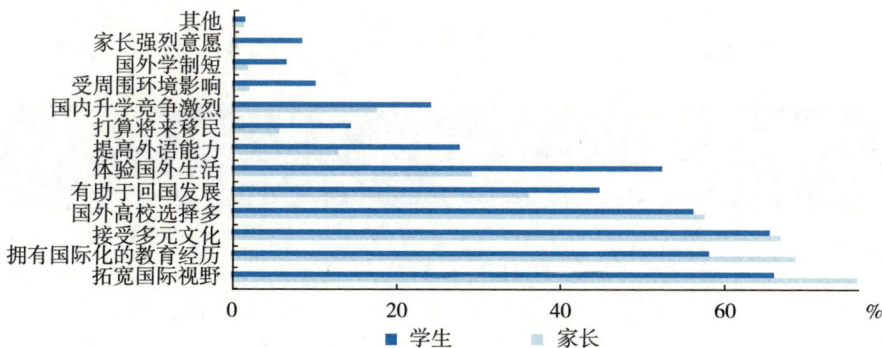

图1-10　意向留学人群的留学目的

在阶段性调查中，稍显不同的是，与意向出国的高中生群体相比，本科生群体出国的计划性与目的性更明确（见图1-11）。另外，在计划出国留学的本科学生群体中，选择"国外高校选择多"这一选项的比重远远高于高中生群体，这或许与国内升学竞争激烈有关，2020年国内考研人数首次突破300万人，达到341万人，硕士研究生报名人数屡创新高。在如此激烈的升学环境下，可选择的高校却相对较少，而出国留学则为升学提供了一条出路。

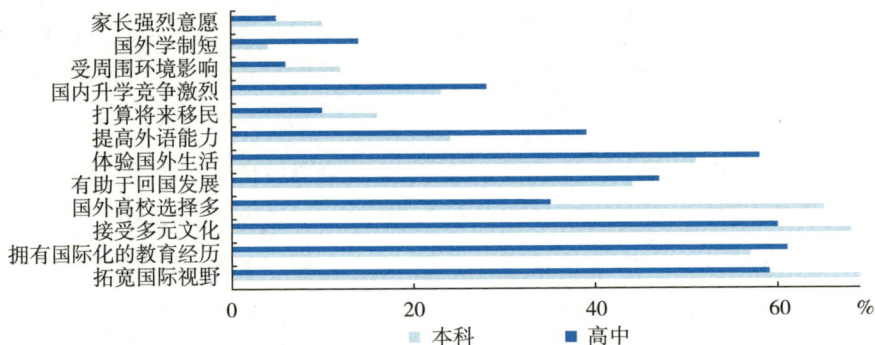

图1-11 意向留学人群出国目的的阶段差异

尽管受访者反馈的留学目的不尽相同，但都体现出留学生及其家庭希望通过出国留学提升个人能力、增强综合竞争力，更好地适应越来越强烈的国际化人才需求。大家对留学价值的认知也有所变化。追求自我价值提升、拓宽视野的人群增多，为移民等原因选择留学的比例则逐渐下降，可以说，留学已成为一个实现自我价值的通道。

【专家观点】郑腾飞：麻省理工学院化学生物学博士，上海平和教育集团课程中心副总监，筑桥实验小学副校长

一定要明白为什么出国

我从北京大学本科毕业后没有想太多，因为同学都选择了出国，我也就去了麻省理工学院（MIT）读研。从这个意义上讲，我属于运气比较好的那一批留学生。但现在这个时代与我们那时已经不一样了。今天是否出国取决于作此决策的目标是什么：如果希望通过留

学找到更好的工作，那么留学就相当于获得一个职业文凭，是存在文凭贬值影响的；如果不仅仅是以找工作为目的，而是为了拓宽视野、在某个领域有专业追求，或者谋求更广阔的发展空间，我认为是应该走出去的。今天的美国与以前的美国已经不一样了，但在未来5~10年美国的教育领先地位依然存在，而且东西海岸的求学小环境是有保障的。

【留学改变了我的价值观】

我觉得留学对我最大的影响是改变了我的价值观。要看到原生文化之外的文化与世界，看其他人是如何生活以及理解这个世界的，看到这些之后，自己会有一些思考。

【麻省理工学院的务实文化】

麻省理工学院的校园文化很深刻，会从多方面潜移默化地影响学生。学校里什么人、用什么方式、参与了什么活动？什么样的价值、什么样的人会被推崇？这些在潜移默化中对我的影响非常大。

麻省理工学院是个特别务实的学校，经常举办创业大赛等活动，强调把所学运用于所用。麻省理工学院出来的人都是从小处着手，解决大的现实问题。可汗学院（Khan Academy）、Bose音响、多宝箱（Dropbox）都是麻省理工学院校友做的。据民间统计，麻省理工学院校友创办的企业的生产总值能排名全世界第11位，这个说法虽未经考证，但从侧面可以说明麻省理工学院是个特别务实的学校，从所学到所用，非常直白，出了很多发明家，他们的目标是改变每一个人的生活。

这种文化对我的影响是非常大的。在麻省理工学院，可以看到世界上最成功的人仍在充满热情谦卑地追求自己喜欢的东西，不为名利，只是出于热情。包括那些创业的人，也是以解决问题为初心，如可汗学院是为了实现教育普惠。这种价值选择是非常重要的，帮我认识到了人生最核心的价值，眼里没有了那么多诱惑，继而找到了人生的平静感。

【海归的职业选择：我没有名校标签】

北京大学本科毕业后我去麻省理工学院读研，博士毕业后回国。按常规，会进入高校、研究机构，或者创业开公司，但我选择了中小学教育。许多人知道我的教育背景后，怀疑我浪费了北京大学和麻省理工学院的教育。

可是我想，这正是麻省理工学院教育的意义。它不是把每个人都教育成科学家。毕业时我和导师说，我可能要选择完全不同的领域，我的导师没有任何不悦，这是大学教育的包容。世界并不缺少一个科学家，但有我这种思维模式从事中小学教育的人并不多，也许我日后培养和影响的学生中会出现更多的科学家。我的导师非常理解和支持我的决定，他是成功的科学家。其实，即便在美国，自己的学生毕业后改变科研方向或脱离学界，许多导师也会因此不悦，但我的导师没有这方面要求，反而鼓励我追寻自己的人生价值。

我一直觉得北京大学和麻省理工学院给我带来很多事业上的便利，但我也没有觉得这特别值得标榜。因为在美国，人们的"名校包袱"根本不重，许多"牛人"在很小的地方做了很多了不起的事。我的同学，一个印度姑娘，博士毕业后也进入了教育行业，大家并没觉得惊讶，去中学当个老师不是值得大惊小怪的事。

【如何看待国际教育】

在某种意义上，国际教育是个不存在的伪命题。现在大家提到的国际教育，往往是现行的一些课程体系，比如IB课程[①]，能满足出国考试要求。

现在有个很大的误区，一提国际教育就是英语、美式辩论、莎士比亚……难道中国人就不会辩论了吗？抚今追昔，百家争鸣时代就有精彩辩论。用西方熟知和了解的方式把我们的中国故事讲明白，这是一个优秀的课程体系所应呈现的。

---

① IB课程，即国际文凭组织（International Baccalaureate Organization）为全球学生开设的从幼儿园到大学预课和课程。

中高端课程面临的挑战一定是面对国际化的挑战，因为全球化的趋势不可逆转。留学生需要首先明白自己是谁，并用外国友人能听明白的话告诉他们，这个世界不拘于单一的模式，不同情况适用不同的解决方案。如新冠肺炎疫情，可能东方模式、中国方式更加合理有效。学生应该了解，对于自己的文化，经验性的以集体利益为先的价值取向是如何形成的、有什么好处或者局限；西方以个人为中心的契约民主自由派是怎么来的，其实许多是与东方重合的，而我们的学生却不知道。这是我们的学生应该了解的一种常识。

所谓教育创新，其实就是真正地进行这一国际化层面的改变，而前提是我们的老师要先学清楚、学明白，然后把这个价值理念带给孩子。目前，我观察的国际教育误区，是学生根本意识不到硕果仅存的文明，就存在于自己的国家、自己的文明。每一个中国人应该了解五千年延续唯一存在的文明是中国，直到今天，我们通过汉字还可以欣赏并理解一两千年前的东西。所以，小学生应该从讲中国话开始，理解自己的文化起源、东方哲学，这是国际课程必须要有的东西。

【对家长与学子的建言】

寻找自己的价值、找到自己擅长并热爱的东西，是人终其一生的目标，找到了会很幸福。教育的最终目的就是这个。你擅长的是什么、热爱的是什么，如果二者重合则是最幸运的。如果一生中从未问过自己这些问题，可能人生的意义就缺失了许多。

三、留学教育最大的收获：重塑自我

理想的教育，其根本目标不仅仅是传授知识，而是对人的改变。对人的改变是通过改变人的思维模式实现的，因为思维模式决定着你如何看待这个世界、如何看待自己、如何解决问题，以及如何与这个世界和解、与自己和解。这是教育最深层的意义，也是教育的终极目标。这不是简单的素质教育，因为当我们谈到素质教育时，常常囿于各种特长和技能。从某种意义上看，真正的素质体现在无论何时何地都能对世界有着发自内心的温暖关照，对弱势群体充满悲悯与责任，对社会规则自觉遵守与维护，而这些都是教育的底色。

令人欣慰的是，这一目标，通过留学，已在很大程度上得以实现。在调查（见图1-12）中，学生群体普遍认为，在留学中获得的最大收获在于"思维方式的转变"（26.9%）、"专业知识提升"（20.4%）、"开阔视野"（17.6%）和"提高独立解决问题的能力"（17.1%）。

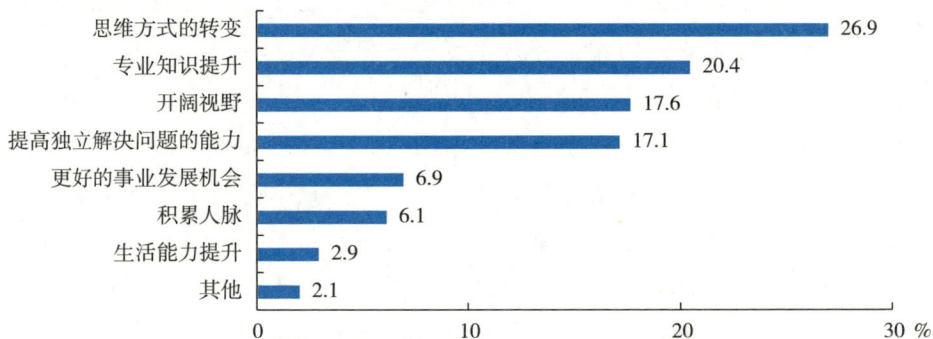

图1-12　学生在留学期间的收获

而在家长群体看来，"自我成长"（30.9%）、"提高独立解决问题的能力"（23.8%）则是他们认为留学带给孩子的最大收获（见图1-13），可见家长群体更加关注学生独自前往海外留学的过程本身对学生个人成长产生的积极影响。

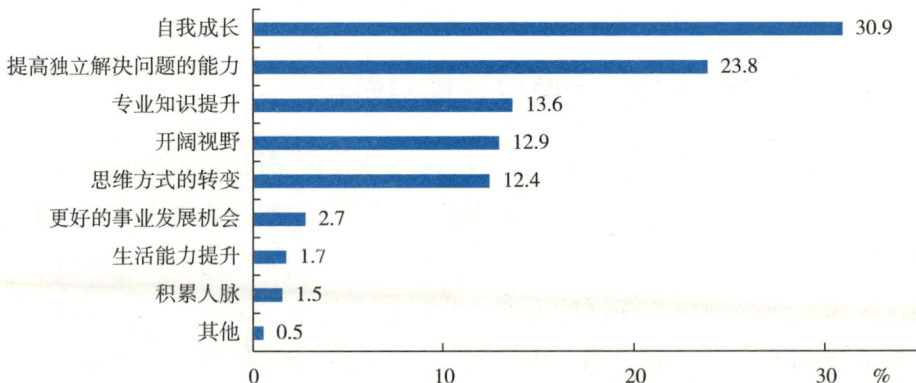

图1-13　家长眼中学生在留学期间的收获

综上所述，在调查中，无论家长还是学生，都肯定了留学基本实现了预期目标，有很大的收获，尤其是在能力、思维方式等方面得到了深层次的成长，这是极为难得的。这也是众多家长与学生对出国留学热情不减、情有独钟的原因。

【家长视角】Ellen：某"211"大学老师，女儿就读于韦尔斯利学院

韦尔斯利学院的教育改变了她，让我真切体会到好的教育是什么模样

2018年，有志于学习历史专业的女儿被韦尔斯利学院录取，她打算主修或辅修一个文学学位。在高中毕业晚宴结束的时候，幽默的她和同学用一句双关语道别："See you on the Street!"（街上见！）言下之意，将来那些学金融的同学在华尔街，而她和少数的文科小伙伴可能会扫大街。

申请韦尔斯利学院纯属偶然。当年入读北京四中国际部时，她理想的学校是一所综合性研究型大学，特别是高二上学期，学校开了大学申请课程，她对该校的开放课程十分心仪，因而在ED1阶段①不顾申请顾问的质疑，坚决申请了该校。12月中旬放榜日，申请被延迟，毫不意外。

不擅应试的女儿不愿大量刷题去提高标准化考试成绩，每次考试都没有刻意作准备，成绩自然不够理想。RD阶段她继续努力，熬夜写文书，研究学校。早在申请季开始之前，我们在探讨选校的时候，她曾明确表态：绝对不去女校。所以有一天她告诉我，打算申请一下韦尔斯利学院的时候，我还是小小地惊讶了一下。她告诉我，在做学校研究的时候，她发现韦尔斯利学院的课程高度符合她的期待，还打

---

① ED指美国大学申请中的有限制提前录取，录取后必须就读该校，分为ED1和ED2两批；RD指留学国大学申请中的常规录取。

开网站给我看那些她喜欢的课程。RD截止前最后一天，她告诉我，在RD阶段被韦尔斯利学院录取的概率较低，决定ED2申请。而且她了解到有一位同学ED1阶段申请韦尔斯利学院没有被录取，因此她还有希望。

在我们家，重大决定都是女儿自己说了算，在没有"硬伤"的前提下我充分尊重她的选择。申请季结束进入寒假，她对自己能否被录取十分忐忑，因为了解到有四五个同学都在ED2阶段申请韦尔斯利学院，其中一位很有竞争力的同学不但GPA（平均绩点）和标准化考试成绩很高，还上过韦尔斯利夏校。等到2月，女儿收到了韦尔斯利学院的offer，当时的惊喜溢于言表，这是她自己选择的心仪的学校，大学申请没留任何遗憾。此前对韦尔斯利学院了解甚少的我，这才开始认真关注女儿将要度过四年大学生活的学校，这才发现原来韦尔斯利学院的知名度非常之高，而且培养了一代又一代的杰出女性。

韦尔斯利学院两年的学习生涯，以肉眼可见的速度，重塑着女儿，这是我始料未及又深感惊喜的。作为坚定的历史爱好者，女儿在大一时除了历史课之外，还选择了两门文学课，此外还按照学校课程要求选修了数学和攀岩。她目标是除历史之外，再攻读一个文学学位，文学是她热爱的，而历史则在一定程度上教会她更理性地思考。

友情是女儿在韦尔斯利学院收获的另一笔财富。她的朋友来自不同的文化背景，她们相互扶持、相互鼓励。女校里深厚的姐妹情谊，让她对学校有强烈的归属感。她和巴基斯坦裔美国籍的室友情同手足，甚至告诉我室友就像另一个"妈妈"，爱心满满，有时会督促她学习，有什么缺点也会善意指出，相处十分融洽。去年感恩节她和另一个白人女孩应邀去室友家做客，感受到了特别多的关爱和热情。新冠肺炎疫情暴发导致学校关闭校园的时候，室友的父母打来电话要她们二人一起回新泽西的家，另一个家住康涅狄格州的好友也力邀她去自己家。她决定留在校园，室友离开的时候留下了很多防疫物资给她，还叮嘱留在波士顿的男友定期送好吃的给她。她说在学校里强烈感受到了自己被爱，那是一种特别美好的感觉。

　　韦尔斯利学院对她的塑造，远远超过了学科潜力的挖掘和友情带来的归属感。

　　高中时期的女儿是一个比较叛逆的少女，我们亲子关系一度比较紧张。她和另一个小伙伴组建了高中女子足球队，就是因为有同学认为女生不适合踢足球。球队里她是参加训练最多的队员，高二的时候是女足队队长，带领球队参加了北京地区国际学校联赛，当她毕业的时候女足队已经成为北京四中第三大社团。

　　如果说高中的女儿萌生了性别平等的想法，那么在韦尔斯利学院的两年，已经让她变成一个积极主动追求性别平等的"Wellesley girl"。

　　女儿从小喜欢摇滚乐，以前的她，沉浸在自己的世界里，对于社会的关注有限。但是现在的她关注社会问题，尤其是社会中的弱势群体。她坚信世界上有很多同龄人被剥夺了接受优质教育的权利和机会，因此接受教育的自己天然地负有回馈社会的责任和义务。我想这和韦尔斯利学院的校训一脉相承，这也是韦尔斯利学院的教育最了不起的地方。韦尔斯利学院培养的学生，胸怀天下，志在改变世界，并不是一句空话，而是深植于学生内心的信仰和责任。在疫情和美国大选风云变幻的2020年，我们会经常就热点话题展开讨论，美国防疫的得失、文化的差异、大选的基本逻辑和各州情况……她很乐意认真细致地向我这个外行解释。虽然我们并不能完全认同对方的观点，但是这样敞开心扉的交谈令我受益匪浅。

　　韦尔斯利学院的教育，以润物细无声的方式，将一个叛逆自我的少女重塑为一个阳光自信、有社会担当的成熟女孩。

四、"高学历妈妈"推动中国留学大潮经久不衰

　　留学生身边，总伴随着一位风里来雨里去的母亲。在陪伴孩子成长的道路上，她们不辞辛苦、甘之如饴，由陪伴、了解到研究，慢慢成为教育专家。从某种意义上，引领留学热潮的，正是奔波在接送孩子路上、陪伴

孩子成长的无数位母亲。她们是推动留学市场的主力军，忠诚而勤勉，风雨无阻，目光坚定。从中可以发现，父母的受教育程度很大程度上影响了一个家庭的留学决策。

本次调查发现，有留学意向和正在留学的学生父母受教育程度普遍较高，近七成的学生父母拥有大学本科及以上学历，有两成以上的学生父母中至少一方的学历为研究生，仅有不到两成的学生父母未受过高等教育。

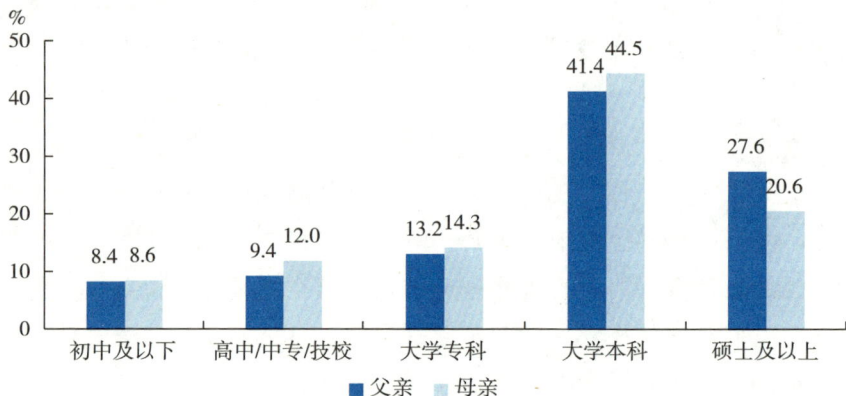

图1-14 父母学历分布

母亲教育水平的提升对于子女学习能力和学习意愿的积极影响早已在学术界得到广泛证实。从调查结果中并未看出学生父亲与母亲的教育程度之间存在明显的差距（见图1-14）。有留学意向和正在留学的学生中，父亲最高学历为大学本科或研究生的比例为69%，而母亲这一指标的数值是65.1%，虽略低于父亲，但差距较小。改革开放以来，我国女性的教育水平不断提高，目前我国高等教育中女性的入学率已经高于男性。"高学历妈妈"这一群体崛起，成为留学家庭主力军，她们更加重视教育质量，认同多元化教育，并且对多元化教育有着冷静客观的理解。

对于家长海外经历影响的调查发现，有留学意向和正在留学的学生中20%左右的父母曾经迈出国门，以旅游、出差、访友、工作等方式亲身体验过异国他乡的生活。其中，父亲有过海外交流经历的学生占比26.6%，母亲有过海外交流经历的占比17.7%（见图1-15）。近年来，我国出国旅游人员的数量呈快速增长趋势。中国旅游研究院发布的《中国出境旅游发展年度报告2019》显示，2018年我国的出境旅游市场规模增长到1.49亿人次，同比增长14.7%；2019年上半年出境旅游人数约8129万人次，同比增长14%，出行目的地中亚洲周边国家虽然仍占主要份额，但欧洲市场亮点频现。[①]2020年新冠肺炎疫情在全球肆虐，不仅影响了许多学生的留学计划，也使很多家庭放弃了原本计划好的出国游。目前，各国的防疫措施和治疗手段不断得到开发和应用，疫情过后出境游会再度升温。亲身接触过其他国家的文化、社会和风土人情通常有助于消除对于其他国家的恐惧或某些负面刻板印象，一些对留学国家抱有成见的学生父母在接触海外社会之后，很可能消除偏见。

　　综上所述，家长的受教育程度与海外经历都在很大程度上影响着孩子的留学决策。许多家长在访谈中都提到，家有留学生，自己也在各方面得到了成长。家庭是孩子的第一所学校，父母是第一位老师，会对孩子的未来产生深远影响，而留学是家长与孩子共同成长的过程。

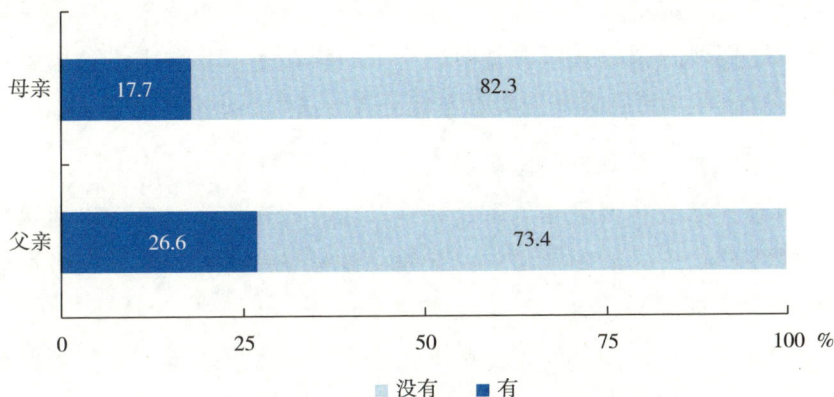

图1-15　家长是否有海外交流经历

---

① 中国旅游研究院. 中国出境旅游发展年度报告2019 [N/OL]. 21世纪经济报道，2019-08-04 [2020-12-10]. http://www.199it.com/archives/917075.html.

【专家观点】Sue：一土教育核心团队成员，原《华尔街日报》记者

教育是一件越做越谦卑的事情

我总觉得，做教育这件事情是有价值的，人是要有些情怀的。

【真正的国际教育培养的是什么样的人】

世界是共通的，没有孤立环节。国际化是不能缺失中国语境的。我们应该有深刻的中国文化认知和身份认同感。无论走到哪里，中国的崛起在世界语境下都会有更大的声音。在国际语境下做事情，首先要对中国所处的位置、在国际事务中所担当的角色，有着深刻的中国认同。

【怎么认同国际教育是个关键】

国际教育不等同于英文教育，而是关注全人类共同关注的问题，如垃圾分类、环境保护、沙漠化等。国际教育要落实在真正的实践上，联合国有17个可持续发展目标，国际教育的目标是在与世界连接的基础上，面对全球共同面临的挑战与问题，学习作为世界公民如何面对、如何运用自己国家的资源与能力为解决世界问题作出贡献。

【怎么去看待现在的国际教育】

许多国际教育的课程体系，缺乏与本国的连接，在尊重本国文化方面是比较缺失的。真正在中国落地的课程应该建立在中国人对中国文化了解的基础上。

所以我认为，真正的国际教育探索是回归教育本质，真正回归到人，包括如何融入国际、如何面临共同挑战，进而寻求解决方案。

【对家长们的建言】

1. 在未来不可期不可测的情况下，不要用现在评判人的标准和模式培养未来的孩子。我们的焦虑来自对未来的恐惧，总想抓住一切能抓住的东西。其实我们能抓住的只有今天而不是未来。家长需要以成长的心态看待社会发展，培养为未来而准备的人，而不是适应今天

的人。

2．不要把教育窄化。教育的目标不仅仅是升学和生活，教育的核心是人的成长。孩子有自己的情绪，他们面临的问题是人们都会面对的问题。以坚毅的品格、乐观的心态、面对问题的精神，学会在世界上与自己和解，并与世界连接。

3．寻找内驱力。我们的焦虑来自家长逼着孩子去做事，如果有内驱力，每个孩子都可以独立完成。而只有充分信任，才能把他们的内驱力挖掘出来。找对了点，孩子就是一个积极独立的学习者。他们的灵感和创造力是我们成人无法得到的，千万不要扼杀他们的天性。

4．看到并发现他们的能量和效能，要相信这一点。

5．不要把孩子时间塞得太满，他们需要独立支配的时间。我们塞满孩子的时间，只是在填满家长的时间，而这不是孩子所需要的。我们应该给他们一个自己的时间和空间来探索世界。

6．作为家长，你不必为他们铺好路，你的支持来源于相信与看见，孩子需要的是你的支持和陪伴。

你对孩子未来的期许，会是你家庭的投射，是成人自己没有被满足的遗憾希望在孩子身上得到满足，但这不一定是孩子所需要的。作为家长，孩子需要的是足够的支持与尊重。教育是土壤，成长的过程就是播种的过程，每颗种子长成什么样千差万别，我们需要尊重他们，并支持他们长成他们最好的样子。

第二节　留学申请新动向：多国多申规避风险

一、调查结果：只有很小比例中国学生决定放弃留学

不可否认的是，疫情使家长与学生的留学热情受到了一定的打击。2020年在留学目标国的选择中，许多家长与学生也从单一国家变为多个国家，以求稳妥。从2020年各留学机构访谈得到的申请数据来看，留学申请

最大的变化就是从"美国单申"到"多国多申"。几乎所有的学生在申请美国学校的同时，都附加上了英国学校。其次增量较多的是加拿大和新加坡。"多国多申"的策略已成为留学申请的普遍做法，这虽然造成了资源的挤兑，从根本上无益于任何申请者，但面对巨大的不确定性，这也许是家长与学生唯一能为规避风险所做的努力。这也意味着，2020年的留学申请，将是一场大混战。在不提交美国本科入学考试SAT的前提下，只用托福、GPA和AP①成绩申请，导致一部分实力不足的学生仅凭一次不错的托福成绩就冲刺以往想都不敢想的名校。在留学申请大混战的情况下，有人会从中受益，也有部分学生将遭遇不公平的结果。这是前所未有的状况，谁也无法预测最终的结果。这种大混战现象，也使家长与学生出现低落情绪。对于2020年申请季的学子而言，他们所遇到的困难与挑战将成为青春记忆中最难忘的片段之一。

我国是输出海外留学生数量较多的国家，目前，我国尚在国外的留学生约有 140 万人，其中在美国的约有41万人。疫情给我国留学生带来了一定影响，尤其是受困于签证与航班等事宜。但影响是短暂的，从2020年SAT等标准化考试考位秒抢、大量大学在早申阶段申请人数大幅增加的事实来看，虽然学生与家长表现出悲观情绪，但这并未真正动摇他们留学的意向，尤其是学生对此类事件的敏感度远远低于家长。

全球高等教育分析机构QS发布了关于留学生的白皮书《新冠肺炎疫情如何影响全球留学生》，对比书中的数据结果发现，当被问及留学计划是否受疫情影响时，超过半数的人都给出了肯定的回答。其中，中国留学生表示受影响的百分比最高，占到66%。对于具体的影响，超过半数的学生表示会推迟留学计划或更改留学国家，而确定取消留学计划的人数占总人数的比例不到一成。中国留学生决定放弃留学的仅占4%。这说明疫情的影响是暂时的，并没有动摇大多数学生留学的想法，与此次调查的结果（见图1-16）也较为一致。美国国际教育研究所（IIE）与美国国务院合作发布的基于2800所大学所作的"国际学生入学情况调查报告"显示，尽管美国已

---

① GPA，即平均学分绩点（Grade Point Average）；AP，即美国大学预修课程（Advanced Placement）。

经连续5年接待超过100万名留学生，2019/2020学年美国的留学生人数却略有下降（1.8%），而中国依旧是美国最大的国际生生源国，在美国的国际生中，中国学生占比35%。

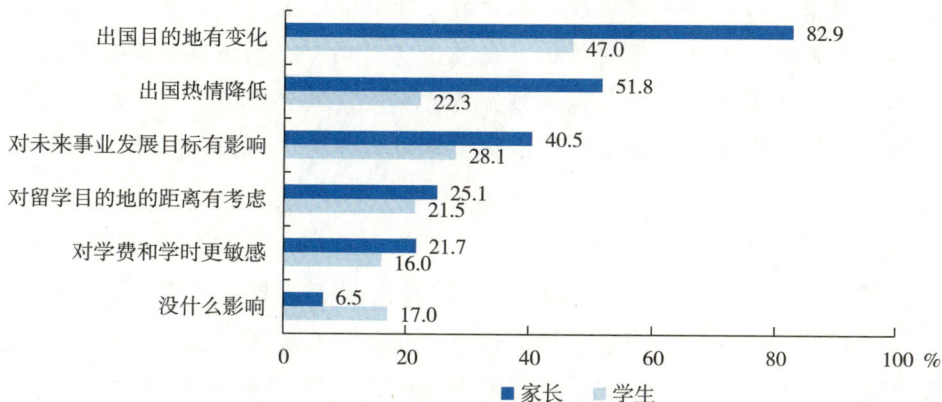

图1-16　疫情对准备出国留学学生产生的影响

相较于疫情，家长与学生似乎更关心各国留学政策的变化，如被多次取消的SAT考试和不得不在线上进行的AP和托福考试。应运而生的补充方案是，各地的ACT①考点在不断增加，以应对因SAT考点取消带来的不确定性。在对一个全国名列前茅的高中国际部的访谈中得知，该校有一半学生SAT在申请季并未出分。虽然现在全美多数大学对SAT/ACT成绩都采取了成绩选择性提交（Test-optional）政策，不再是要求提交成绩（Test Required）政策，但作为第一年的大规模尝试，存在着各种不确定性。

【专家观点】郝志勇：北京师范大学附属实验中学国际部负责人

【留学趋势不会变】

国际形势其实一直在变化，只是2020年多重因素叠加，我们感受较深。我们不要恐惧国际形势的变化，因为未来国际形势的变化会

---

① ACT，即美国大学入学考试（American College Test）。

比今天更大。站在历史的角度，国家之间力量的此消彼长一定会引起国际局势的变化，这是一种常态。

至于是否选择出国学习，主要考虑两点：第一，客观上我们是否还有需要学习、进步的地方，包括教育理念、学术氛围、培养人的方式以及对教育的认知等。第二，主观上我们觉得自己还需要向别人学习。只要主观和客观这两点的答案是肯定的，只要中国还有不足的地方、还有需要学习的地方、还有向人学习的愿望，出国学习就一定会存在。

在国际形势的变化之下，如果决定出国留学，我们的选择可能发生变化。例如，前期大家选择去美国，是因为美国的教育有优秀的、特色的方面，并且我们能够受到欢迎。当我们在美国不受欢迎时，我们就会考虑别的国家，包括英国和其他欧洲国家。涉及学生个体时，选择还会有更多变化和权衡，包括教育质量、受欢迎度、安全程度、成本等。一切都在变化中，我们在作选择时需要综合各种因素权衡考虑。

【对学生与家长的建言】

第一，面对国际形势的变化要保持淡定，不要为之恐惧。因为当我们回顾这段历史时，会发现这些都是过眼云烟，只不过我们会因为第一次遇到而感到不适。学会适应，勇敢淡定地面对时代形势的变化很重要。

第二，对于家长和学生来讲，在作选择的时候要综合权衡。因为有得必有失，要尽力作出一个自己能够平静面对自己的选择，不盲目跟着别人去作选择。

【读书建议】

因为不同的人看的书类型不同，所以我向学生提出三点有关读书的建议。

第一，喜欢读书的孩子，要广泛阅读、博览群书。因为我们的认识和思想都跟阅读有很大的关系。阅读不仅是跟作者对话，也是跟书中的人物对话，更是跟那个时代对话。所以一本书反映了某一个时代、某一个人、某一个角色对自己和社会的认识。爱阅读的人，要读各种书，跟不同的人和灵魂对话。

第二，喜欢读专题性书籍、对某一个领域比较感兴趣的孩子，要对比阅读。例如，喜欢文学、历史、哲学、自然科学的孩子，可以对比不同时代不同作者的看法。对比阅读可以提高学生的辩证思考能力，对学术能力有很大的提高。

第三，不爱读书的孩子，可以每天读一些文字，慢慢养成阅读的习惯。从短到长，每天读一些自己感兴趣的文字，培养自己的阅读兴趣。

【如何选校】

我们在选择学校时，最重要的是要研究学校，要研究自己到底喜欢这个学校的什么方面，包括课程、项目、演出、实践机会等。所以，一定要务实地、多维度地研究学校。每一所大学都有自己独特的性格，都有它吸引人的地方，所以作学校研究不仅是简单地获得信息，而要特别地寻找信息背后所传递的意义，以及更深入的学校性格。

二、留学申请大趋势：SAT/ACT不再是唯一选择

2020年注定会被载入历史，而留学生作为参与者无法忽视这一年的影响。在这一年中，被提到最多的是成绩可选择性提交（Test-optional）政策，这到底是一个什么样的政策？

其实此政策并非2020年才开始实行，如此前便有罗切斯特大学等学校采取此政策，布兰迪斯大学此前也一直对公民和绿卡持有者实行此政策。只是像2020年如此大规模地无差别采取这一政策的情形还是第一次，这当然是形势所迫，但不可否认的是，这也将成为未来的大趋势。

谈到Test-optional政策，还必须对相关的政策一并介绍，以增强理解。也许未来还会采取其他政策呢？不妨现在一并了解。

（一）成绩可选择提交（Test-optional）政策

实行Test-optional政策的学校规定，学生可自行决定是否向学校发送SAT/ACT分数。换言之，这些大学不需要学生提交成绩。但如果没有SAT/ACT，学生必须要决定测试结果是否准确代表了学生的学术能力和潜力。换言之，学生提交的材料只要能反映其学术能力和潜力就行。实行Test-optional政策的学校并不会因此真的降低录取门槛，不错的SAT/ACT成绩对学生而言依旧是加分项。

2020/2021年的申请季，美国绝大多数大学都采取了这一政策。有的学校采取1年Test-optional政策，有的采取2年，有的是3年，也有的学校采取的是永久政策。所以在学校申请中，需要认真查阅学校官网以进一步了解学校政策。

（二）灵活提交成绩或弹性提交成绩（Test Flexible）政策

Test Flexible政策要求学生提交测试成绩，但它允许使用不同的选项代替SAT/ACT成绩。例如，如果达到最低GPA要求或正在申请特定课程，某些学校可能放弃其他考试要求，而另一些学校可能会要求学生发送AP成绩代替SAT分数。这项政策对于SAT/ACT考试成绩不理想，但其他考试成绩优秀的学生而言是一种很好的选择。

纽约大学此前一直采用Test Flexible政策。学生在入学申请时可提交下列任何一种成绩来证实自己的学术能力与潜力：SAT/ACT、IB证书、三门AP成绩、三门SAT2成绩，或者IB的三门高阶课程（Higher-level）考试成绩。这种政策无疑给学生们带来了更多的选择。

这些分数可以证明学生精通某些学科，因此可以证实其特殊学术兴趣、热情和动机。

（三）盲测/不提交成绩（Test Blind）政策

什么是盲测？顾名思义，盲测，即SAT、ACT的成绩一律不收，交了也不会作为考评学生的依据。加州大学、加州理工学院2020年实行的就是这个政策。

采取这个政策是不是就意味着从此实现"大解放"，不必再辛苦劳作准备标准化考试？这样"美好"的念头还是早点打消为好，因为当一个硬件指标被弱化时，那么其他指标的权重会相应增加。如GPA的重要性就更为凸显，选课时如果能力允许，尽量在课程难度上下功夫以区别及体现你的学术能力与潜力。托福不能免，那么托福就尽量考出好成绩。AP也是体现学术能力与兴趣的重要指标之一。这些还远远不够，还需在课外活动背景提升上下功夫，此项内容将丁第二章进行详细表述。总之，在标准化考试和课外活动背景提升的道路上，积极做好准备、早早规划才是硬道理。

以上三种政策，于2020年从小众变为了绝大部分学校的选择。在后疫情时代，美国各个大学是否依旧会采取这样的政策？可以肯定的是，如果世界公共卫生健康系统恢复正常秩序，各种标准化考试时间与考场恢复正常，那么短期内不会再像2020年这样大范围地执行这些政策，但减少标准化考试权重的大趋势是可以预见的。

（四）取消SAT2考试及SAT写作考试已成定局

2021年1月19日，美国大学理事会在官网正式发布公告，宣布取消SAT科目考试（SAT2）和SAT写作考试。理由是美国先修课程（AP）的普及减弱了SAT的参考价值。这意味着AP在申请美国大学中的权重会增加，这也是近年来的一个大趋势。

同时，美国大学理事会在公告中强调了以下内容，可以作为参考：在2021年5月和6月，美国以外的考生仍可参加SAT2考试。考生可提前向想要申请的大学咨询，核实SAT2考试成绩申请的必要性。

需要提醒的是，因近两年美国大学理事会对于考试政策的多次变革，建议学生在申请季直接登录美国大学理事会官网详细查阅政策变化情况，以官网内容为准。

【专家观点】潘鑫：苏州工业园区外国语学校执行校长

1. 一所优秀的国际中学应该具备哪些条件？如何选择一所优秀的国际学校？

答：在我看来，一所优秀的国际中学应当具备良好健康的校园文化，契合学生需求、有竞争力的国际项目和课程，强大稳定的师资队伍，以及国际化、创新型的学习环境。

在择校方面切忌盲目跟风，教育是没有可比性的。在给孩子选择国际学校时，首先，我觉得应该找到适合孩子的国际课程，根据孩子的实际情况作选择。例如，在出国前国际学校的选择上，不是说学费越贵就一定越好，现在有各种各样的国际课程，每一个课程本身对应今后留学的方向也有一些细分，我认为家长在这方面一定要做功课，详细地了解各个国际学校的特色及特色课程，以及今后学生的毕业去向。其次，要详细考察学校的师资队伍、毕业生录取情况等，作为择校的参考。

2. 在您的教学及管理经历中，您认为优秀学子的共性有哪些？

答：独立的思考能力和自我管理能力。

国际教育与国内教育最大的区别就是课程完全不同，国际学校的课程更加鼓励学生自由提问、深入分析及批判性思考等。在国际学校的课堂上老师不会直接告诉学生标准答案，因此需要学生具备独立的思考能力，自主探索问题的答案。

国际学校不会像传统学校一样紧盯着学生写作业，更多时候需要学生自主安排及规划，如制订学习计划、选择参加课外活动。优秀的学生通常拥有很强的自我管理能力，能够安排好自己的学业、课外活动及生活，自然也更适应国际学校的生活。他们也有着较强的适应能力，能够积极主动表达。

国际学校教学理念和教育体系更注重学生的自我表达能力。课程学习会有小组讨论、团队合作等，需要孩子积极表达观点，大胆发言。优秀的学生通常有较强的适应能力，能积极主动沟通、自信乐观表达。

3. 在目前的国际形势下，您对未来留学的趋势有哪些见解？

趋势一：从"英、美、加"热点到各国全面开花

受目前国际形势的影响，除了英国、美国、加拿大等主流留学国家，欧洲、亚洲的众多留学目的国和澳大利亚也体现出各自的特点和优势，特别是一些与中国关系比较友好的国家，受到了越来越多学

生和家长的青睐。美国作为一直以来的第一大留学地，受国际关系影响，选择去美国留学的人数会有一定减少，继而转流至欧洲、亚洲等国家和地区。

趋势二：从"目的不明"到"为职业发展"而留学

相关中介数据显示，过去70%的学生咨询留学的时候没有明确的留学目的，是"为留学而留学"；而现在多数留学生能够更深刻地了解自己的兴趣、就业倾向和专业喜好，有比较明确的目的，规划留学道路和职业发展方向，做到有准备、有目的地留学。

趋势三：从"追名校"到"适合的才是最好的"

过去很多留学生陷入"名校误区"，一味追求进入世界名牌大学；而现在学生的留学取向则更为理性，由于近期国内就业压力的增大，学生们更注重根据自己的学习状况和今后的就业方向选择合适的专业。在留学过程中，学生分流到各个专业领域，名校、普通大学、学院转学分课程、职业培训课程均可以选择，留学应该准确衡量学习规划，遵从"适合自己的才是最好的"这一留学生市场主流判断标准。

4. 您对留学家庭与学子的建议有哪些？

我想和家长说的第一句话就是："提前做好规划，了解一下您的孩子，也和孩子商量一下并作一些决定。"家长首先要与孩子平等充分地沟通，清晰定位求学需求，全面客观了解各个学校的优劣势，再作选择。只有正确定位出国留学、理性选择留学方向，我们才能找到最适合自己的学校。不同的国家、学校和专业不仅对学生的特点有不一样的要求，对每个家庭的经济状况也有不同的要求和标准。在选择学校时，学生要结合家庭的综合能力和个人的兴趣爱好，并与自身的职业发展规划相匹配，才能筛选出最适合的学校，真正实现留学梦。

三、疫情下网课和休学都是青春新体验

2020年秋季开学以来，"花巨资、跨时差、上网课"便成了流行语。"跨时差、上网课"成为中国留学生普遍的选择，其中，一些与中国大学

有长期紧密联系的大学，采取了与中国院校合作的形式，这些留学生有了美好"归宿"，在微信朋友圈里秀着清华园、北大燕园、复旦大学的美丽景色和美食。如康奈尔大学，他们的学生进入了这几所大学上课。而更多的大学，则采取了远程网课的方式，无论中学还是大学，有留学生的家庭都有一个永远在倒时差的"留学娃"，在日夜颠倒中汲取着远渡重洋而来的知识。这并不是剧本中的一帧，而是中国无数个留学生家庭日日上演的一幕。

网课肯定无法体现线下教育的优势，因为就读一所大学，不仅能够学到知识，更重要的是在沉浸式环境中体验当地人文环境，包括与教授和同学的日常沟通交流、在校园内参加各种活动、到所在城市的博物馆体验城市文化。所以有一部分学生选择了间隔年①（Gap Year）来规避网课带来的不利因素。但这也意味着，除非在暑期上夏季课程将学分补上，否则毕业季必将延长。关于间隔年政策，每个学校不同，在作此决定前，请上学校官网认真查询。

如果选择了间隔年，就认真地享受休学的生活。事实上，虽然选择了休学，但几乎所有的留学生都认真地做一些以前想做却没有做的事情，用这一年的时间来实现自己的青春梦想，这未尝不是一件好事。人生道路那么长，暂时慢下来是为了日后跑得更快。

【学生视角】赵同学：就读于约翰斯·霍普金斯大学，于2020年选择了间隔年

疫情下我选择了间隔年

受新冠肺炎疫情的影响，我选择了大二休学一年，转而投入实习，这主要是疫情导致的对个人安全的担忧。

我们学校间隔年政策比较宽松，对教育连续性没有强制要求，实习能够丰富学生对社会现实的了解，对学业也会有益。有时慢下一

---

① 国外大学生可通过申请间隔年做自己想做的事情，同时保留学籍。

年，反而可以让以后更快。

决定间隔年的另一个因素是，虽然我在读大学，但对毕业后的就业规划没有什么想法，特别需要工作经历使我可以将个人选择清晰化，而实习恰好满足了我的这个需求。

【我们学校的间隔年政策】

我们学校一共有2年休学（Leave of Absence，LOA）额度，学生自主决定并以学期为单位申请。申请成功后国际生办公室会取消签证，决定归校前需要提前告知获得新的I-20表格。LOA期间无费用。

【我有充实的间隔年计划】

目前，我计划先后参与两份实习：第一份是公益项目，第二份类似于初创企业的孵化。我觉得这两份实习对我而言都很重要。

【间隔年对我的正面影响】

总体而言，间隔年对我的影响是正面的。这个决定让我更早地了解国内市场现状、了解未来就业领域的前景，同时就手头已有的资源，开始规划潜在的事业路径，使之后的工作学习更具目的性、更有效率。

在我看来，暂停一年的求学生活转向实习，与学习时差异并不大，两者都需要高度专注。所以对于一年后回归校园生活，我并不担心。

第三节　美国大学三分之一国际生来自中国

2000年以来，中国在美国留学生占国际学生的比例超过10%，2010年中国在美国留学生达到12.8万人，占美国国际学生的比例达到18.5%，首次超过印度。2010年之后，中国连续10年成为美国国际学生的最大来源国。2019年，在美国中国留学生数量达37万人，占当年美国留学生总数的33.7%。美、英等国凭借教育上的投入以及教育资源的丰富性，过去10年是受中国留学生群体青睐的最主要的留学目的地。经历了2020年的美国依旧是留学生的最爱吗？

一、美国大学仍是中国留学生首选

在留学国家的选择倾向中，美、英、加、日、澳仍是学生和家长心中最具吸引力的目的地。相对学生群体，美国作为传统留学大国，尤其受到家长群体的钟爱。事实上，中美关系前景不明朗，加之英国重新开放国际学生毕业生工作（PSW）签证、学制短等优势，导致倾向前往英国留学的群体占比有所上升。但从此次调研数据看，这些因素并未撼动美国在中国留学生和家长群体心目中的首要地位（见图1-17）。

近年来，选择日本、新加坡等亚洲国家作为留学目的地的中国留学生数量也有所增加。可见，随着留学大众化趋势的持续深入，亚洲国家以其相似的文化环境、低廉的留学费用、优越的地理位置、高含金量的文凭等因素，对中国学生和家长的吸引力日益上升。

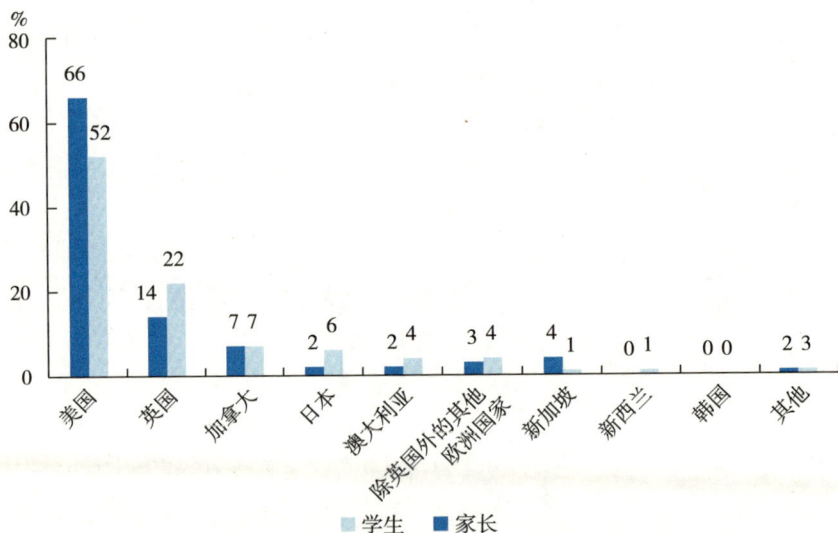

图1-17 学生与家长心目中具有吸引力的留学国家和地区

在计划留学国家的调查中，美国、英国、加拿大排名前三（见图1-18）。这与最具吸引力留学目的地排名是一致的。2020年世界风起云涌，却似乎没有改变我们对优质教育的钟情与热爱。教育是个试金石，更是一个魔法石。2021年的SAT考位一经放出便被秒抢，行动才是最真实的声音，最能反映人们真实的想法。

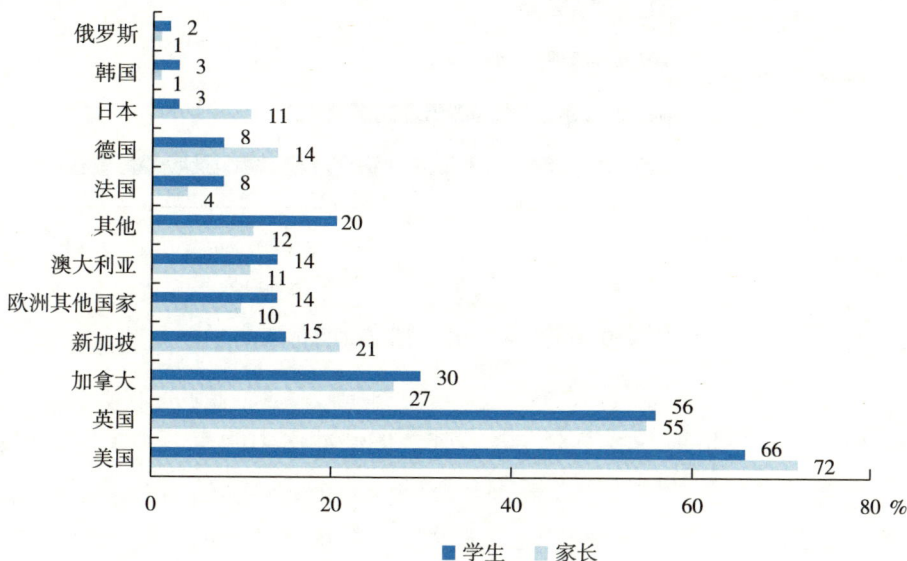

图1-18 计划留学的国家和地区

二、美英两国对中国学生吸引力最强

对于有着几千年崇尚教育传统的中国人，尊重知识、尊崇教育早已渗入文化基因。哪怕是在战火纷飞的时代，稍有一隅安身也会携书教子不辍，教育的力量早已深入骨髓。对于教育这件事，中国父母历来具有天然的远见。

所以，最吸引中国家长和学生的因素便是教育水平。随之则是一个国家的科技水平，因为科技水平的基础是一个国家前沿学科和创新能力的直接反映。国家安全因素在调查中成为第三大考虑因素，鉴于过去一年的国际环境，既是情理之中，也在意料之中（见图1-19）。

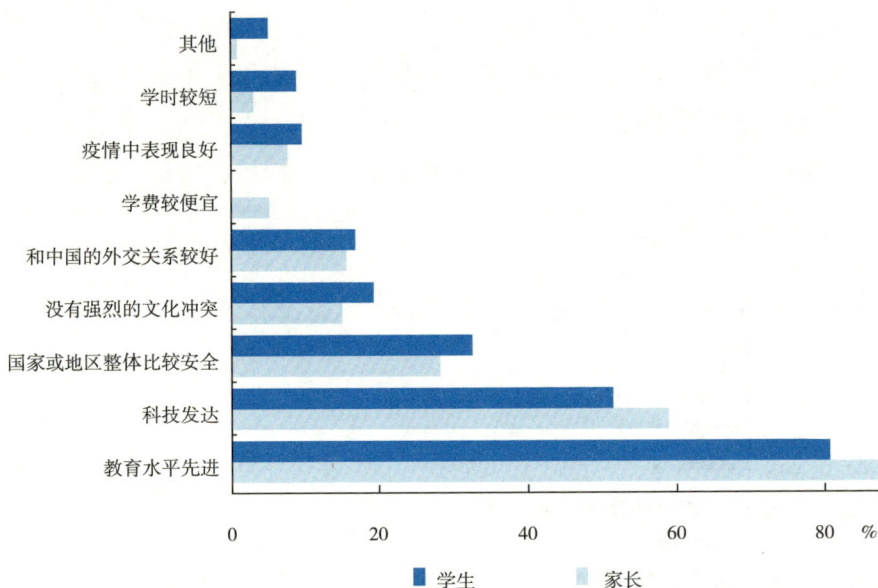

图1-19　最具吸引力的国家或地区的理由

值得注意的是，一些国家在新冠肺炎疫情冲击中的表现并未影响家长和学生对留学目的地的选择，美国和英国依旧是最具吸引力的国家。对于尊崇教育的中国家长，什么因素也无法抵挡对优质教育的热爱。出国热潮在此基础上久盛不衰。

三、影响留学决策的最主要考虑因素是教学质量

学生到底适不适合出国留学？什么阶段出国留学更好？这是每个准留学家庭都会面临的问题。不仅是申请者本人，学生家长也会有各种各样的疑惑。在确定留学阶段时，学生及家长应该全方面、多角度进行考量。

通过调查受访者出国留学的主要考虑因素可以发现，在进行留学决策时，教育质量、安全问题和专业优势都是意向留学人群优先考虑的因素，奖学金、学制长短、生活开销、有无亲戚朋友的帮助或照料等因素的重要程度则相对较低（见图1-20）。教育质量越来越成为影响留学生群体的重要因素。

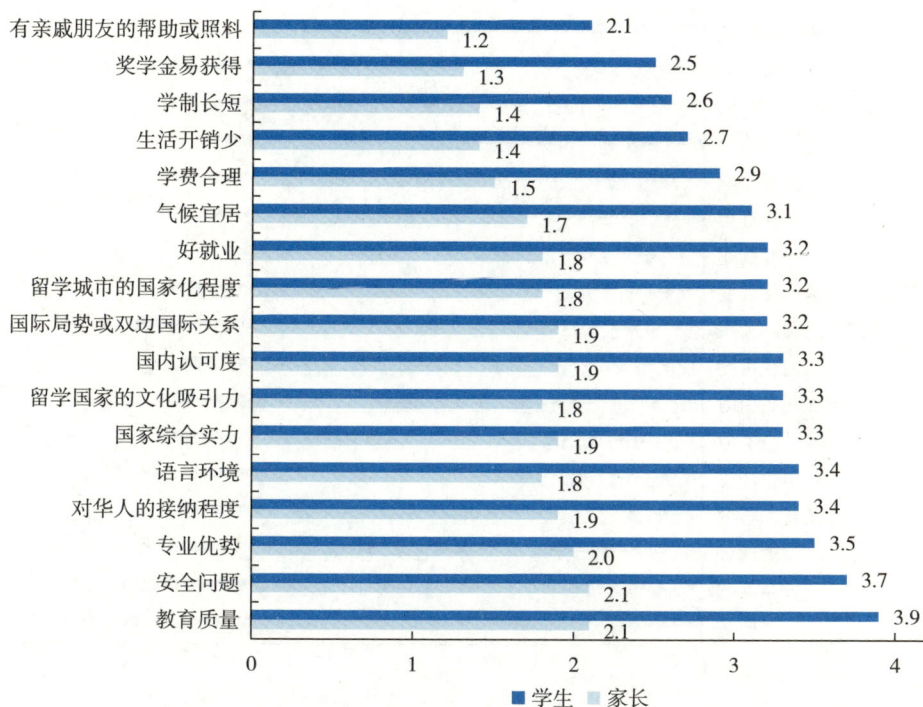

图1-20 留学决策时各因素重要程度

总体来看，家长认为在留学决策时主要考虑因素的重要程度与学生的看法是一致的，教育质量、安全问题、专业优势同样是家长群体最关心的三个因素，但稍显不同的是家长认为安全问题与教育质量同等重要。奖学金、生活开销、学制长短、有无亲戚朋友的帮助或照料同样是不太重要的几个因素。

通过调查不同留学阶段的受访者出国留学的主要考虑因素，我们可以发现不同阶段的受访者考虑的因素也有所不同（见图1-21）。教育质量、安全问题和专业优势是本科阶段的意向留学生主要考虑的因素。国外的本科阶段学制一般为3~4年，硕士研究生的学制一般为1~2年。以英国为例，很多专业的硕士研究生学制只有15个月，课程时间可能只有12个月，短时间和高强度的学习带给学生很大的压力，学生可以得到更多的锻炼机会。

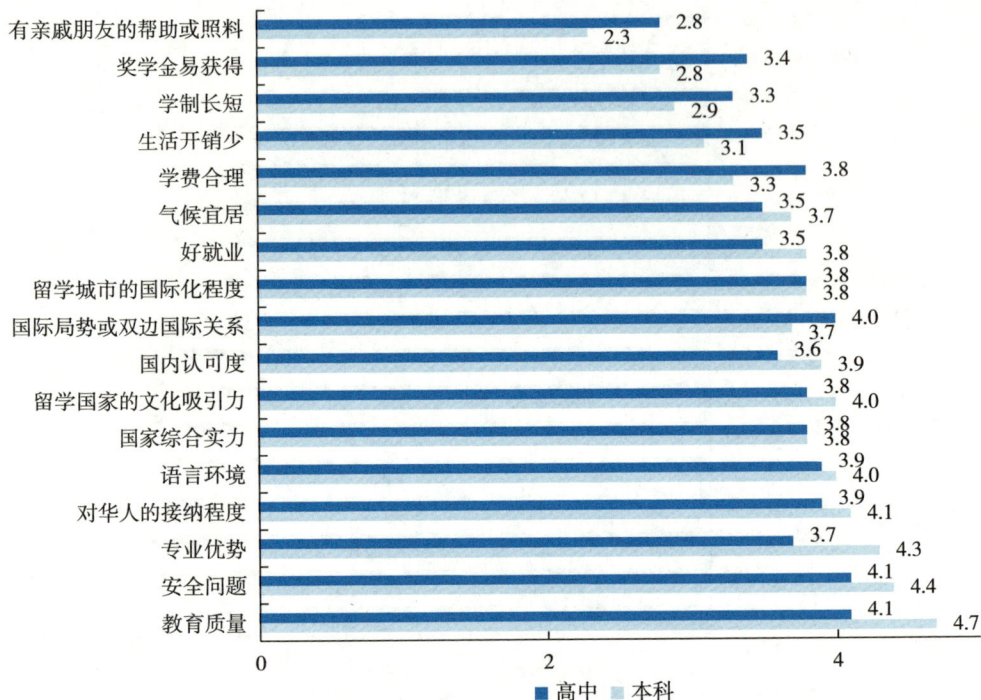

图1-21　留学决策时各因素重要程度的教育阶段差异

【家长视角】徐女士：儿子Bill就读于牛津大学

陪孩子走过申请季

申请季画上句号后，Bill收到了来自英美多所名校的录取通知，似乎一切都如预期，唯有一项意外就是作为妈妈的我也在迅速成长。回首这些日子，细数那些点滴，不多却很丰盈。

【孩子的世界需要成年人的引领】

这句话其实来自一位过来人的心路总结。在孩子成长的过程中，放开我们的双手，看着孩子摔倒和爬起，这并不意味着家长的目光和引领的缺失。我们帮助的意义在于使孩子避免在人生路上南辕北辙，在于让每一次摔倒变得有意义。

【发自内心地欣赏孩子】

高一时，和孩子谈到未来规划，他的计划是申请结束后休学，加入足球俱乐部，做一名改变中国足球现状的球员。对于"秉承不否定但引导孩子决策"的我，无疑是当头一棒。他从没有接受过正规的足球训练，做一名职业球员和改变中国足球现状的可能性几乎为零。我开始带着他和各种导师、咨询师、足球教练接触，目标只有一个，就是含蓄地表达成为职业球员的可行性为零的现实，也许可以从物理学的角度研究下传球和射门的课题，给中国足球贡献微薄之力。每当我介绍孩子时说"他的理想是改变中国足球现状"，孩子总是反感地皱着眉头。很多次的沟通后，我的目标并没有实现，孩子坚持他的理想不动摇。他发现做一名球员需要很好的体能，就把理想付诸实际行动，坚持每天去健身房锻炼体能，带动同学好友一起锻炼。我突然发现这是个意外收获：为了理想而奋斗的内驱力，不正是我多年求索的吗？我不再试图去建议和改变，而是由衷地欣赏孩子的理想。当我再介绍"他的理想是改变中国足球现状"时，同样的话语却有着不同的语气，孩子总是回以灿烂的微笑。而坚持锻炼体能，让他以充沛的精力愉悦地走过申请季。

【真正平等的沟通】

伴随繁重学业的，是扑面而来的繁杂陌生的申请事项，压力和焦虑可能是我们最担忧和最想分担的。孩子每周在校内忙碌时，我也在四处请教优秀的孩子、父母、顾问。每个周末，我会把一周来如同珍宝的经验分享给孩子，孩子总是说"好"，但行动上依然没有采纳任何建议。我反省所为和付出，找不到解决办法，只剩下默默地伤感，甚至夜深人静时默默地流泪。直到有一次，我们在餐桌边讨论一个热点话题，我忽然发现，对于很多社会问题的认知，孩子的理解已经超越了我。他的观点更加客观、纯粹，甚至深入。

我很早就认为孩子学识上远超于我，让我从心底认为我的姿态从来不是指导而是建议。但无意中，我却保留了有相对优势的人生经验这个观点，何况是我辛苦求教而来的各路优秀人士的他山之石，这让我们的谈话变得不平等，以建议的姿态去沟通，本身就是不平等的沟通。这一次，我们聊了两个多小时，孩子说："结束了？再聊一会儿吧。"看着面前这位内敛而有主见的孩子，作为母亲的我几乎喜极而泣。

【文书是个装满糖果的口袋】

申请季会遇到各种问题，如果希望在这一过程中让孩子得到足够的锻炼和成长，我们一定要选择放手，但放手并不意味着无视或旁观。

文书就是其中很难的环节，需要准备30篇以上的文书。长篇阔论好写，但短小精悍又意味深长的文章实在难写。我提前半年回首了孩子成长的故事，没有精彩纷呈，只有质朴平常，却常把自己感动得热泪盈眶。每当孩子在文书方面受阻时，我就会絮叨一点曾被忘记的趣事，这些不仅带来了启发，而且有效地缓解了压力。

申请是个系统工程，会有各种迷惑和未知，听听别人的经验，常常会是黑夜里的一束光。这些经验，我悄悄地放在心里，不再每周总结给孩子，而是在他摸索遇阻同我分析时，我才会拿出来讨论。

【润物细无声的支持】

孩子去英国面试时，我们是全家一起出行的，并不是孩子不够独立需要我们的陪伴，而是我们想给予孩子精神支持。我对孩子说："妈妈第一次走进北大百年讲堂，是你小学时给我的机会。这一次你提供给我了解几百年学府的机会，谢谢你让我身临其境！我们一起旅行，一起好好了解这个国家和这所古老的学校。无论面试结果如何，都让我们旅行增添特别的趣味。"于是，我们安排了一次旅行计划，在几天博物馆行程中间安排了面试日程。

【为何申请英国学校】

我们申请了2所英国学校，而不是5所，没有后备校，只有目标校（2所均被录取）。决定申请的原因如下：

1. 锻炼和成长的需求。英国和美国的申请非常不同，我们需要在不同体系中检验自己的学术能力和综合能力。

2．英国本科学术很有优势，沉淀几百年的英国本科学术的扎实程度在某些方面是出类拔萃的，这与孩子坚持学术学习的态度非常吻合。

3．国际形势和人生道路瞬息万变。任何时候，制订重要计划时，永远需要多一个选择，以备不时之需。美国的前沿科技让学生有很好的视野，但特殊时期变得扑朔迷离。

4．本科只是学习经历的开始，我们的学习计划包含英国本科和未来美国深造学习，这将会拓宽孩子的视野。

5．英国的人文底蕴和足球文化对孩子的素养非常有益。

四、英国可能成为下一站热点

英国会不会大热？肯定会。这两年英国每年连续30%的本科申请增长率就已说明了问题。英国会不会取代美国成为第一大留学目的国？预计不会。这与英国国家及大学的容量有必然的联系。英国有限的大学规模，是无法承载庞大的留学大军的。而且美国名校如云，接纳能力强，可选择面广，在未来5~10年，其他国家在教育水平及教育接纳能力上很难超越美国。

但英国依旧是个很好的选择，除了扎实严谨的本科教育外，英国研究生申请也增长迅速。根据已有统计数据，中国申请英国研究生（含博士）的学生连续3年都以超过30%的增长率递增。伴随着国内不断增加的考研压力，高质量的英国研究生课程，因其学制短、学费低而受到国内学生青睐。2020年1月31日英国"脱欧"对赴英求学的中国留学生来说是一个机会。一方面，英国"脱欧"导致大量欧盟学生不再将英国作为求学首选，从而减少了中国留学生的竞争压力和申请难度。另一方面，英国"脱欧"消息出现以来，英镑也随之贬值，赴英留学花费成本有所下降。另外，"脱欧"之后，英国将出现大量的人才缺口和工作机会，同时英国政府适时推出了PSW签证，帮助和鼓励有能力的人才留英发展，英国的就业难度将会降低，中国留学生也将由此获益。因此，说赴英留学的黄金时期即将到来并不为过。

【本章结语】国际形势风云变幻，但美国依旧是留学目的国的最热选择，同时，英国留学大趋势也已到来。了解变化中的政策，坚定前行的目标，无论今后去哪里，做一个有准备的人，未来一切可期。

第二章

留学美国：少年梦想在远方

——美国留学全攻略

过去20年，美国一直是中国留学生的首选目标国。从国家派出第一批几百名物理专业留学生到今天，中国已经连续10年成为美国留学生的最大生源国。2017/2018学年，在美国的中国留学生共计350755人，占美国留学生总人数的32.5%；2018/2019学年，在美国的中国留学生共计369548人，占美国留学生总人数的33.7%。①

为什么留学美国？答案多种多样：美国教育资源丰富，教育质量稳居世界第一；名校云集，教学方式多样化；专业选择自由，学生在学业上有更多的选择；学校不以标准化考试成绩为唯一录取指标，重视课外活动，有利于有特长的学生脱颖而出；等等。总而言之，美国学校的多样化、包容性、自由度都是选择留学美国的理由。

无论去哪个国家留学、选择哪所学校，其实留学的初心是一样的：选择最适合自己的教育，在青少年阶段得到优秀的教育资源，充分发挥自己的能力与潜力，得到长足发展，成为一个合格公民和全面发展的人才。

2020年，哈佛大学等美国315所大学招生办主任联合发出了2021年新的招生指引，这可能成为以后的招生录取标准，这些理念与原则从侧面表达了美国教育中所重视的特质。在招生指引中，招生办主任们提出了五大核心理念：

- 公平（Equity）；
- 平衡（Balance）；
- 自我照顾（Self-care）；
- 照顾他人（Care for Others）；
- 有意义的学习（Meaningful Learning）。

同时，他们提出了招生的五大标准：

- 自我照顾（Self-care）；
- 学术表现（Academic work）；
- 服务和对他人的贡献（Service and contributions to others）；
- 家庭贡献（Family contributions）；

---

① 数据来源：《美国开放门户报告》。

● 课外活动和暑期活动（Extracurricular and Summer Activities）。

从新的招生指引中可以看到美国未来教育和对人才期望的基本标准。

第一节 美国私立中学尽显精英教育优势

一、美国公立中学大多质量平平

美国的高中有公立和私立两种。截至2020年，美国公立高中共有2万多所，但公立中学的财政比较有限，能获取的资源也不如私立高中多。公立学校由政府投资办学，教学设施、课程体系甚至老师的要求都相对统一。在公立中学工作的老师必须持有美国的教师证书才可以任教，而私立中学则没有这个限制。公立中学属于义务教育，上学是免费的。学校还会为贫困家庭孩子提供午餐，有些学生依靠学校免费提供的这顿午餐果腹。基于这种现实，美国公立教育的教学质量大多数很一般，但在房价高昂的学区房地段的公立学校除外。学区房区域的公立学校教学质量很高，但数量不多，因为学区房已经天然地将学生家庭收入划分开来。例如，位于波士顿的著名的莱克星顿高中就位于昂贵的学区房所在地历史名镇莱克星顿镇，其教育质量、学生素质及每年的升学质量都极为耀眼。虽然美国一流公立高中的优秀学生并不比一流私立中学的学生差，但私立高中的优势在于，学生的水平比较均匀、课程难度普遍较高、师生比例较高、学校非常重视学生的升学辅导，这是优秀的公立高中也无法企及的。所以，即使是一流的公立高中，在升学上可能也无法与私立高中竞争。

根据规定，美国公立学校是不接受国际生的，因为政府是用教育税来办学，属于财政支出。所以即便有些学生以交换生的形式交换到美国的公立学校读书，但也只能在此校学习一年，之后会立刻转学离开。在美国，经常会有来自中国的小留学生走这条路线，但事实上，这是一条相对不值得推荐的路线。因为高中短短几年，其间又要转学，12年级开学就进入申请季，没有师生之间长期的适应、了解与接触，老师无法写出精彩的推荐信，学生也无法持续地做课外活动。学生辗转换学校的过程，也是身心俱乏的过程，所以不建议这种通过公立学校交换的渠道赴美读高中。

二、美国私立中学看重精英式教育

在美国，只有私立学校才能长期接受国际生。私立学校是美国精英教育的代表。美国私立高中大部分由教会或者私人财团建立，财政来源于教会或者私人资产。美国私立高中总共有2000多所，而私立寄宿制学校大约只有300所，仅占美国中学总数的1%左右[①]。因其学费较高，私立高中通常能吸引到更优质的教师资源和支持。美国许多私立学校历史悠久，强调精英教育，注重学生的全面发展。全美最为著名的是位于马萨诸塞州的菲利普斯中学安多佛。该学校成立于1778年，已有200多年历史。其恢弘的建筑、优渥的学生住宿饮食条件以及豪华的师资，令其成为名副其实的顶级私立学校。私立学校除了强调学习成绩外，更注重学生在非学术方面的发展，如领导力、全球视野、创新精神、批判性思维等。这所学校有多么难进？此校素有"耶鲁大学预科班"之称，学校的教育目标是培养有可能改变世界的人，申请者不仅要拥有极其优秀的才能，还要有超强的独立自主能力和利用资源发展自我的能力，能够适应高挑战和快节奏。申请难度极高，托福成绩110分以上、SSAT[②]成绩95%是其基本门槛，属于超顶级学校。可以说进入这所学校，不比申请大学时进入哈佛、耶鲁、普林斯顿轻松。学校的著名校友很多，美国前总统布什父子就是从菲利普斯中学安多佛毕业的。这所学校每年在中国的招生数量不到两位数，所以这类学校的录取受多方面因素的影响，不是简单地看学术成绩就能决定的。

美国私立学校的另一个显著优势是强大的师资力量。在选拔老师时要求非常严格，不仅要考查教师的教育背景、学术能力、教学水平，还要考查其艺术、体育等特长。因为寄宿制私立学校教师会住在学校轮值，有的老师也会担任学校各种社团的辅导老师，所以多才多艺自然受到欢迎。顶级私立学校的教师，其背景颇为强大，以波士顿地区著名的康科德中学为

---

① 数据来源：《美国教育统计年鉴》。

② SSTA，即美国中学入学考试（Secondary School Admission Test）。

例，拥有博士学位的老师比比皆是，许多老师是从名牌大学调至这所学校的。顶级私立学校的教师团队不乏哈佛大学、布朗大学等名校讲师。这在中国人看来有些不可思议。但是，私立学校提供的高额薪酬，特别是令人无法拒绝的孩子免费上本校的巨大福利，是吸引众多高级人才进入私立学校的原因。这些私立学校，一年的学费都在税后6万美元以上。试想，如果家里有两个孩子，免费上本校是多么巨大的福利。前面提到的名校康科德中学更是提供住房让老师免费居住，根据家庭成员人数来分配给教师。在扣完税难以存钱的美国，顶级私立学校的巨大福利使许多来自名校的大学教授和讲师走入校园，为学生服务。

私立学校种类繁多，如寄宿制学校（All Boarding School）、寄宿一走读学校（Boarding-day School）、军事学校（Military School）、艺术学校（Pre-professional Arts School）等。但最常见的私立学校有两种：一种是国际生最爱选择的寄宿制学校，另一种是走读学校。走读学校主要针对美国当地学生，不提供住宿。走读学校虽然不如寄宿制学校方便，但也有一定的优势，就是学生的中学阶段能完整地参与家庭生活和社区生活，而不是囿于象牙塔中。同时，美国私立学校也分男校、女校和混合学校。

对于低龄留学生而言，寄宿制学校是最理想的，吃、住、学全部在学校，而且寄宿制学校有严格的管理制度。以康科德中学为例，每天晚上和周末都有老师轮值，住在学校的老师，有时客厅的后门打开就是学生宿舍的走廊，值班期间，客厅门是一直打开的，以便学生随时进来。寄宿制私立学校对于手机、外出都有极严格的控制，学生只要出校园，都要向老师请假并报备。周末集体活动，都会有值班老师跟随。除此之外，学校还为国际生安排了与同校的本地学生家庭"结对子"，即同学的父母负责在感恩节等传统节假日接未回国的"结对子"国际生到家中过节。

关于学费：美国私立走读中学一年的学费是3万~6万美元，部分私立寄宿制中学学费则可高达7万~8万美元。例如，Niche网站[①]公布的2019年美国最佳私立中学排名首位的菲利普斯中学安多佛作为寄宿制中学，国际生学

---

① Niche网站在美国本地学生和家长中非常有名，它提供了全美大多数学校的相关信息，且信息多来源于家长和学生的反馈。

费一年为5.39万美元。

关于签证：美国公立高中，学生只能持有短期的J1学者签证或者为期1年的F1签证。J1学者签证期满后不能续签，F1签证期满后若选择转到私立高中就读则需要回国重新办理签证。美国私立高中，学生拿到的是F1学生签证，现在签证有效期为5年，签证期满后可续签，并且允许其持学生签证长期就读。

表2-1　Niche网站2020年美国私立高中排名（前50名）

排名	学校英文名	学校中文名	所在州
1	Phillips Academy Andover	菲利普斯中学安多佛	马萨诸塞州
2	Phillips Exeter Academy	菲利普斯埃克塞特中学	新罕布什尔州
3	The Hotchkiss School	霍奇基斯中学	康涅狄格州
4	Choate Rosemary Hall	乔特罗斯玛丽中学	康涅狄格州
5	The Lawrenceville School	劳伦斯威尔高中	新泽西州
6	Groton School	格罗顿学校	马萨诸塞州
7	Noble and Greenough School	诺贝尔格林诺中学	马萨诸塞州
8	St. Paul's School	圣保罗中学	新罕布什尔州
9	Concord Academy	康科德中学	马萨诸塞州
10	Deerfield Academy	迪尔菲尔德学院	马萨诸塞州
11	Milton Academy	米尔顿高中	马萨诸塞州
12	Middlesex School	米德尔塞克斯中学	马萨诸塞州
13	The Loomis Chaffee School	鲁米斯查菲高中	康涅狄格州
14	The Thacher School	撒切尔学校	加利福尼亚州
15	Cranbrook Schools	克瑞布鲁克中学	密歇根州
16	Cate School	凯特中学	加利福尼亚州
17	The Hockaday School	霍克黛女子学校	得克萨斯州
18	Lake Forest Academy	湖森中学	伊利诺伊州
19	The Taft School	塔夫脱中学	康涅狄格州
20	Hackley School	哈克里中学	纽约州
21	St. Albans School	圣奥尔本斯中学	华盛顿特区
22	St. Stephen's Episcopal School	圣斯蒂芬教会学校	得克萨斯州

续表

排名	学校英文名	学校中文名	所在州
23	St. Andrew's School	圣安德鲁学校（特拉华州）	特拉华州
24	St. Mark's School	圣马克学校	马萨诸塞州
25	Peddie School	佩迪中学	新泽西州
26	Mercersburg Academy	摩尔西斯堡学院	宾夕法尼亚州
27	Emma Willard School	艾玛威拉德女子中学	纽约州
28	Northfield Mount Hermon School	北野山高中	马萨诸塞州
29	The Webb Schools	韦伯中学	加利福尼亚州
30	The Athenian School	雅典纳中学	加利福尼亚州
31	Pomfret School	庞弗雷特中学	康涅狄格州
32	Kent School	肯特高中	康涅狄格州
33	Thomas Jefferson School	托马斯杰弗逊学校	密苏里州
34	United World College（USA）	世界联合学院	新墨西哥州
35	Iolani School	伊奥拉尼学校	夏威夷州
36	Episcopal High School	主教高中	弗吉尼亚州
37	The Madeira School	玛黛拉女子中学	弗吉尼亚州
38	Western Reserve Academy	西储学院	俄亥俄州
39	The International School of Minnesota	明尼苏达国际学校	明尼苏达州
40	The Stony Brook School	石溪中学	纽约州
41	George School	乔治高中	宾夕法尼亚州
42	Georgetown Preparatory School	乔治城预科学校	马里兰州
43	Shady Side Academy	桑迪赛德学院	宾夕法尼亚州
44	Princeton International School of Math and Science	普林斯顿国际数学与科学学院	新泽西州
45	Oregon Episcopal School	俄勒冈主教高中	俄勒冈州
46	Blair Academy	布莱尔学院	新泽西州
47	The Hill School	希尔中学	宾夕法尼亚州
48	Indian Springs School	印第安泉中学	亚拉巴马州
49	Woodside Priory School	伍德赛德中学	加利福尼亚州
50	Miss Porter's School	波特女子高中	康涅狄格州

【专家观点】冯宜勇：波士顿大学校友，2017年美国高中招生办主任，现任某美国高中的升学主任

【美国高中录取的影响与机会】

2020年美国高中录取受到一定的影响，主要体现在以下几个方面：（1）国际形势的变化，疫情影响下的签证政策与停飞措施的影响；（2）疫情期间，一些留学生回国后不再返回美国，导致学生流失；（3）网课质量对学生录取也有一定影响。

这种影响是把"双刃剑"，一方面会令美国高中整体录取和入学受到影响，另一方面，部分一流学校招生的门槛会相对降低。所以说2020年是个特殊的机会，留学生能进入更好的学校。

总体而言，这种影响对于一流的学校不会太大，美国顶级私立高中校友捐款额巨大，不会受到疫情的影响。但是对于中等及以下水平的学校，其财政会受到不小的影响。在此期间，美国高中也有些学校倒闭了，但学校倒闭一直都是存在的，不仅仅是疫情的影响。2020年的国际形势与疫情影响只是加重了分化，让好的学校更好、差的学校更差。疫情其实在客观上起到了"照妖镜"的作用，让留学生家庭分辨出哪些学校值得去、哪些不值得去。不同的学校在财政、管理、师资力量和网课质量上差别很大。所以疫情对教育方面两极分化的影响也是明显的。

但从长远看，美国的教育质量在未来一段时间仍将保持世界第一的水平，无论教育质量创新性还是包容性都是其他国家很难相比的。

【美国高中的录取标准与条件】

这里我只讲美国前30%的优秀学校，因为大家去美国读中学，肯定是要到好学校去。顶尖的中学录取非常严格，其中一些学校的录取率只有2%~2.5%。录取基本条件是托福100分以上，很多学生是110分甚至更高，所以托福考到110分才具有竞争力。SSAT成绩2300分是很常见的，GPA基本满分。除了这些硬指标，录取中软指标也非常关键。我见到过的来自中国的申请人，有的初中就与大学教授一起做项目，还有自己的专利和发明，其中许多人获得过国际性大奖。在课外活动上，艺术、体育一个不少，还都很突出，奥赛数学、化学的金奖比较普遍。

这是顶尖学校。如果申请一流中学，那么条件有所微调，如托福95分以上、SSAT成绩2250分以上，其他条件也非常优秀。美国学校众多，但能进入顶尖与一流学校的挑战不比去常春藤大学小。

【美国高中的几种面试中哪种好】

面试最普遍的方式有三种：到美国中学校园面试、招生官来中国时参加面试、视频远程面试。校园面试通常分为家长与学生参观校园45分钟，招生官面试学生30~45分钟，对家长面试30~45分钟，总共三个部分。第二种面试是招生官到中国面试，这个效果也非常好。到中国面试学生的过程通常有两三周，如果能面试到优秀学生，非常有成就感，就好像自己此行有很大的功劳，所以这种面试效果通常也很不错。

为什么要面试家长？因为中学生是未成年人，所以希望从家长角度来观察学生特点及成长环境，以及对孩子未来发展的意愿和规划。家长面试没有孩子面试本身重要，孩子面试是决定性的。

许多中国家长关心给学校捐款这个问题，在我看来，进入顶级学校，捐款是影响因素，但这个过程需要非常谨慎，不是什么家长都能捐，也有在此过程中捐款出现差错的，反而会造成极大的负面影响。

【美国私立中学的管理与教学】

我还是谈美国前30%的优秀中学，因为不是所有的中学都值得就读。

1. 教学方面，拿我以前工作的私立学校来讲，学校最核心的是师资力量。我当年来美国之前是一所211大学的老师，又在波士顿大学读了书，感觉自己资历很不错。但我发现这所学校有耶鲁大学等一流大学的教授在当老师，物理和生物是作研究的科学家在教，教经济金融的老师以前就是华尔街的操盘手，音乐老师是个经常举办音乐会并经常演出的音乐家。在这所学校中博士很多，师资力量强大。

2. 学校社会资源丰富，学生见多识广。学生的阅历与经历是很难想象的，如小布什总统的白宫发言人曾到我们学校跟我们的学生座谈，我们也面对面交流中美教育。巴菲特家族到学校办讲座，洋基队的总经理也来过。所以学生见多识广。

3. 学校各种实验室设施先进。10年前或者更早，有一个学生送我的圣诞礼物是中国长城的模型，是他用3D打印机打出来的，当时3D打印技术已经走进了课堂。一些私立中学有国际标准的游泳池、雪道。

4. 这些学校非常重视人文教育，如演讲、领导力等方面的活动很多。此外，我在康涅狄格州工作的学校与世界十几个国家有合作关系，假期时会有许多合作项目，国际化程度非常高，给了学生极大的自由与空间。AP课程多，优秀的学校还提供大学课程，与附近大学合作，学生上课拿学分，非常灵活。

5. 在安全方面，这些一流的私立中学在管理上非常严格，有时过于严格。我除了做招生官，也负责国际学生的管理。有一年春节提前计划的是由我带国际学生出去吃饭，当时天气预报说降温，会降到零摄氏度以下。我马上接到学生处负责人电话说要取消吃饭这个活动。总体而言，学校对学生的安全管理达到了极致，学生有规定的外出时间，否则不能外出，即便可以外出，学生也必须找老师签字。所以，一流的私立寄宿制中学是非常吸引人的。

【有哪些共性的问题需要注意】

1. 我本人最认可的面试效果是自然。其实招生官会明显感觉到学生是否在背他准备的面试问题，我觉得面试就要自然交流，做真实的自己（to be yourself）是第一原则。

2. 一定要加强互动，也就是交流方式的问题。面试不是回答问题，而是与招生官的良性互动与交流。

3. 家长与孩子在面试过程中不要乱讲话，以免适得其反。在我印象深刻的一次面试中，家长为了证明她的女儿很优秀，举了一个极不恰当的例子，说正在上10年级的女儿与北京大学的一个男生谈恋爱，而且强调男生父母皆为北大教授，家庭条件优越。这令我很尴尬，未成年人与成年人谈恋爱，这件事本身就难以言表，用这类事旁证孩子优秀，只能起到反作用。

基本原则就是面试官问你什么，你要回答得合理，不要回答毫不相关的内容。

当然最基本的要求都一样：英文流利、微笑友好，最好穿正装以表示尊重。家长面试时，不懂英文的会请顾问和翻译一起去，有时候会让孩子亲自翻译。

【对留学路上家长与学生的建议】

1. 家长在留学路上最关键的一步是选择学校，选择学校很重要。一定要选择适合孩子的教育。每个招生官到中国，肯定都会说自己的学校是很好的，一切都好。另外，留学中介机构并不是绝对客观的，所以家长与学生一定要多花时间研究和选择学校。我见过水平低却录取到优秀学校的学生，也见过水平极高、极为优秀的学生被中介推荐到了一个特别一般的学校。所以选择学校是重中之重。家长与学生要自己下功夫多研究，不要简单看排名，也不要假手于人。

2. 不要盲目送孩子出国，一定要考察他们是否足够独立，我也见过去美国学业荒废的孩子。

3. 标准化考试作为门槛固然重要，但也不能忽略学生的软技能——面试与沟通能力。

第二节　三类大学预科课程体系比较

无论去哪个国家读中学，首先要分析的是学生适合什么样的课程体系，这是最为关键的环节。国际课程体系各不相同，不能一概而论，必须结合孩子自身特点与特长来决定。

一、预科课程成绩可助力大学申请

进入高中，常见的大学预科课程体系有AP（Advanced Placement）体系、IB（International Baccalaureate）体系和A-Level（General Certificate of Education Advanced Level）体系（英国高中体系）三种。大学预科课程成绩在申请中可以起到锦上添花的作用，帮助学有余力的学生更好地展示自身的学术优势。三大课程体系在课程设置和难易度上略有不同。

面对大学预科课程，学生需要做到：

- 了解不同课程体系，选择适合自己的体系与科目；
- 认清自我能力，在保持GPA与标准化考试成绩的基础上超越自我。

由于学术测试更侧重学生的综合能力，大学预科课程就成了学习能力较强的学生展示自己学术优势的途径。大学预科课程成绩除了可以换取大学学分、加快学业进度、节约学费以外，还能在录取过程中帮助学生更全面地展示自身的学习能力、擅长的学科领域及时间规划能力。

符合大学预科课程标准的高中课程体系有AP体系、IB体系和A-Level体系三种。其中，IB体系要求学生参加该体系课程的高中学习，拿到课程证书，才能最终获得成绩。A-Level体系和AP体系虽然也在一些学校开设，但只要学生参加每年5月举办的考试，便可获得成绩。

很多学生和家长都在纠结这三大课程体系的选择，还有更多的学生在选择科目时颇为困惑。那么，这三大课程体系分别有哪些特点，又开设了哪些热门课程呢？下面将一一介绍。

二、AP、IB、A-Level三大课程体系的区别

（一）AP大学预修课程

AP课程由美国大学理事会（College Board）主办，主要针对美国学校的申请，但也被部分英国学校认可。AP考试每年5月在全球80个国家和地区举行，学生可以自选科目，数量不限，考试次数也没有限制。我国多地也设有考点，学生可以在报名时根据所在地选择附近的考点。自2020年

起，AP考试的报名开放时间由原先的12月至次年1月提前到了10月。

AP课程共有38门，文理兼备，无论什么专业方向的学生都可以选到较为适合自己的课程。每门AP考试满分为5分，最低分为1分。在换取学分时，大部分学校都只接受3分以上的AP成绩，有些学校甚至只接受5分的成绩。例如，如果想换取麻省理工学院经典力学课程的学分，学生需要同时拥有AP物理C力学和AP物理C电磁学的5分成绩。因此，如果学生想通过AP成绩为自己的申请增加竞争力，一般情况下需要争取考到4分或5分，5分为最佳。

很多大学都在官网上表示，希望学生参加对自己来说有挑战性的课程。宾夕法尼亚大学官网指出，希望每个学生都能根据学校提供的课程资源挑战自己，因此在录取过程中，会充分考虑学校的差异性，并以此来衡量哪些对学生来说是有挑战性的课程。因此，在不同类型学校就读的学生需要参加的AP科目数量也不尽相同。

如果学生的高中没有开设AP课程，想要申请美国排名前30的大学，通常参加5~7门AP考试即可（基本参照，会根据学校类型和学生自身特点不同发生变化）。而对于那些本身在AP体系中的学生来说，参加的科目就更多了，一般需要7~12门，包括AP核心科目（英语、数学、科学、历史、语言共5门）和其他与学生专业相关的科目（3~7门不等）。

在AP科目的选择上，学生通常需要搭配不同类型的科目，来体现自己的跨学科学习能力。换句话说，在选择AP科目时，学生需要均衡搭配文理科目，并有重点地选择与自己专业相关的科目。常见的AP理科科目有微积分BC、物理1、物理2、物理C力学、化学、生物、计算机科学等，文科、社科科目则有微观经济学、宏观经济学、心理学、美国历史等。在选择科目时，学生也可以了解每门AP科目往年的分数分布，对科目的难易度有一定认识后再作选择。例如，根据College Board官网信息，2019年微积分BC的5分率高达43%，几乎是其他科目的2倍。对于想要快速拿到5分的学生来说，微积分BC无疑是个很好的选择。表2-2为College Board公布的2020年AP成绩5分率的分布，非常清楚地体现了各门学科的难度，在报名时可以参考。

表2-2 2020年AP成绩分布

单位：%

科目	5分	4分	3分	2分	1分
微积分AB	19.0	20.4	20.5	24.1	16.0
微积分BC	44.2	17.4	19.2	14.4	4.8
化学	10.4	18.2	26.4	23.8	21.1
欧洲历史	13.7	20.1	25.5	29.2	11.5
法语	23.2	31.6	28.3	12.4	4.5
人文地理	11.6	22.1	24.5	10.9	30.9
心理学	22.3	25.3	23.4	9.6	19.4
中国语言与文化	55.3	15.5	17.9	5.2	6.2
英语	12.5	20.4	29.1	26.2	11.8
环境科学	11.8	28.3	13.1	25.4	21.5
意大利语言与文化	18.5	16.9	39.9	19.6	5.1
拉丁语	16.3	20.1	32.1	17.8	13.8
西班牙语	30.5	36.4	23.1	8.8	1.2
西班牙文学	17.0	18.0	37.7	20.7	6.6
统计学	16.0	20.6	23.0	21.6	18.9
计算机科学	25.2	21.3	22.8	12.9	17.8
宏观经济学	19.5	24.8	18.3	16.2	21.2
微观经济学	23.1	28.7	16.5	14.2	17.5
物理1（以代数为基础）	8.7	17.7	24.5	26.3	22.8
物理2（以代数为基础）	13.9	24.0	34.6	21.5	6.0
物理学C电磁学	40.1	22.1	11.6	16.3	10.1
物理学C力学	40.9	26.0	16.1	9.5	7.6
世界历史	9.2	22.8	28.2	26.1	13.7
艺术史	15.6	24.6	27.7	21.4	10.7
生物	9.4	22.5	36.6	24.2	7.3
英国文学	9.3	17.3	33.5	27.7	12.2
德语	23.9	33.8	16.0	19.5	6.7
比较政治学.	24.3	27.3	18.4	17.3	12.7
美国政治学	15.3	16.2	25.1	21.8	21.6

续表

科目	5分	4分	3分	2分	1分
日本语言与文化	54.0	9.7	20.1	7.6	8.8
音乐理论	23.8	18.9	25.2	22.0	10.1
2-D 艺术与设计	12.1	36.2	41.3	9.9	0.6
3-D 艺术与设计	7.2	32.0	36.5	20.9	3.6
AP 研究	8.8	32.1	31.5	25.0	2.6
AP 课题	6.4	14.5	59.7	17.2	2.3
计算机原理	10.8	23.3	36.6	17.5	11.8
绘画	15.5	40.3	33.3	9.8	1.2
美国历史	13.0	19.2	26.6	20.4	21.0

表2-3　中国学生AP考试5分率

单位：%

科目	5分率
微积分BC	45.6
微观经济学	32.8
宏观经济学	37.0
物理C力学	54.6
物理C电磁学	54.5
物理1	16.7
物理2	23.0
化学	31.6
生物	13.1
统计学	24.8
计算机	22.9
美国历史	12.4
世界历史	18.0
英语语言与写作	20.4
英语文学与写作	24.1

资料来源：三立在线。

（二）IB国际预科证书课程

IB课程不局限于任何一个国家的教育体系，以全球化、国际化为特点。全球超过150个国家和地区的高中开设了IB课程，我国的许多国际高中也在其中。IB每年的考试时间因南北半球而不同，北半球为5月，南半球为11月。目前IB课程体系是世界上最被认可的国际课程体系。

IB体系设置的课程包括三大核心和六大学科组。其中，三大核心包括知识理论课程（Theory of Knowledge）、扩展论文（Extended Essay）和创造行动与社区服务活动（Creativity，Action，Service），每门课各1分，总共3分。六大学科组包括第一组语言A（母语）、第二组语言B（第二语言）、第三组社会科学（地理、历史、经济学、哲学等）、第四组自然科学（物理、化学、生物等）、第五组数学、第六组艺术与其他（艺术、第三语言、其他科学等）。每个学科组满分7分，共42分。三大核心和六大学科组加在一起满分45分。通常，如果学生想申请排名前30的美国学校或英国G5超级精英大学，IB总分需要达到36分以上，通常会更高，甚至40分以上。一些大学在官网上也明确标出了对IB总分的基本要求。例如，英国伦敦大学学院要求学生的IB分数至少达到36分，而剑桥大学对IB分数的基本要求高达41分。需要提醒的是，所有官网上所写的分数，只是报名资格的最低要求。

IB课程通常分为标准等级（Standard Level，SL）与高等级（Higher Level，HL）。学生通常会被要求选择至少3门HL的课程。在很多美国大学，只有HL等级的课程可以换取学分。例如，纽约大学通常会给6分以上的IB高等级课程换学分，标准等级课程则没有学分。因此，如果学生希望通过IB成绩换取学分，需要特别注意HL课程的完成。

（三）A-Level英国高中课程

A-Level是英国高中课程，更适合英国、澳大利亚、加拿大、新加坡等目的国的留学生。许多美国大学也认可A-Level课程，允许学生用A-Level成绩换取大学学分。

A-Level开设40多门课程，常见的有进阶数学、化学、计算机、英语语言文学等。A-Level学制共两年，分为AS阶段（第一年）和A2阶段（第二年）。AS阶段选择3~4门课，不计入最终成绩；A2阶段选择3门课，最终计入总成绩。每门课成绩分为A、B、C、D、E、U共6个等级，A为最高，U为不合格，格外优秀的学生还可能获得A*的成绩。想要申请英国G5超级精英大学，学生每门课通常要获得A或A*的成绩。这些大学在官网上也都公示了对A-Level成绩的要求，学生可以自行查询，如帝国理工学院对A-Level的基本要求是3门A到1门A*和2门A。

　　三种课程体系在课程广泛度与难易程度上各不相同，因此，拥有不同特点的学生适合的课程体系也不尽相同。表2-4是三大课程体系特点对比，供学生在选择时参考。

表2-4　三大课程体系特点对比

课程体系	单科难度	综合程度	对英语要求	可否自学	对口国家
AP	难	不定： 因学生可以自由组合考试科目，AP体系对学生综合能力的要求不高，对于偏科的学生较为友好	较高： 如果学生报考的科目偏理科，则对英语要求不高。如果学生报考的科目偏文科，如英语语言文学或美国历史，则对英语要求较高	可以	主要为美国，部分英国大学也接受
IB	较难 （HL）	强： IB体系的六个学科组要求学生各方面能力均衡发展，因此对学生综合能力要求较高	高： IB课程体系中存在大量论文写作，因此对学生英语能力要求高	不能： 学生必须在开设IB体系的学校就读，才可以参加IB大考	全球国家和地区
A-Level	较简单	一般： 由于有3门的科目数限制，A-Level课程对学生综合能力的要求不高	较高	可以： 在中国境内的自学学生可以前往英国大使馆文化教育处报名	主要为英国及英联邦国家，部分美国大学也接受

三、GPA成绩仍然是重中之重

大学预科课程成绩可以帮助学习能力较强的学生更充分地展示自己的优势。然而，对于不在三大课程体系中的学生而言，大学预科课程在申请过程中只能起到锦上添花的作用，不能弥补GPA或者标准化考试成绩的硬伤。由于大学在评估学生大学预科课程成绩时会综合考虑学生所在学校的课程设置，因此自学的学生不必与其他学校的学生进行攀比，选择最适合自己的科目数与课程设置即可。如果学生忽视GPA和标准化考试成绩，一味地追求提高先修预科课成绩，便本末倒置了。换言之，GPA是一切指标的重中之重。

第三节　更容易被名校录取的课外活动

步入12年级，有些学生面临的最恐怖的事就是，在ED（Early Decision，绑定式早申请）/EA（Early Action，非绑定式早申请）/REA（Restrictive Early Action，限制性提前申请）阶段，发现必须填写活动列表，而且还有10项之多。这些活动并非一日之功，需从9年级开始日积月累。标准化考试可以再考，但消逝的时间无法弥补，不会再有时间来补充这些课外活动。

课外活动常常令人眼花缭乱，但是当我们明白需要提交和填写的课外活动到底是什么时，就会清晰地了解哪些是在高中需要补充的。

在中学阶段，学生需要从GPA、标准化考试成绩（语言测试和学术测试）、活动和文书这四个方面为本科申请作准备。这四项看似互不相关，实则有着不可割裂的关系。良好的GPA和标准化考试成绩互相关联，丰富的活动又是出彩文书的前提。因此，从9年级到12年级，学生需要从宏观的角度来整体规划这四方面的准备工作，为申请季的到来奠定更坚实的基础。本部分将从时间长度、针对性、考查能力三个方面分析GPA、标准化考试成绩、活动和文书的特点（见表2-5），解释说明这四个指标之间的联系，为学生中学时期的四维规划提供参考。

表2-5　四大指标的特点

指标	时间长度	针对性	考查能力
GPA	长时间积累型	针对性弱	学术（语言）能力
标准化考试成绩	短时间爆发型	针对性强	学术（语言）能力
活动	长时间积累型	针对性弱	全面发展
文书	短时间爆发型	针对性强	全面发展

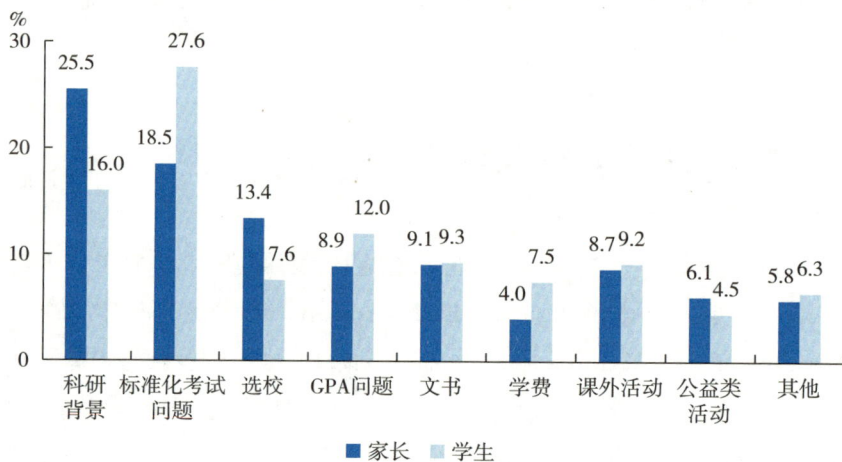

图2-1　留学申请中的痛点占比

对于在申请过程中遇到的痛点，从图2-1的问卷结果可以看到，27.6%的学生认为标准化考试问题是其遇到的最大痛点；16.0%的学生认为科研背景的欠缺限制了其申请的结果；12.0%的学生认为GPA问题是急需解决的申请环节；也有一定比例的学生认为文书、课外活动、选校、学费和公益类活动等是其申请时遇到的痛点。

其中，最为不可控的便是课外活动。根据大学申请系统中的分类，常见的课外活动类型包括学术类、公益类、领导力类和特长类。在选择课外活动时，学生经常因为能够选择的选项太多而眼花缭乱，不知如何取舍。那么，各大类活动到底包括什么？有竞争力的项目包括哪些？下面将逐一介绍。

一、课外活动通常分为四大类型

（一）学术类

学术类活动主要有两种：学术竞赛和学术研究。除此之外，一些以学术为核心内容的夏校①（Summer School）和暑期训练营也属于学术类活动的范畴。有竞争力的学术类活动需要时间来支撑，如此，学生才能真正从中学到知识，同时也能取得一定成果。

学术竞赛主要指被多所海外大学认可的国际竞赛，种类繁多，设置的科目也多种多样，理科偏多。在申请中，优秀的竞赛奖项能体现学生出色的学术能力和敢于挑战的个人素养，为学生的申请增加砝码。学术研究大多数情况下指国内外高校自身的研究项目，学生可以利用假期时间参与，在提高自身能力的同时，帮助项目取得一定成果。

竞赛与研究项目这么多，选择什么样的项目才真正对申请有帮助呢？根据综合项目录取率、项目知名度、成员本科录取率与项目内容质量四个因素，表2-6中的15个最有竞争力的学术成就可以在学生选择学术项目时作为参考。需要注意的是，其中有些项目仅限美国公民、美国绿卡持有者或美国高中在读学生参与，学生在报名参加前应看清报名要求。

表2-6　最具竞争力学术成就项目

1	国际奥林匹克竞赛奖牌获得者：数学/物理/生物/化学/计算机 International Math/Physics/Biology/Chemistry/Informatics Olympiads medalists 参加限制：无
2	Regeneron学者（原英特尔天才奖） Regeneron Scholar（formerly Intel Science Talented Search，STS） 参加限制：美国高中在读学生
3	英特尔科学与工程大赛大奖获得者 Intel Science and Engineering Fair（ISEF）Grand Prize winners 参加限制：无

---

① 夏校：以学习为主的夏季暑期课程，分为无学分和有学分两类。

续表

4	数学奥林匹克夏令营参加者（MOSP） The Mathematical Olympiad Summer Program participants 参加限制：美国公民或绿卡持有者，有时也包括美国高中在读学生
5	可口可乐学者奖学金获得者 Coca-Cola Scholars 参加限制：美国公民或绿卡持有者
6	英特尔科学与工程大赛22个分类学科最优奖 Intel Science and Engineering Fair（ISEF）Best of Category Award 参加限制：无
7	麻省理工科学研究暑期项目（RSI）入选者 MIT Research Science Institute participants 参加限制：无
8	斯坦福数学暑期营（SUMaC）入选者 Stanford University Mathematics Camp participants 参加限制：无
9	泰留瑞德基金会暑期项目（TASP）入选者 Telluride Association Summer Program participants 参加限制：无
10	暑期科学项目（SSP）入选者 Summer Science Program participants 参加限制：无
11	在*The Concord Review*（TCR）上发表历史研究文章 参加限制：无
12	俄亥俄州立大学罗斯数学项目 Ross Program in Mathematics at Ohio State University 参加限制：无
13	谷歌科学竞赛高中组决赛入围者 Google Science Fair Global finalists 参加限制：无
14	得州理工大学克拉克学者暑期项目入选者 TTU Clark Scholar Program participants 参加限制：无

续表

15	丘成桐中学科学奖
	参加限制：9年级至12年级全球华人学生
	数学奖 Mathematics Award
	物理奖 Physics Award
	生物奖 Biology Award
	化学奖 Chemistry Award
	计算机奖 Computer Award
	经济金融建模奖 Economic and Financial Modeling Award

除了参加这些项目，学生也可以选择自己目标学校的夏校或暑期深度科研作为学术类活动的补充。学术类活动是学生了解感兴趣的学校或专业的好机会。通过参加某个学校的暑期项目，学生能对这所学校的风格有切身的体会，以便思考自己与该所学校的匹配度。同样，通过深入学习某个学科内容，学生也能对该学科的具体研究方向、所要求的思维方式，以及常用的学习方法有更充分的了解，从而更清晰地认识到此专业是否适合自己。

（二）公益类

公益类活动主要指志愿者活动或社区服务活动。每所大学都希望自己的学生可以真正热爱这个社区，并为其作出贡献，因此，有较高服务意识与社区意识的学生往往更受欢迎。

好的公益类活动往往不是一次性的。只有长期、持续的活动才能体现出学生对该项目的用心程度，也才有可能使学生从项目中真正有所收获。因此，要想让自己的公益类活动真正有价值，学生需要找到自己真正热衷的活动。这样不仅能丰富课外活动列表，为文书提供有用的素材，还能真正培养学生的综合能力，使学生在自己热爱的活动中有所成长。

例如，现就读于芝加哥大学的姚同学从初二起就在北京郊区一家民工子弟学校做义工，坚持了5年之久，并为学校发起捐款修缮房屋。这个活动具有一个优秀公益行动的所有特点：持续性、长期热情、责任感、通过自己的行动推动社区进步。

公益活动从来不是简单地送爱心、送东西，必须是发自内心、出于本心地去做应该做的事，愿意通过一己之力并联合周边的人让社区变得更好，推动社会进步。

（三）领导力类

领导力类活动指能体现学生领袖精神和领导能力的课外活动。领导力包括但不限于组织协调能力、统筹规划能力、沟通调节能力。在大学生活中，少不了需要团队合作的课程与项目，因此，领导力也是大学招生官们一贯重视的能力。领导力类活动形式繁多，校内活动包括学生会与社团管理等，竞赛类包括模拟联合国、模拟法庭等。

很多学生与家长对领导力类活动都有一个常见误解，认为在一个活动中，学生必须担任团体或组织的领袖角色，才可以将该活动算作领导力类活动。而事实上，只要学生敢于在活动中展现自己的领导能力，无论什么样的活动都可以算作领导力类活动。

清华附中国际部的薛同学与同学们发起的Free English线上支教活动被《中国教育报》报道。作为10年级的中学生，他发起的这项活动从疫情期间针对武汉小朋友的线上课程，到今天已联合全国各省市及美国、加拿大的"小老师们"共同加入，每次支教课程都认真备课，学生也覆盖了十几个地区，成为颇具影响力的支教项目。这个活动既是一个优秀的公益类活动，又因其奉献精神和组织能力，也是一个出色的领导力类活动。

（四）特长类

前三类活动分别体现了学生的学术能力、服务意识和领袖精神，最后一类活动则回归到学生个人兴趣，向招生官展示每个学生独一无二的爱好与特点。特长类活动包括但不限于艺术类、体育类活动，有时还可以是学生独特的"冷门"兴趣。例如，学生A对书法字帖感兴趣，于是完成了几本字帖的翻译工作并最终出版；学生B对游戏格外上心，于是学习3D模型，成功复刻了几个游戏角色和游戏物件。只要学生在活动中投入了热情与心血，这些不常见的兴趣爱好都可以写到活动列表中，让招生官看到更真实有趣的自己。如果是体育类、音乐类的特长，都可以发展成为优秀的课外活动。

值得注意的是，一些学生在高年级放弃了自己的爱好与特长，这恰恰是最不应该的。尤其是体育类，参加校队、打比赛，只要时间允许，切勿放弃。因为高中期间的长期投入，并在校队中有所表现，才能看到这个特长。音乐类也是这样，有的同学10年级突然放弃合唱团成员的角色，这种宝贵的特长活动在持续性中才能被招生官看得到。

二、长期坚持的课外活动才能被名校认可

课外活动种类丰富，学生在选择时难免头疼，做一学期的活动A，又尝试另一学期的活动B，最终也不知该将哪个正式收进活动列表。在此，特别需要强调的一点是，好的课外活动一定是长期坚持的活动。无论是学术类、公益类、领导力类还是特长类活动，都需要学生长期付出精力，才能在申请中被招生官认可。仅仅为了丰富活动列表，草草完成一项活动，虽然增加了活动的广度，却严重削减了活动的深度，不仅无法取得较好的成就，也会使学生本身的收获受限。因此，在选择了课外活动后，学生需要不断坚持，把活动做精做深，才能真正完成一个出色的课外活动。一个重要的原则是，课外活动不应拖到11年级再参加，规划与参与的时间越早越好。最好从9年级开始，因为越往高年级，可利用时间就越少。

以下是普林斯顿大学等学校在官网上写的对课外活动方面的描述，可以很好地诠释何为优秀的课外活动：

- 特别关注一些具有领导才能、极高天赋和杰出成就的学生；
- 精通一两个体育项目比在五六个社团中好得多，至少能看到热情；
- 专注并深入一种或两种活动或者爱好，而不是同时参加许多一般的活动；
- 随着时间的推移，学生们在活动中展现的领导才能有所提升，我们需要看学生在教室外做些什么。

对于课外活动而言，质量永远大于数量。

> **【校友分享】郭同学：毕业于普林斯顿大学，现就职于纽约某咨询公司**

【兴趣爱好】

美国大学希望能看到你优秀的成绩，但更希望看到你是一个什么样的人。关心你的兴趣，除了上课，你还想做些什么。美国所有高中生除了上课，都会参加很多活动。我当时参加了学校乐队、数学比赛，自己也组织了个俱乐部，还与一些慈善机构合作。当时我参加了一个科学研究的项目，高中两个暑假都在做实验，最后一年还写了一篇文章。

【实习经历】

美国大学还希望学生有实习经历。我在高中的时候做家教，是按小时收费的。美国许多高中生都会找一份简单的工作，如快餐店什么的，而不需要什么高大上的工作。大学招生时主要想看到你除了学习还有精力和时间去做别的，要看你自己的兴趣是什么。其实每个人都不一样，不要去考虑招生官喜欢什么，要考虑自己的兴趣在哪里。没有统一的规定你做什么会得到大学的欢心。招生官其实可以看出来你是真心喜欢还是为了申请学校才去做的。

【持之以恒】

活动需要一个持续性，比如你四年都在做一件事，虽然你花的时间不是那么多，但可以看到你的热情和兴趣，而不是在申请大学前一两年才去做许多事，一看就是为了申请而去做的。当时一个麻省理工学院的人告诉我，课外活动一定要做自己真心感兴趣、有热情的事情，因为如果你就为了一个大学的喜好来做事，如果四年后这个大学并没有录取你怎么办？如果做真心喜欢的事，至少你觉得是值得的。

三、课外活动必须体现优秀的能力

对于课外活动，有些是有共性的，如公益类、特长类与领导力类活动，无论申请什么学校、什么专业，这三大类活动是共性的。但学术类活动与奖项就是一个极具个性化特征的课外活动，也是最令人头疼的事。总体而言，文科申请在学术背景提升上并没有那么复杂，但对于理工科学生而言，学术背景提升的基础是先大致想清楚自己以后要学什么、做什么、以什么方向来申请。

规划一个孩子的课外活动，必须能剖析孩子的内心及潜在的能力与兴趣，而且是在深入细致分析美国大学各专业与学科要求的基础上进行专业化差异化的申请主线设计，继而设计出差异化的活动。

一个优秀的申请者，在他/她的课外活动中，能够体现出领导力、创造力、服务意识、学术能力与潜力，以及给学校带来多元文化的潜力。

四、9年级至12年级四年规划决定申请竞争力

无论哪个年级，都有一个共同的前提条件，就是必须保持良好的GPA。关于课外活动，中学各年级都应全程积极参与。如果是体育特长生，请勿中断校队练习，并积极参与比赛。

（一）9年级

课外活动：开始进行公益类活动，不要拖到最后。公益类活动是成长与锻炼，要体现持续性、热情与独特性。长期的公益类活动最好在当地做，体现社区服务精神。

兴趣类的课外活动要坚持，并且要尽可能地多参与当地举办的各种活动。有突出兴趣特长的可以参加比赛。

有些竞赛只向10年级之前的学生开放，如英国的物理奥林匹克竞赛，这类比赛对于理工科学生很重要，需关注参赛时间。

含金量高的夏校通常不向低年级学生开放，此阶段可参加提高自身综合能力的项目。

（二）10年级

10年级需要将AP考试提上日程，如果就读学校未在10年级开设，可以提前自报2~3门容易得高分的AP自学后考试，这样11年级时就没有那么重的负担。AP是检测学习能力与潜力的一个重要指标。

10年级可以开始参加科研类活动，如果有突出兴趣，建议开始一个较长期的科研学习，并且可以用科研成果去参加相应的理工科竞赛。

建议在10年级寒假完成托福考试。如果英语优秀，托福成绩最好在103分以上，这是许多顶尖级夏校对语言成绩的最低要求。

（三）11年级

SAT/ACT、托福/雅思、AP的成绩都需在12年级开学前获得，所以11年级是高中四年的关键。一方面，11年级的学科难度加大；另一方面，11年级需要获得标准化考试成绩，这是一个巨大的压力。而且11年级GPA也至为关键。

除了保持优秀的GPA，11年级要做好以下事情：寒假前考出托福成绩，暑假结束前必须考出SAT成绩，春季的AP考试保持4~5分，最好是5分，因为优秀学校在考查学生学术水平时，更希望看到对学科掌控能力强的优秀学生。

暑期筛选参加目标学校的夏校。夏校申请通常从11年级寒假前就开始了。美国各大学的夏校往往含金量不太高，但也有部分学校含金量高。学校很看重参加夏校的经历，尤其是师资很不错的夏校经历。

（四）12年级

12年级的首要任务是保持良好GPA，如果11年级成绩不理想，要在12年级全力以赴有所提高，以证明自己的学习能力与潜力。因为在RD、ED2阶段都看重12年级上半学期的GPA和成就，所以12年级也不能放松。

12年级另一项首要任务就是从秋季入学开始进行的大学申请工作。在申请大学时建议提前半年以上在银行开立60万元左右存款证明，作为大学申请的家庭资产证明。大学申请分为三轮，即11月1日、12月1日、1月1日三个时间节点。第一个是大多数ED/EA学校节点，第二个是加利福尼亚州大学（以下简称加州大学）系列的时间节点，第三个是RD/ED2的时间节点。

资产证明二维码

除了以上几点，12年级如果继续科研、有文章发表或者有兴趣爱好成就，都需要及时更新申请材料，将更新后的申请材料提交至大学。加州大学系列承认所有1月1日之前的标准化考试成绩，所以托福、SAT成绩不理想的学生不要放弃，因为一直到12月还可以参加考试，将成绩提交给学校。

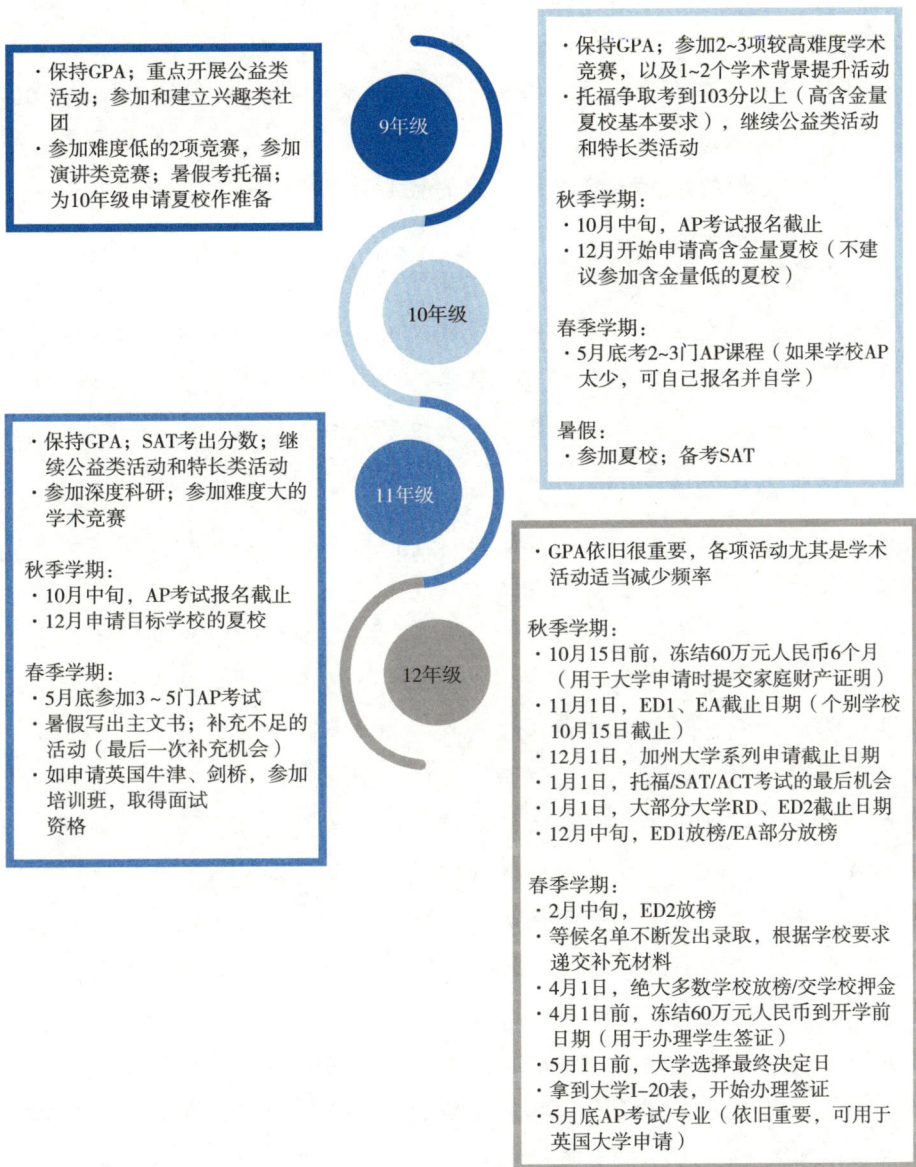

9年级
- 保持GPA；重点开展公益类活动；参加和建立兴趣类社团
- 参加难度低的2项竞赛，参加演讲类竞赛；暑假考托福；为10年级申请夏校作准备

10年级
- 保持GPA；参加2~3项较高难度学术竞赛，以及1~2个学术背景提升活动
- 托福争取考到103分以上（高含金量夏校基本要求），继续公益类活动和特长类活动

秋季学期：
- 10月中旬，AP考试报名截止
- 12月开始申请高含金量夏校（不建议参加含金量低的夏校）

春季学期：
- 5月底考2~3门AP课程（如果学校AP太少，可自己报名并自学）

暑假：
- 参加夏校；备考SAT

11年级
- 保持GPA；SAT考出分数；继续公益类活动和特长类活动
- 参加深度科研；参加难度大的学术竞赛

秋季学期：
- 10月中旬，AP考试报名截止
- 12月申请目标学校的夏校

春季学期：
- 5月底参加3~5门AP考试
- 暑假写出主文书；补充不足的活动（最后一次补充机会）
- 如申请英国牛津、剑桥，参加培训班，取得面试资格

12年级
- GPA依旧很重要，各项活动尤其是学术活动适当减少频率

秋季学期：
- 10月15日前，冻结60万元人民币6个月（用于大学申请时提交家庭财产证明）
- 11月1日，ED1、EA截止日期（个别学校10月15日截止）
- 12月1日，加州大学系列申请截止日期
- 1月1日，托福/SAT/ACT考试的最后机会
- 1月1日，大部分大学RD、ED2截止日期
- 12月中旬，ED1放榜/EA部分放榜

春季学期：
- 2月中旬，ED2放榜
- 等候名单不断发出录取，根据学校要求递交补充材料
- 4月1日，绝大多数学校放榜/交学校押金
- 4月1日前，冻结60万元人民币到开学前日期（用于办理学生签证）
- 5月1日前，大学选择最终决定日
- 拿到大学I-20表，开始办理签证
- 5月底AP考试/专业（依旧重要，可用于英国大学申请）

图2-2　9~12年级基本时间/活动规划

【学生视角】张同学：就读于加州大学伯克利分校

我的高中时间规划与申请心得

如何申请其实是老生常谈了，像我们进入高中的第一天，老师就给我们讲这四个点：标准化考试（即托福、SAT考试等）、GPA、活动和文书。这四个点也出现在任何一张申请表中，像CA（Common Application）申请系统或者加州大学的申请系统（UC）。我想分享一下站在学生的角度如何看这几方面的重要性，以及平常忽略而在这次申请中又意识到的内容。

我希望大家可以从我的申请中有些借鉴，然后优化自己的申请背景与材料。后面我会重点讲一下我的文书，就我的个人经历给大家讲一下怎么样把活动转化成文书，包括写文书的思路。最后我想和大家分享一些小技巧，这是一个学生经历过申请后才能明白的。

【标准化考试】

第一个就是语言测试，现在比较主流的有托福、雅思，但是在疫情的影响下，托福、雅思的考试机会越来越少，很多大学都开始接受多邻国语言成绩（Duolingo English Test）。我认为各位同学不妨去了解一下这个语言测试，它可以在家完成。语言测试毕竟考查的是学生上大学后充分理解与接受课程的程度和基本能力，换言之就是有没有能力在美国保证自己的英语是过关的。请大家不要把托福、雅思、多邻国这些考试只当作一个语言测试，核心还是要掌握一门语言，而非考试技巧，所以在准备的时候建议很早并且长期地建立学习语言的习惯，而不是当作一个学科的考试那样去突击。

第二个考试就是SAT。我对SAT深有体会，关于SAT我想说三点：第一点就是考什么，即它测试的能力到底是什么，继而有针对性地去攻克，更有效地去准备这个考试。我认为，真正需要下功夫的地方还是语言学习。我个人在最后备考阶段觉得最重要的还是对单词和长难句的一些理解。在阅读方面，如果有能力把全部文章看一遍并理解的话，效果还是不错的。第二点是SAT这个考试到底有多重要。有人说它是申请大学的一个门槛，学校会用SAT分数淘汰一部分学生，之后再审其他材料；也有人说招生官会在最后阶段，在两份申请材料相同的情况下，选SAT成绩高一点的。其实这些说法都有它的道理，毕竟申请大学是蛮主观的，取决于招生官，也取决于个人能力。请大家不要去拿SAT分数给自己定升学期望、定意向学校。第三点是SAT2和AP是什么。大家对AP存在误解。因为很多学校开设AP课程，所以大家可能认为一定要在学校修AP课才能进行考试，其实并没有这样的规定。修AP和进行考试没有必然的联系。AP其实就是一个学术考试，它的作用就是去兑换大学课程学分，只是一个学术能力的测试。它既具有平时内容的积累，也具有突击考试的性质。总体来说，SAT2跟AP的一个共同特点就是考查学术能力，当然也涉及语言。SAT2和AP是需要同学在平常就锤炼的，因为毕竟与以后想申请什么专业息息相关，所以选课方向要有所研究。像SAT2考试，有的学校是要求提交的，要交1个或者2个SAT2的成绩。也有学校对SAT的成绩有一定要求（比如780分、750分、700分）。所以要提前摸清楚申请学校的要求。AP虽然不是必须提交，但是大部分申请美国学校的学生一定会参加，因为能够提高竞争力。

【GPA】

我的GPA算是同龄人里面较好的（10年级至12年级三年全A），所以我觉得这是我的一个加分项，或者说它弥补了我其他三方面的短板。GPA的重要性比托福/SAT有过之而无不及。建议大家对每一科、每一次小考试，即使是不算成绩的考试都要认真对待。此外，建议进入学校后可以征求高年级同学的建议，合理安排选课，这样对拿高GPA有很大的帮助。

【活动】

我在高一就明确了两个方向，一是动手科研，二是长期坚持体育活动。活动一般分为学术性和非学术性的。学术性的包含夏校、竞赛、科研等；非学术性的有体育类和公益类等。我坚持游泳10年并且参加了学校的游泳队，参与了2年的训练，并参加北京市比赛等。另外我擅长滑雪，拿过北京市滑雪比赛第一的成绩，机缘巧合下我坚持了9年之久。给大家的建议是千万不要轻易放弃自己坚持很久的一个爱好，也不要觉得体育运动会耽误学习时间。美国的申请比较看重学生的综合素质。

加州大学的申请系统（UC）以前要填写5个活动、5个奖项，现在将活动项增至20个。学生能展示的机会就多了，选择一个真正喜欢的活动才有东西可展示。CA也好，UC也好，活动列表上任何一项都不是随便填写的。

【文书】

关于文书素材的收集，建议大家在每次参加活动后都整理下自己在活动中干了什么、有什么心得体会，在自己的电脑中建立档案记录参加过的活动及心得是非常高效的方法。文书真的是最主观也是最直观体现学生水平的材料，包括个人陈述（Personal Statement）和论文（Essay）。题目的类型直接影响了你的创作内容，所以在选择题目的时候要选择与你之前所有准备最符合的，才能激发出更多的灵感。

文书的撰写几乎没有一次就能完成的，绝大多数人经历了头脑风暴—初稿—修改—再润色—再修改，可能有的人还经历过完全推翻之前所选的素材重新开始的过程。因为文书的巧妙之处就在于考查的不仅是语言功底，更多的是怎么讲述关于自己的故事。每一篇成功的文书都该是立体的，有画面感甚至有声音、有味道。

我的文书从两方面展开。一是"伤病带来的思考"，长达几年的体育锻炼其实对我的身体有很多创伤，也因此萌生了学医的想法。二是"对于生物的热爱"，我有海外医学实验室科研的经历，这与我想要申请的专业是完全吻合的，我想让招生官看到我的决心。

【给申请路上同学的建言】

对于处在高一、高二的同学，我想强调以下内容。一是标准化考试的重要性。标准化考试的时间安排非常重要，这里我想分享一位学长的经验：他在高二学期的3月，SAT成绩就已经达到理想的状态了，所以当他再去准备AP或者活动时，心态就非常平稳了。二是竞赛。竞赛是有一定说服力的，它的投入产出比值得大家花心思，如果能拿到丘成桐中学科学奖或国际基因工程机器大赛（IGEM）奖是会加分的。如果决定参加竞赛，就要专注，不要再产生动摇的心态而影响进度。三是访校的重要性。我个人认为访校是比较重要的，每个学校都会介绍它们的教学宗旨、课程结构、优势专业等。这对于学生了解学校的定位是很全面的一个途径。四是心态的重要性。心态直接影响申请结果，因为一个人的上限是由他的心态决定的，一个人的下限可能是由能力决定的。

第四节　美国就读名校概率其实更大

2020年早申请阶段，美国许多学校ED阶段申请量增长了25%以上，这也许令人惊讶，但也动摇不了一些家长与学生对美国求学的向往。

美国大学最突出的特点是优秀学校数量多，专业选择自由度大，许多前沿学科世界领先，可以转学转专业。

一、美国大学具备五大经典特色

（一）就读名校机会多，教育质量名列前茅

美国有众多优秀的大学可供选择。全美拥有 4000 多所大学，其中有许多世界顶尖与一流的大学。因此，申请人有很大的挑选余地，这也许就是美国大学对众多国外学生最初的吸引力。在美国读大学，可选择机会多、就读名校的概率高，并且美国学校因其学术卓越而被全世界认可和接受。

（二）尊重个性，专业选择自由度大

美国大学有个很特别的地方，即专业选择放在大二下半学期结束时，让学生有足够的时间探索他们的兴趣与专长。事实上，许多学生进入大学时并不清楚自己要读什么专业，也有的学生一开始很清楚自己的兴趣。但因美国大一大二都是通识课程，有海量多类型的课程供学生选择，特别是绝大多数大学都有成绩不计入绩点（PASS/FAIL，P/F）政策。即便一两科选择失利，也不会因此导致大学期间GPA的"滑铁卢"。所以，在真正决定所学专业前，学生有两年时间充分探索自己想学什么专业，并在此基础上作出选择。

（三）灵活的课程体系与教学模式

在美国大学，只要有足够的能力与精力，可以选择主修和辅修专业，也可以选择2个以上主修。美国大学的专业课程占三分之一，而三分之二课程为通识课程或非专业课程。这对于兴趣广泛、勇于探索的人群而言，具有很大的吸引力。

但是这种灵活性也有它的限制，学生必须完成一些规定课程才准予毕业。这些课程通常包括通识课，如科学、数学、英语、第二语言等，以确保毕业学生全面掌握各种技能和基础知识，为今后的求职加分。除这些基础课程外，许多大学还要求学生完成批判性思维和伦理学等课程的学习。

（四）强大的学术支持

美国大学学生有数名联络人来督导他们的学业进展情况。如在斯坦福大学，所有入学新生都将配有一名与学生将要选择的专业相关的老师作为指导咨询老师，帮助学生明确学习目标和最终感兴趣的学习领域，建议哪些实习工作和兴趣爱好会对其之后的职业发展有长远的帮助。整个大学的学习过程都会有这类指导咨询老师的陪伴，但是需要学生主动去寻求他们的帮助，思考老师提供的建议，把握自己的未来发展。除指导咨询老师外，学生在大学第一年还有一位同辈顾问（Peer Advisor），通常由高年级的学长担任，帮助引导学生处理大学一年级出现的各种问题。学长们有过同样的经历，对新生遇到的问题比较有同感，而且与学校教职人员相比，他们更容易在日常生活中接触。

（五）有试错机会，一切皆有可能

并非所有学生在申请季都能进入理想学校，但美国学校不仅可以换专业，还可以转学。这样的试错机会，给了年轻学子更多的选择。

除了上述五点，作为移民国家的美国，社会的整体环境是包容多元文化的，虽然有极端个案影响了这一长期形象，但就目前而言，美国依旧是未来5~10年的留学热门国家。因为无论从国际生容量还是从教育质量上看，近期内很难有其他国家可以取代美国的地位。

【学生视角】Zoe 同学：就读于麻省理工学院机械工程专业

开放课程助我探索不同领域

首先，麻省理工学院最吸引我的是以人为本的教育原则。学校提供很多的课程和实验室，以满足不同特质和兴趣的学生，而且还有一些校外活动。无论你对什么感兴趣，基本上都可以找到适合自己的项目。其次就是对新人也非常友好，如果你只是感兴趣，而并不是擅长做一件事情，那么参与到这个活动、社团或者课程中，也不会觉得门槛特别高而无法适应。换言之，无论你是什么程度，学校都可以很好地帮助你一步一步地学习。最后是跨学科做得特别好，我跟许多别的学校的同学，包括美国、加拿大或者其他国家的一些同学和朋友都聊过，麻省理工学院可以说是做得最好的。基本上选课完全不受限制，虽然对学生有一些硬性要求，比如有一些课是必须上的，但是在那之外你想学什么都可以，无论你跨到多远的领域，甚至到其他专业学习，这都是可以做到的，所以这就给了学生很多选择，以及跨学科全面发展的机会。

二、文理学院和综合性大学优劣势比较

到底是选择综合性大学还是文理学院，这是困扰中国家长与学生的一个难题。经常会听到家长说不想让孩子上文理学院，或者有些学生说从未想过上文理学院。但事实上，美国文理学院是许多中产以上家庭的首选，因为扎实的教学风格、小班制精英教学的特点、教授对教学的投入、师生关系的密切及校园环境的安全，文理学院是一众综合性大学所不能比的，而综合性大学自身突出的优势也是文理学院不能比的。但二者并非对立关系，各有利弊。

在看过以下分析后，相信家长与学生会有个清醒的认识，选择最适合自己的学校。

美国大学传统上分两大类：综合性大学和文理学院。很多文理学院有着上百年的历史，拥有优秀的师资团队和出色的本科教育，其名气在美国本土也并不逊色于常春藤名校等综合性大学。

（一）不同类型大学的多样化和差异化选择

要选择某一类型的大学，首先要了解不同类型大学的特点。从定义来看，与文理学院最大的不同是综合性大学有自己的硕博教育，而文理学院只有本科教育。这一区别也导致二者在地理位置、学生群体、课堂氛围、专业设置、校园文化、学术机会和经济资源等方面有所不同，下面将逐一介绍。

1. 地理位置。大部分综合性大学坐落于城市之中，少部分的学校会在城市附近比较偏僻的地点自成一村，而文理学院大多处于乡村地带。由于规模较小，文理学院不需要大量的城市公共资源支撑，为了追求安静、私密的学术环境，通常会选择乡村为建校地点。

2. 学生群体。综合性大学的学生规模远大于文理学院。官网数据显示，截至2019年哈佛大学学生注册总数为36012人，而威廉姆斯学院（Williams College）只有约2000人。因此，综合性大学的学生群体更多样化。来自不同地区、不同种族的学生，都可以在校园里找到和自己背景类似的同伴。文理学院的学生群体则相对单一，以白人学生为主。

3. 课堂氛围。综合性大学因为人数较多，教授也经常忙于研究，基础课大多是100人以上的大班课，有时还会由助理教师代替上课。文理学院因

为学生较少，大部分师生比在1∶8以内，课堂也大多是小班教学，每一个学生都有充足的机会与教授进行交流。

4. 专业设置。综合性大学学科设置一般较广，从人文、社科到理科、工科，学生能找到想要学习的课程，而文理学院的课程设置则会集中在某一方面。包括阿默斯特学院、史密斯学院在内的大多数文理学院都不设置工科学科，提供的课程大都围绕理论性学科（人文、社科、纯理科）展开，而哈维姆德学院则罕见地只注重STEM（科学、技术、工程、数学）学科，不适合想学习人文学科的学生申请。

5. 校园文化。与学科设置类似，文理学院通常也有自己独特的校园文化，学生群体的特质也更为突出。史密斯学院看中的学生特点为"积极、决心和好奇心"（Motivation，Determination，and Curiosity），而韦尔斯利学院则喜欢"接受自己的局限性、有立场但也能倾听他人立场、有目标但也接受改变、敢于冒险也接受失败的更具有开放性思维的学生"。不同特质的学生在选择文理学院时往往能一眼看出自己是否适合这所学校。独特的校园文化也增强了文理学院的凝聚力，促使其形成了较强的校友文化。而综合性大学的校园文化则往往更为丰富，每个专业、学院甚至宿舍都有所不同。

6. 学术机会。综合性大学因为本科与硕博项目同时存在，学生通常会有更多的机会参加一些知名度高的顶尖研究项目。因为地处城市，学生参与实习的机会也更多。而文理学院研究也有其独特的优势，因为规模小，每位学生在项目中的参与度会更高，与教授的互动机会也更多。文理学院通常也会和其他学校有更多的合作项目，可利用的资源不局限于本校资源。如阿默斯特学院、汉普郡学院、史密斯学院、曼荷莲女子学院和马萨诸塞大学阿默斯特分校组成了五校联盟，学生可以在其他学校上课，参加其他学校的项目。这样的联盟弥补了文理学院规模上的不足，为学生提供了更多的机会。

7. 经济资源。由于文理学院有着较强的校友文化，校友捐款通常会比普通的综合性大学更为慷慨，因此，文理学院的奖学金、助学金会比较容易拿到，文理学院从而成为经济条件不太好的留学生比较合适的选择。

（二）文理学院的优势与劣势

综上所述，文理学院的显著特点与优势如下：

- 学校规模小（全校学生人数在几千人），没有研究生院，学位以文科（Liberal Arts）为主，可定位于教学型大学。

- 教学质量高，突出特征为小班制教学，师生比在1∶8以内。有些课程是大班，但也是三四十人。小班制教学意味着老师与学生互动多，学生受到的关注多。老师与学生之间彼此了解，师生关系比较亲密。

- 文理学院没有研究生院，以教学质量高取胜。所以文理学院毕业生的研究生录取率很高。文理学院只提供本科教育，但这有利于它将全部的精力花在本科教育上。学校要求学生接受各方面的教育，注重思维和写作能力的培养。

- 文理学院地理位置较偏，只有极少数在城市，大多远离城市，所以是清静学习之地，安全度也相对较高。

- 文理学院在申请时获得奖学金的机会要比综合性大学多，而且竞争也没有综合性大学激烈。

有优点就有不足，文理学院相对的劣势主要如下：

- 因地处偏僻，缺乏丰富多彩的文化生活。

- 在远离城市的"象牙塔"，缺少真实的社会体验。

- 文理学院都是私立学校，学费比较昂贵。

- 文理学院知名度在中国没有综合性大学高，但现在越来越多的人意识到文理学院的优秀。

- 在专业设置方面，文理学院只有一个学院。学校提供的课程包括人文（Humanities）、社会科学（Social Science）、自然科学（Natural Science）、外语（Foreign Language）、英语写作（Writing/English）、人种/性别/民族（Race/Sex/Ethnicity）、数学（Mathematics）等，有文科，也有理科。许多学校的工科是"3+2"项目，即前3年在文理学院读，后2年在综合性大学读，最后拿到两个学校的毕业证书和学位证书，设有工科项目的文理学院基本都是这种模式，如格林内尔学院等都有"3+2"项目。

（三）综合性大学的优势与劣势

美国综合性大学类似于中国的大学，学校规模通常较大。大学除了提供本科教育外，还设有各个研究生院和商学院等职业性学院。综合性大学是以培养研究型人才为目的的高等教育机构，设有硕士、博士等研究生类课程。

综合性大学的优势如下：

● 规模大、学生多（几万名甚至更多），设置研究生院和职业学院（如商学院），学位包括文科、工科、专业学位（主要针对研究生）等，偏重研究。

● 对学术研究非常重视，先进的教学设备、优秀的师资力量使学校的教学质量得到了极高的保证。在这里不但可以接受本科教育，还可以接触研究生院的教授，对学生来说，无论是未来学习方面还是就业方向都有很大的影响。综合性大学的师资力量强大，前沿学科众多，学生有许多机会参与实验与科研，如密歇根大学安娜堡分校120个研究所和400多个实验室全部向学生开放。

● 由不同的学院组成，专业更加细化。包括文理学院（College of Literature，Science and Arts），工程学院（College of Engineering），音乐、戏剧和舞蹈学院（School of Music，Theater and Dance），建筑学院（School of Architecture），医学院（School of Medicine），教育学院（School of Education），商学院（School of Business），法学院（Law School）等，纽约大学还单独设立了教育学院。

● 在国际上的知名度较高，校友云集。特别是常春藤大学，以及其他著名大学如斯坦福大学、麻省理工学院、加州理工大学、芝加哥大学、西北大学、加州大学洛杉矶分校、加州大学伯克利分校、杜克大学、密歇根大学安娜堡分校、卡耐基梅隆大学等，举世闻名。名校诺贝尔奖、菲尔兹奖、图灵奖获得者众多，也吸引了很多学子赴美留学。

● 大学是座城，大学城就是一个大社区。在此就读的学生更能感受到大学的氛围和文化，以及城市的气息。例如，波士顿大学有个别称叫"大都会大学"，就是因为波士顿大学地处波士顿市中心，绿线地铁穿过整个校园，查尔斯河畔的校园风景十分怡人。在此读书，一边是河岸，一边是市中心，学生坐上校车或地铁就能体验到一个城市的文化气息。丰富多彩的校园活动、众多的社团组织、各种类型的研究和实习活动，是综合性大学的一个显著特征。而著名的密歇根大学安娜堡分校更是一个"独立王国"，由于面积巨大，校园的街道上跑着许多校车，学生们基本上也不用买车，校车便是他们日常的交通工具。校园内电影院、艺术博物馆、运动场、滑雪场、湖泊、河流应有尽有。这是小而美的文理学院所无法比拟的。

综合性大学的相对劣势如下：

● 教授们大多关注研究，有些教授没有太多的时间关注教学，这就导致有些学校的本科课程很多都是由博士生作为助教进行指导的。

● 学生人数很多，导致不是每个学生都能得到特别的关怀和照顾，不太建议自控能力不是很强的学生去此类大学就读。由于多为大班课，学生受关注较少。即使是世界著名的大学，如加州大学伯克利分校也有本科课程教学效果不佳的情况存在。

● 获得奖学金的概率极小。

● 安全度不及文理学院。除了康奈尔大学等在遥远的"村子"里的大学，许多大学在城市郊区或市区。如纽约大学、哥伦比亚大学就位于纽约市中心；波士顿大学、波士顿学院、东北大学就在波士顿绿线地铁沿线；而哈佛大学、麻省理工学院就在一河之隔的剑桥市；芝加哥大学、西北大学就在芝加哥市；斯坦福大学和加州大学伯克利分校则在旧金山。这些大学因在美国著名的大城市，颇引人羡慕，但是其安全度与远在郊区的文理学院是无法相比的。

（四）学校的选择

无论文理学院还是综合性大学，在认真分析后，适合自己的学校就是最好的，切勿跟风或盲从。如果需要一个高质量的小众精英大学、不喜欢过于热闹、更希望能够静心读书、更重视教学质量，可能文理学院比较适合学生，特别是非常自律、喜欢文科的学生更适合去文理学院，而且文理学院的理科也是非常扎实的。如果性格开朗、好奇心强、想在大学期间广泛涉猎、喜欢城市生活，可能综合性大学比较合适，但不是所有的综合性大学都在城市，如伊利诺伊大学便在幽静的双子城厄巴纳—香槟市，加州大学戴维斯分校更被其学生自嘲为"与牛生活在一起"。

【学生视角】吕同学：就读于芝加哥大学社会学专业

【独特的"芝加哥学派"的课程体系】

芝加哥大学（以下简称芝大）以严谨的学术氛围和多个诺贝尔奖获得者而著称，其最大的特点就是鼓励不同的声音和观点以及独立思考，鼓励学生挑战假设的论题并进行辩论，从辩论中学习。芝大具有独特的核心课程（Core Curriculum）设置，这些必修课程为所有学生提供具有挑战性的、扎实的学术基础教育。这些课程作为通识教育起步，之后再进入各自的专业领域。核心课程的目的是让学生能够得到全面的综合培养，所以人文、社科、理科及艺术都要有所涉猎。

学校要求所有的大一学生都要上哲学课程，并且要在大一学年完成这门课。课程设置是让学生读一些很传统的哲学类和文学类书籍。以哲学类书籍为例，学校建议从亚里士多德开始读起，同时读一些其他古希腊文学，接着过渡到比较近代的文学。还有一门比较有名的核心课程是社会科学，它是全校所有学生必须学习而且要学整整一年的课程。最独特的一点是这门课的人数限制在19个人以内，意味着每个人都有足够的机会参与讨论。甚至一些班型只有9~10人，课上大家讨论得非常激烈，学生可以充分表达自己的想法，充分听取别人是怎么想的。芝大注重让学生先学习经典的理论，然后才学习怎样有逻辑地思考，学习用更深刻的思维来观察这个世界，然后再真正走入实际的应用。这有益于大家形成一个由芝大培养的独特的思维模式。当思考具体的社会学的问题，学生会感到好像有哲学家、思想家在领着他们看这个世界一样。

【我们的教授是宝藏】

我认为芝大的教授是其他大学没有的宝藏。很多人都知道芝大的教授中有90多位诺贝尔经济学奖得主，他们有自成一派的风格。社会学或者数学系的教授也是如此，像大家知道的杨振宁、李政道两位物理学家，他们有名的研究成果就是当年在芝大完成的。芝大和其他大学不一样的地方就在于它对教授的管理，教授可能不必花大量的时间去作出研究成果或者发表论文，而可以安安心心地搞学术，这样他们就可以专注于自己的研究，有足够的时间去和学生一起作研究，而不是为了一个成果牺牲很多精力和时间。学校的管理氛围是支持他们的底气。

【芝大学子不是书呆子】

有传闻称芝大学生都是"学霸""书呆子"，芝大的学生自己也会调侃自己是"书虫"。但其实我感觉芝大是非常多元的，很多同学有各种各样的爱好，如戏剧、拍视频、绘画、跳舞等。芝大不是传统的体育大校，但是无论什么时候去体育馆都人满为患。除此之外，很多同学都有艺术细胞，并不像传说中的那样每个人都只是学习。相反我看到的是每个人都有执着于自己爱好的一面。最大的特点是这里的学生都很专注，而且付诸最大的热情，对喜爱的事情很执着。

【怡人校园如诗如画】

除了学术上极好的氛围，芝大校园也非常漂亮。大家知道芝加哥是美国的第二大城市。从芝大坐半个小时的地铁就可以到芝加哥市中心。我觉得学校最美的地方是校园内的很多哥特式建筑，古老的砖墙还有爬山虎，学校的人文气息很浓郁。虽然与老牌常春藤大学相比，芝大建校历史并不很长，但是人文气息很浓厚。从学校坐车只要10分钟就可以到密歇根湖湖畔。

在我看来，芝大无论是学术品质还是校园环境，都是一所理想的大学。

选校小贴士：

如果你自律、喜欢安静学习环境、想扎实地读本科，可以选择文理学院。

如果你热爱城市生活、喜欢社交、热衷于参加各种活动，可以选择综合性大学。

没关系，即便选错，转校转专业都来得及。

第五节　软实力：如何让你的申请脱颖而出

与英国、日本、中国等以学术权重为标准的大学申请不同，美国的大学申请中，很大一部分决定因素是软指标，这也使学生不再以单一的标准化考试成绩为标准，能够在个性化发展等方面得到回报与认可。

在本科申请中，软指标主要是指文书写作、课外活动、推荐信、面试和其他附加材料等，这些能够反映学生综合素质的指标都可称为软指标。

软指标同硬指标不同，没有明确需要达到的分数线和统一评价体系。每个学生都需要根据自身的特点，个性化地向招生官展示自己的特长、潜力及个性。那么，为了满足这些指标，学生到底需要作哪些前期准备，又应该如何以最吸引人的方式展示自我呢？本节将对软指标进行分析，帮助学生打造最有个性的申请资料。

一、一份优秀的申请文书可以快速打动招生官

在大学申请的过程中，文书写作是必需的。通过适用于所有学校的主文书和每所学校独特的补充文书，学生可以从多方面展示自我的个性与特长，以及对目标学校的向往与展望。招生官将这些文书还原为有血有肉有个性的申请人，更加真实地了解学生。

大部分学校的申请是在通用申请系统上进行的，常见的申请系统有Common Application（CA，美国大学最常用的网申系统）、Coalition Application[此申请系统于2018年上线，是以"准入、承受及成功"（Coalition for Access，Affordability and Success）为名建立的一个新网申系统]，以及加州大学自己独立的申请系统。在申请系统里，文书被划分为两部分：主文书和补充文书。其中CA主文书及加州大学文书被视为最主要、最具代表性的两类文书。在提交申请时，主文书会被提交给全部学校，而每所学校又有自己的补充文书要求，所以申请不同大学要提交不同的补充文书。当然，也有部分大学没有补充文书的要求，如著名的文理学院明德学院。

主文书，顾名思义是申请文书中的核心项，其内容通常比较宽泛，要求学生从几个问题里面选一个作答，写一篇650字的作文。虽然几个题目问法不同，但大都要求学生描写一件对自己产生重大影响的事情，为招生官讲述自己的成长经历。

2020年CA申请系统文书题目

2020年CA申请系统文书题目和2019年的完全一样，还是七选一，字数为650字：

1. Some students have a background, identity, interest, or talent that is so meaningful they believe their application would be incomplete without it. If this sounds like you, then please share your story.

一些学生认为自己的背景、身份、兴趣或才能非常有意义，他们认为如果不将这些经历进行分享，那么自己的申请是不完整的。如果这听起来像你的情况，请分享你的故事。

2. The lessons we take from obstacles we encounter can be fundamental to later success. Recount a time when you faced a challenge, setback, or failure. How did it affect you, and what did you learn from the experience?

我们从遇到的困难中学到的经验和教训是未来成功的基础。请讲述一次你面对挑战、挫折或者失败的经历。这个经历是如何影响你的，你从这个经历中学到了什么？

3. Reflect on a time when you questioned or challenged a belief or idea. What prompted your thinking? What was the outcome?

反思你是否曾经对某种观念或者想法提出过质疑。是什么促使你有了这种想法？你这么做的结果是什么？

4. Describe a problem you've solved or a problem you'd like to solve. It can be an intellectual challenge, a research query, an ethical dilemma – anything that is of personal

importance, no matter the scale. Explain its significance to you and what steps you took or could be taken to identify a solution.

描述你已经解决或者想解决的一个问题。可以是某一项学术挑战、一项学术的深度研究或者是某种道德困境——无论问题大或小，只要对你个人来说重要即可。解释一下该问题对你的重要性，以及你采取了或将采取什么措施来找到解决方案。

5. Discuss an accomplishment, event, or realization that sparked a period of personal growth and a new understanding of yourself or others.

如果在你的过往经历中，有某种成就、事件或者认知激发了你的个人成长，以及使你对自己或者他人有了新的认识，请分享。

6. Describe a topic, idea, or concept you find so engaging that it makes you lose all track of time. Why does it captivate you? What or who do you turn to when you want to learn more?

如果你对某个话题、思想或者概念特别感兴趣以至于在研究这些东西的时候都忘记了时间，你可以描述一下这个话题、思想或者概念。为什么你对这个东西如此痴迷？如果想在这方面继续深入研究，你会去哪里或者向谁寻求帮助？

7. Share an essay on any topic of your choice. It can be one you've already written, one that responds to a different prompt, or one of your own design.

你可以选择任何一个话题来写一篇文章。这篇文章可以是你已经写过的，或者是针对另外一个文书题目写的，或者是自己设计的一个文书题目。

CA系统主文书题目七选一。数据显示，过去两年24.1%的学生选择了第7题（自选题目）；23.7%的学生选择了第3题；21.1%的学生选择了第2题。

补充文书，又称小文书，因学校而异。每所学校的具体问题与字数要求都不一样。常见的补充文书类型有择校原因（Why School）类文书与择专业原因（Why Major）类文书。有些学校也有非常独特的小文书题目，需要学生发挥想象力与创造力才能完成。例如，芝加哥大学的文书题目向来以新奇有趣著称，如要求学生随意选择一个人或一个物品对其写一封信，或者描写一张可以代表自己的画。

此外，有些学校还有自己独立的申请系统和文书体系。加州大学要求学生从八个题目里面选择四个进行作答，写四篇350字的文书。麻省理工学院则要求学生完成五篇250字的补充文书。学校具体采用哪种申请系统与文书内容，学生还需要查询学校官网。

加州大学的文书要求具体而明确，并独树一帜，目的是让学校更为了解你。虽然每篇只有350字，但需要写四篇。"你是谁？你认为什么是重要的？你想和加州大学分享些什么？"这三点是加州大学希望在学生的文书中看到的。关于如何写出加州大学喜欢的文书，学校给出了具体指南[①]。

加州大学在申请阶段是不需要提交推荐信的，这也是加州大学需要提交四篇文书，每篇文书不超过350字的原因。加州大学在申请阶段不会进行面试，也不接受任何推荐信，所以文书是展示学生性格特点和能力的机会。文书的主体与中心都是围绕申请者本人的，因为大学想在其中了解是什么塑造了这个学生。加州大学对于"公民责任"非常重视，鼓励学生通过文书展现社会活动、自己所经历的挑战与困难，但最重要的是看到学生展示出自己解决问题的方法和能力。学校需要多个层面来了解你是谁。因此，加州大学的文书更侧重个人的经历和成长。

二、好的文书应该具备三大特点：真实、细节、故事性

许多学生都很熟悉文书写作的常见套路：选择一个课外活动，对活动内容进行详细描写，炫技一般地展示自己的领导力与公益心。然而，10个

---

① 详见http：//admission.universityofcalifornia.edu/how-to-apply/files/uc-personal-questions-guide-freshman.pdf。

留学生中有9个描写志愿者活动，100个留学生中又有80个与组员一起取得了竞赛好成绩。如何将自己的文书写得与众不同，便成为留学生在创作文书时面临的难题。既想展示丰富的活动，又想表现出色的能力，同时还需要有个性，无数学生想破头也无法突破文书创作的瓶颈。这类问题，其实源于学生对文书的几个常见误区。了解以下几点，或许会对文书写作有所帮助。

（一）文书写作应内容真实，而非无中生有、狂秀成果

文书之所以成为大学申请中不能缺少的一关，是因为它可以帮助招生官充分了解每个学生最真实的一面。每个学生都拥有独一无二的个性与经历，仅凭单调的分数，招生官是无法了解的。通过文书，招生官想了解的并不是学生出色的学术能力与多彩的活动列表，而是学生作为一个真实的人所经历过的逆境与成长。

因此，诸多大学都在官网上反复强调文书的真实性。文理学院排名第三的韦尔斯利学院在招生首页强调，大学申请的过程是"展现真实的时刻"（A Moment of Realness），鼓励学生展现最真实的自我，而非弄虚作假、随意美化。麻省理工学院则更直白地指出："如果你在文书写作的过程中花了大把时间使自己看起来更厉害，你的方向就错了。"（If you're thinking too much-spending a lot of time stressing or strategizing about what makes you look "best"，as opposed to the answers that are honest and easy-you're doing it wrong.）

这些学校强调真实性的原因有很多：首先，每个学校的文化不同，学生的风格也不同。有的学校强调竞争出人才，另一些学校却更重视团队的进步。不同风格的学校，自然适合的学生也不同。如果学生在文书中精心打造自己的人设，忽略了自己的真实性格，就算侥幸被录取，入学后也可能因为风格不一致而产生不适感，无法适应学校生活。其次，真实的经历往往更能打动人。写作中最打动读者的元素之一是细节，而正因真正经历过，学生才会对事件的细节有印象，才能最终写成一篇有真情实感的文书，给招生官留下深刻印象。最后，招生官每年要读的文书数以万计，对文书的真实性有着精准的判断，弄虚作假只会使招生官对学生的诚信产生

疑问，影响其整体申请。

（二）文书选材应从细节入手，以小见大，而非重点不明、夸大其辞

很多学生在写文书时喜欢罗列自己的经历，从各方面展示自己的才艺，把文书当成活动列表的补充项，使其沦为陈列荣誉的"光荣榜"。这样的做法无疑使文书失去了本身的意义。毕竟，学生完全可以利用活动列表本身和补充资料来表现自己多才多艺，却没有其他机会再让招生官通过文字真实而细致地认识自己。

因此，文书选材应从细节入手，写一件自己真正有感触的事。哈佛大学在其官网上指出，想要让招生官对文书感兴趣，学生需要写一件真正与自己相关的事，表达自己的态度，而非试图成为一个看起来"成功"的人。任何一件小事都属于这些细节的范畴：与父母的一次谈心、运动场上的一次失误、从小到大一直珍惜的一个物件，生命中的一次挫折……这些真正来源于学生生活中的细节，才有着最强的感染力，才能打造出一份独一无二的申请文书。文书细节素材来源于学生的日常生活，只有用心体察、不断思考，文书才能言之有物。因此，想写出一份有吸引力、打动人的文书，学生需要先成为一个充满好奇、善于观察、热爱生活的人。

需要强调的是，文书从来没有什么套路，任何他人都无法感知你的真实思想，写文书必须源于本心最真实的感动与反思。

（三）文书应叙事清晰、逻辑简明，而非弯弯绕绕、堆砌辞藻

有了真实而细致的内容，学生就该考虑行文的结构和语言了。在留学生群体中一直存在着这样一个关于文书的常见误解：招生官偏爱辞藻华丽、结构复杂的文书。于是，有些学生一味追求语言的华丽，对于内容反而不管不顾。然而，尽管语言优美的确能为文书加分，但如果逻辑不通顺、事件不清楚，语言再优美，文书也只能说是金玉其表，失去了展示真实自我的作用。

因此，在语言方面，学生首先需要注意的就是把事情交代清楚，把逻辑梳理清晰，给招生官一个良好的阅读体验。如果在看完一篇文书后，招生官连最基本的事件和主旨都没有办法顺利了解，这篇文书自然就不可

能为学生的申请加分了。综上所述，学生在文书写作时不要本末倒置、一味追逐语言的华丽，应该在把事情写明白之后，再适当修饰语言，以锦上添花。

文书的字数通常有上限。有时学生会发现，仅把事件经过写完整就已经超出了预期字数。例如，有些工科专业的学生喜欢在写文书时加入大量的软件专有名词，再对其进行长篇的解释，因而占用了大量的字数。在这种情况下，学生往往会反复删改，然而最终留下来的内容可能既无法讲清楚完整事件，也失去了本来的韵味。如果出现这样的问题，建议学生重新选材，寻找一个简单明了的小事，用更细致的手法去描写，有时可能反而会有更好的效果。

要检验一篇文书是否能看懂，最好的方法就是找他人帮忙复查。无论老师还是同学，只要没有参与写作过程，就都可以成为寻求帮助的对象。学生可以请他们在阅读文书后分享自己获得的信息与阅读的顺畅度，再根据反馈对文书进行微调，最终达到满意的效果。

总之，一篇优秀的主文书有三大特点：真实、有细节、会讲故事。

三、写好常见补充文书的策略

最常见的补充文书是择校原因（Why School）类和择专业原因（Why Major）类文书。面对这类文书，学生需要结合自身经历，阐述选择意向学校或意向专业的原因。耶鲁大学在官网指出，这类文书的目的往往是希望学生分享学校或专业吸引自己的原因，并以此来评估学生与学校的匹配度。

想要写好这类文书，最重要的就是在官网不停搜集信息，加深了解。学生可以了解学校或专业的特色项目，再将这些项目与自己的兴趣进行匹配，最终写出一篇完整的补充文书。如此，既能向招生官表明自己对学校有充分的兴趣与了解，也能再一次展示出自己的优势与特长。

值得一提的是，这一切都建立在择校、择专业完成的基础上，如果学生对学校和自己的匹配程度还有疑虑，建议首先进一步加深对学校、专业的了解，再作出择校、择专业选择。如果在了解的过程中发现不合适，学生可以立即改变目标，寻找更加适合自己的学校或专业，不必强迫自己完成某一学校或某一专业文书的写作。

> **文书写作小贴士：**
>
> 　　写文书时要通过学校官网认真研究一下你所申请的学校，包括这个学校的课程设置、校园文化、教授。这是旁人不能替代的工作，必须自己完成。

四、在课外活动列表中充分展示自我

在申请系统中填写课外活动名称时，学生们通常需要为每项活动提供一段简短的介绍。那么，如何利用好这段介绍，最真实而全面地展示自己的活动经历呢？

（一）分清主次，有的放矢

因为字数有限制，在开始描写活动经历之前，学生先要想清楚自己想通过这个活动向招生官传达什么信息，并将最重要的信息提取出来。在一项活动中，哪些经历为主、哪些经历为辅，还需视学生文书目标主旨而定。动笔前，学生需要充分思考，分清主次，提升活动列表的逻辑性。

（二）落笔细节，避免"假大空"

比起高大上的活动名称与职位头衔，招生官更感兴趣的是学生在活动中具体做了什么。因此，在描写活动经历时，学生需具体细致地描写自己负责的工作，包括工作任务与工作频率。比起"担任学生会会长带领成员们完成了一年的工作任务"，"组织每周学生会例会，推行了图书馆整理班级轮值政策"显然更能让招生官了解到学生从事了哪些具体的工作，并以此为据加深对学生工作能力的了解。

五、更容易打动招生官的推荐信

大多数学校会在申请系统中要求学生提交两封以上的推荐信，以便多途径多角度了解学生。推荐信的种类包括教师推荐信、同学推荐信及补充推荐信，下面将逐一介绍。

（一）教师推荐信

通常，美国的学校要求学生提交两封来自任课教师的推荐信：一封来自人文社会学科，另一封则来自自然科学学科。如果学校的顾问（Counselor）不是任课老师，还需要提交顾问的推荐信，而且顾问的推荐信是必要的。通过这些推荐信，学校可以从教师的视角对学生在不同课堂上的表现有综合的了解，同时也能侧面认识学生与其教师的相处模式，对学生的自主性、积极性有所判断。

一封有竞争力的教师推荐信需要学生和教师提前充分沟通，体现学生的特点。推荐信同文书、活动一样，都需要生动真实的实例来支撑。虽然在一般情况下，学生都会请对自己较为熟悉的教师来写推荐信，但不能保证教师在写作过程中恰好能想起细致的实例。因此，学生需要主动与教师提前沟通推荐信内容，帮助教师回忆具体实例，最终完成一封优秀的推荐信。这样的做法不仅是出于对教师的尊重，更是提高推荐信竞争力的有效途径。

在美国，学生会提前几个月向老师要求写推荐信，以便让老师有充分的时间完成。切勿在提交申请前两三个星期再向老师要推荐信，因为老师也需要时间，临时要推荐信是一种很不礼貌的行为。

（二）同学推荐信

除了教师推荐信，有些学校也会要求学生提交同学推荐信（Peer Recommendation），以便从同学的视角来了解学生的社交能力和团队协作能力，比如在达特茅斯学院申请中，同学推荐信就是必不可少的一项。学生可以与自己的朋友沟通交流，交换完成给彼此的推荐信。

（三）补充推荐信

在通用申请系统中，学生在提交完必需的推荐信后，也可以再提交其他来源的推荐信进行补充。很多时候，学生会邀请自己通过课外活动结识的有影响力的教授为自己写推荐信。然而，这种做法有时并不能为申请加分，反而会使推荐信失去其原有的作用。麻省理工学院在其官网指出，最好的推荐信往往来源于最熟悉学生的老师。因此，比起请自己只知道名字的教授来写推荐信，不如找真正熟悉自己的任课老师或者社团指导老师来写推荐信。有特长或申请特殊专业（艺术类、体育类）的学生也可以请专业方面的老师来为自己写推荐信，凸显特点，增强申请的竞争力。此外，如果学生想要更加详细地将对自己有特殊意义的活动或经历分享给招生官，也可以请相关人员帮助自己完成一封推荐信。

【校友分享】JING：毕业于普林斯顿大学，现于纽约工作

推荐信主要是任课老师和指导老师（Guidance Counselor）的推荐信。指导老师就是帮你挑课、陪着你的那个老师，他/她是最了解你的那个人。许多家长有认知误区，以为找校长或找出名的就好。其实，推荐有个最基本的原则：最了解学生的老师是最合适的推荐人。

因为大学已经有了学生的成绩，推荐信中不需要再面面俱到地介绍这个学生学习有多好这样的重复内容，而是去写学生在申请资料中无法呈现出的优点。学校更需要了解这个学生是个什么样的人。

在老师的推荐信里，他们可以说，你是不是个真正对这些学科感兴趣、是不是一个爱提问题的人，而不只是一味考高分、追求分数。推荐信挺重要的，所以我建议平时一定要跟老师处理好关系，经常与老师沟通交流，让写推荐信的老师真正了解你，而不只是去上个课考个试，因为他/她根本不了解你。（编者注：推荐信是要写细节的，这些细节来源于老师对你的了解。）

六、成功通过大学入学面试

在申请过程中，常见的面试类型有两种：一种是由校方组织、由毕业校友担任面试官的校友面试；另一种则是由第三方机构承办、可以提交给多所大学的第三方面试。校友面试针对性较强，主要内容集中在与学校有关的话题上；而第三方面试话题则更加广泛，更加侧重学生自身。面对两种不同类型的面试，学生需要分别准备些什么呢？下面将逐一分析。

（一）校友面试

很多学校会给学生提供校友面试，以此加深对学生本人的了解。很多学生对面试环节有一个误解，认为参加面试的学生是经过招生官筛选的，因此，在没有拿到面试时，难免灰心沮丧。然而事实上，大多数校友面试前期没有经过任何筛选，开放给所有学生。达特茅斯学院官网明确指出：学校会尽可能给所有学生安排面试，如果学生没有接到面试通知，是因为所在地区没有合适的面试官，这并不会对学生最终的录取结果产生任何负面影响。

一般情况下，学生有很大的概率收到校友面试通知。宾夕法尼亚大学官网表示，尽管校友资源有限，但90%以上的学生都有面试机会。如果学生非常想要通过面试的方式与学校取得联系，却暂时没有收到面试通知，可以考虑发送邮件给学校主动表示自己参加面试的意愿，同时说明自己在时间、地点上的可协调性，如可以前往所在地附近有较多面试官的城市参加面试。一般情况下，如果学生意愿强烈，学校大多会帮助学生协调，给学生提供线下展示自我的机会。

校友面试的流程一般如下：

- 校友向学生发送邮件，确定面试时间和地点；
- 学生与校友进行线上或线下面试；
- 校友将面试情况反馈给学校。

那么，如何成功完成一次校友面试呢？（以下信息来自多所学校官网，包括达特茅斯学院、宾夕法尼亚大学等）

1. 勤查邮件，及时回复。包括达特茅斯学院、宾夕法尼亚大学在内的很多学校都将"勤查邮件"列为面试准备的第一注意事项。在申请季的高压状况下，许多学生可能因为过于紧张而忽视了很多最基本的细节。邮件是面试官与学生联系的渠道，面试的时间、地点都会通过邮件通知。如果学生错过了第一封邮件或者收到邮件之后没有及时回复，面试官就无法确认这次面试是否能够正常进行而改变计划，导致学生最后无法正常进行面试，这也会给面试官留下不太好的印象。因此，学生一定要注意保持联络通畅，及时回复邮件，保证面试顺利进行。

2. 着装得体，举止得当。积极阳光的第一印象需要靠细节来支撑。

虽然大部分学校都指出面试着装不需要过于正式，但同时也表明了学生形象应大方得体。同时，其他良好的个人习惯也可以加印象分，包括按时赴约、礼貌用语等。

3. 提前准备，真实作答。学校官网通常会给学生提供面试常用问题，学生可以按照这些问题预先作准备，以便保证临场正常发挥，展现最真实的自我。同时，由于校友面试的话题围绕学校，学生也可以提前思考有关学校与专业的相关问题。然而，需要注意的一点是，很多学生认为提前搜索面试官的个人资料会对面试有帮助，这种想法却受到了宾夕法尼亚大学官方的否定。宾夕法尼亚大学表示，他们希望校友面试可以在校友和学生互不相识的情况下进行，这样，才能保证在面试中可以看到学生最真实的表现。因此，充分准备虽然重要，但过度准备却不一定能带来满意的效果。

4. 放平心态，轻松上阵。校友面试是申请季中少有的需要临场发挥的环节，因此可能会有学生因为害怕自己发挥不好，反而表现不出真实水平。所以，面试前学生需要增强自信，明确面试只是申请过程中的一部分、影响录取结果的其中一个因素，放平心态，从容应对。

【校友分享】杨同学：毕业于西北大学

大学申请提交后，许多大学会通知你面试。他们会找校友来很放松地与你聊天。我的面试在星巴克，为时半个小时到一个小时，大家一起聊天，主要是了解对方。面试跟写文书一样，是为让对方了解你这个人，不要太紧张。面试的帮助也许不会很大，但是不要让人对你有不好的印象。我自己认为这对录取本科生来说不是最主要的一部分。

我身边有的同学面试后非常兴奋，认为肯定会被录取，因为校友面试官非常热情，称赞他是自己见过的最适合进这所学校的学生，希望秋季在校园见到他。这样的话，听起来被录取的希望很大，但事实上，那位同学最后并没有被录取。

　　我也见过另一个最后录入维克森林大学的同学，在视频面试中，面试官问了一个国际关系的问题，他没有这方面知识的积累，所以场面非常尴尬，本来20分钟的面试不到10分钟就结束了，但最后他成功地录入了维克森林大学。

　　所以对于面试，轻松面对，不必过于纠结，对于本科生录取而言，这不是最重要的。

（二）第三方面试

　　有些大学因为申请人数多、面试官资源有限等原因，选择与第三方面试机构合作来为学生提供面试机会。另一些大学如南加州大学，则决定通过面试的形式对学生的语言能力进行再一次考查。常见的第三方面试有InitialView和维立克面试（Vericant），有少数学校也接受多邻国（Duolingo）的面试环节作为第三方面试。

　　第三方面试的流程一般如下：

● 学校发送邮件通知学生需要参加第三方面试，以及学校接受的第三方面试类型；

● 学生在面试机构官网上注册账号，预约面试时间、地点；

● 学生赴约面试；

● 面试资料（笔试、视频）上传到面试机构账号；

● 学生将面试资料提交给学校。

　　因为第三方面试可以反复参加，所以参加后学生可以选择是否提交给学校。如果面试效果很好，可以提交给学校；如果效果不好，提交后会起负面作用，也可选择不提交。但有些大学强制要求提交，那么学生可以对自己的面试进行复盘，利用这些资料不断提升自我。第三方面试可以进行多次，准备充分后可再次面试。许多网站往往也有常用问题资料供学生提前准备，这些都是学生可以利用的资源。

七、附加材料

　　除了申请系统中要求必须提交的材料，有些学校或专业也会要求学生额外提供一些附加材料。然而，即使没有被要求，学生也可以自行上传一些附加材料，以更充分地展示自己多方面的能力。一般情况下，学校都会接受并将这部分材料作为参考，综合考量学生的申请。常见的附加材料有简历、视频、研究资料、作品集等。下面将逐一对这些资料进行介绍。

（一）简历

简历，顾名思义是对个人学历、经历、爱好、技术特长等的简明介绍。因此，大学申请过程中用到的简历一般分为教育经历、工作经历、活动经历、技能几部分。网络上存在着大量英文简历模板，包括麻省理工学院在内的很多大学官网上也为学生提供了简历模板和常见简历案例，学生可以参考这些模板，完成一份能整体展示自己能力的简历。

有些大学要求学生在提交申请的同时提供一份简历，如宾夕法尼亚大学，学生可以通过对比申请系统上的活动列表与奖项列表进行补充。而如果学校没有要求，学生也可以通过简历来更完整地展现自己的学术经历与各方面技能，为招生官提供更全面的参考。

（二）视频

芝加哥大学的申请中有一个很特殊的部分——视频。学生可以自愿通过一个两分钟以内的视频为自己的申请"添加声音"。这个视频的内容主要是自我介绍，学生可以用它来表达申请材料里缺少的信息，展示个性。因为申请材料以文字内容为主，招生官很难将学生的形象可视化。因此，视频可以使学生的申请更加生动，使招生官更真切地了解学生。

尽管大部分学校都没有明确提及接受视频资料，但如果学生主动提交，学校也不会拒收。唯一需要注意的是，视频需要尽量简短精练，避免为招生官带来太大负担。芝加哥大学要求的"两分钟"就是一个比较合适的时长。视频制作完成后，学生可以选择将其通过邮件发给学校，也可以上传到网络平台后把链接发送给学校。

（三）研究资料

虽然学生可以通过活动列表列出自己参加过的研究项目及在项目中从事的工作，但一个有竞争力的学术研究活动是需要一定研究成果来支撑的。如果想让学校充分了解自己的能力，学生需要为学校提供更详细的项目资料及最终的项目成果，如学术论文、研究报告、作品展示等。学生可以将这些资料整理成PDF格式，通过邮件发送给学校。因此，在参加学术研究类活动时，学生需要格外注意记录实验过程，为最终的展示提供更多素材。

（四）作品集

通常，在艺术类院校或专业的申请中，学生需要提交有主题或无主题的个人作品集，来展示自己的专业素养及能力。不同的学校、专业对作品集的主题、格式、内容、上传方式有不同的要求，这些都可以从学校官网查询。然而，其他专业的学生如果有想要展示的作品，也可以整理出来发送给学校。麻省理工学院官方表示，平时参与学术项目的学生、喜欢手工制作的学生以及有艺术特长的学生，都可以将自己过往的作品整理出来，通过学校提供的链接上交给招生办。这些作品无论大小，只要学生付出过热情与精力，便可以展示给学校。例如，学生A平时喜欢做手工，设计制作了许多新颖的小摆件，便可以将它们拍摄成照片，整理成作品集，展示给招生官。所以，无论是出于兴趣还是课业，学生在平时从事设计制作的过程中，都需要注意保留文字和图像记录，为作品集提供素材，良好的记录习惯可以使学生在申请过程中事半功倍。

【学生视角】董同学：就读于康奈尔大学

【初心】

出国这个决定我做得比较草率。其实出国对我和我的家庭来讲是一个完全陌生的选择。但现在想想，恰恰是出国这条道路的不确定性和挑战性吸引了我。这种不确定性让我兴奋，也更给我挑战，也许这就是自己的"初心"吧。

【关于申请季】

申请的过程其实就是一个自我发现、自我了解、自我成长的过程。虽然这个过程有些坎坷，甚至有些难熬，但是要学会享受这个过程。

其中，我感悟最深的一点就是要学会利用身边的资源。什么是资源呢？学校的各种社团和活动就是资源，利用好这些就可以使自己的活动增添很多内容。此外，我们会在活动中认识各种各样的"大佬"，他们对我们的帮助不仅限于这次活动。例如，我在2018年暑假参加PGYE大师课的时候就认识了很多优秀的同学和老师。唐助理是北京大学燕京学堂项目的研究生，他不仅仅在活动的过程中给了我很多建议和帮助，在活动过后也是我的"大哥哥"，为我解答一些生活中的问题，还帮我看文书、给予我专业上的建议。他的学术经历可以帮助我更上一层楼。

我要分享的另一点就是要学会时间管理。升学是一个过程，需要长时间的准备。例如，标准化考试需要至少2年的准备时间，所以托福、SAT和AP这些考试尽量早点考。考SAT可能遇到很多问题，比如同考场的人作弊导致试卷作废、College Board重复用原题、考试遇到台风等不可抗力。因此，英语要抓紧时间提早学，不能等到最后。

第六节　硬实力：进入名校的敲门砖

与以单一硬性条件（学术指标）为主的录取不同，美国大学录取的指标由许多硬指标与软指标共同构成，在申请过程中，学生不仅需要保持平时成绩、准备各种大型考试来满足硬指标，还需要通过参加能充分展示自身特点与优势的课外活动、创作个性化的申请文书，来达到软指标的要求。而不同类型的大学，在录取过程中对同样的指标也有不同的侧重。本节将解读国外大学的官方招生信息，介绍并分析这些指标在录取过程中的作用，同时为学生如何最大化地扬长避短提供参考。

大学录取过程中的硬指标是指学生的平时成绩和大型标准化考试的分数。学生需要在保持平时成绩的同时参加各种考试，达到目标学校的基本要求。美国本科院校录取的主要硬指标包括平均成绩点数（GPA）、语言能力测试成绩（托福、雅思、多邻国等）、学术测试成绩（SAT/ACT等）和大学预科课程成绩（AP/IB/A-Level）；美国硕博录取则包括GPA、美国研究生入学考试成绩（GRE），以及特殊学校及专业要求的其他学科考试成绩，如美国经济管理研究生入学考试（GMAT）。

由于考试的种类繁多，学生可能觉得这些考试的准备过程将会十分漫长而烦琐。同时，因为需要兼顾许多指标，学生可能找不出重点，因而无从下手。为帮助学生更充分地了解这些指标在申请过程中的权重，本部分将逐一介绍这些指标，并结合国外大学官方信息，分析其在大学录取过程中起到的不同作用，帮助学生统筹规划，拿到理想的offer。

考试费用支付小贴士：

考试报名费打折"秘籍"

信用卡办理二维码　借记卡办理二维码

中信银行万事达外币借记卡以美元为结算币种，同时支持12个币种的储蓄和外币理财，可直接在境外标有MasterCard标识的POS机、ATM和网上商户刷卡消费、取现，目前已支持全球210个国家和地区的5300万家商户。

一、平时成绩是重要的大学录取硬指标

GPA，指学生的平均成绩点数（绩点）。用更通俗的语言来说，就是学生的平时成绩。GPA制，是大多数国外中学及大学采用的平时成绩记录方法。学生在学校每修一门课程，都会获得相应的绩点。在每学期或每学年末，学校会通过各自的计算方法，把学生每门课获得的绩点转化为本学期或本学年的最终GPA。在申请过程中，大学通常会要求学生填报9年级至12年级的GPA，并附上成绩单作为依据。

GPA为最重要的大学录取硬指标。如果学生想要申请美国排名前50的大学，GPA至少要达到3.0以上，一般情况下，需要达到3.5以上。尤其是现

在，可以说GPA变得更加重要。

面对GPA，学生应做到：（1）了解计算方法与学校要求，有目标地规划学业；（2）保持稳定而上升的GPA，展示长期发展潜力。

GPA对于不熟悉国外计分系统的学生和家长来说可能是一个很陌生的概念。因此，下面将以加州大学系列为例，细致地介绍GPA的具体计算方法，并分析GPA在申请中起到的作用。

（一）GPA计算方法

美国学校大多采用字母等级制（ABCDF）来记录成绩，国内常用的百分制换算到等级制的对应情况大致如下（具体分数因学校和课程而异，此处仅供参考）：

90~100分：A	80~89分：B	70~79分：C	60~69分：D	60分以下：F

再将这些成绩对应到具体绩点：

A：4.0	B：3.0	C：2.0	D：1.0	F：没有通过该门课，无绩点

最终把所有的分数加起来，再除以总科目数，学生就能得到自己的最终GPA了。如学生A一共上了四门课，得了两个A、一个B和一个C。他的总绩点数就会是4×2+3+2=13，他的GPA则为13÷4=3.25。

需要注意的是，不同学校采用的算法可能略有不同，此算法仅供参考，以帮助学生和家长对GPA有一个更具象的了解。如果需要计算具体的GPA，还要咨询所在中学或目标申请大学的招生办，获得最准确的计算方法。加州大学系列这套算法不考虑A+或A−的情况，统一按照字母计算，不同的课程权重也没有区别，其他算法在这两点上可能略有不同。

以下是加州大学系列官网给出的一套GPA计算方法：

• 将学生9年级到11年级取得的字母成绩转换为具体的绩点，A=4，B=3，C=2，D=1（A+和A−算为A，并依此类推）；

• 如果学生有参加UC Honors等级课程，可取得一份额外加分，最多加8（UC Honors等级课程包括AP、IB和其他学校明确标识的课程）；

• 将所有单科绩点相加，得到总绩点；

- 用总绩点除以9年级至11年级的总科目数，得到最终GPA。

（二）GPA在申请中的作用

GPA是一个能较好反映学生整体学习情况的指标。因此，在申请中，大学通常要求学生上报9年级至12年级（美国高中为四年）四年所选的课程和对应的GPA，以此了解学生自身的学习能力，以及在所在高中同级生中的大致排名。

无论是本科申请、转学申请还是硕博申请，GPA都有着相当重要的作用。在本科申请中，比起语言能力测试成绩和学术测试成绩，大学招生官往往更看重GPA。因为GPA最能体现一个学生平时的学习能力，它不是一蹴而就的结果，可以更全面地反映学生综合学习能力。耶鲁大学官网指出，好的GPA可以弥补测试成绩的不足，但好的测试成绩却无法弥补GPA的不足。因此，GPA是录取过程中的核心指标，对录取结果有很大的影响。

如果学生想要申请美国排名前50的大学，GPA至少要达到3.0以上，一般情况下，需要达到3.5以上，但这只是最低标准。很多大学在官网上公示了被录取学生的平均GPA，提供给未来的考生作为参考。比如，南加州大学2019/2020学年申请季录取的学生，高中平均GPA高达3.76。这需要学生大部分课程的成绩保持在A，极少部分可以得B。因此，学生需要高度重视自己在学校的学术表现，保持有竞争力的GPA。

除了GPA数据本身，很多大学招生官还会通过学生四年GPA的变化趋势，来更全面地了解学生高中时期的学习状态，预估学生进入大学后的发展潜力。芝加哥大学招生官在招生说明会上明确表示，四年GPA呈上升趋势的学生往往比呈下降趋势的学生更容易被录取。前者虽然可能因为刚进入高中时不适应学习节奏，没有获得理想的成绩，但是通过不断地调整适应，最终提升了自己的成绩。对于招生官来说，这样的学生在未来大学生活中可能有较高的潜力。后者却可能因为进入学校时有优势过于自负，反而疏忽了学业。这样的学习态度，一般不被招生官所看好。

因此，如果学生在9年级或10年级获得了较高的GPA，认定自己后两年即使懈怠学业也可以在申请时有比较理想的平均GPA，于是放松下来，那就大错特错了。通过GPA，招生官了解的绝不仅仅是学生的学术水平，更是学生的学习兴趣与认真程度。保持稳定而上升的GPA，对申请是至关重要的。

二、语言能力测试也很重要

语言能力测试是重要性仅次于GPA的大学申请硬指标。

面对语言能力测试，学生需要做到：（1）了解考试内容与形式，扬长避短，选择最适合自己的语言能力测试；（2）了解目标分数，充分准备；（3）平衡备考语言能力测试与学术测试，取得匹配的分数；（4）长远规划，提高并内化语言能力。

语言能力测试与学术测试，就是通常所说的标准化考试，其成绩是海外大学申请中必须提交的指标。尽管在申请过程中起到的作用略小于GPA，但语言能力测试仍然是学生进入海外大学学习的门槛。如果学生的语言能力不达标，将很难适应学校的语言环境。2020年因新冠肺炎疫情缘故，包括麻省理工学院在内的很多海外院校取消了对学术测试成绩的硬性要求，却仍保留了语言能力测试的指标，这足以体现其重要程度。

语言能力测试有很多种，美国高校申请以托福为主，英国、澳大利亚、加拿大等则多以雅思为主。近年来，一些新型语言能力测试也崭露头角，被很多大学在官网上列为认可的测试类型，如多邻国英语测试。

大多数语言能力测试在国内多地全年都设有考场，学生可以多次重复参加考试，直到取得满意的成绩。这样的考试设置在为学生提供更多拿到理想成绩机会的同时，也增加了学生应考的压力。那么，这些测试到底具有怎样的特点，学生又应该如何选择更适合自己的测试类型，获得最理想的分数呢？下面将具体分析。

（一）测试构成与费用

1. 托福（TOEFL）。托福，全名为检定非英语为母语者的英语能力考试（Test of English as a Foreign Language），由美国教育考试服务中心（ETS）研发，是美国高校申请最常用的一种语言测试。托福通常是机考，学生需前往美国教育考试服务中心指定的考点参加考试。考试按先后顺序分为阅读（60分钟，可能有30分钟的加试）、听力（60分钟，可能有30分钟的加试）、口语（20分钟）、写作（50分钟）四部分，每部分各30分，共计120分。每场考试会随机有一场阅读或听力加试，阅读和听力结束后会有10分钟的休息时间。考试结束后，学生需等待8~10个工作日。考试费用目前为2000元以上，递交分数还需额外费用。

2. 雅思（IELTS）。雅思，全名为国际英语测试系统（International English Language Testing System），主要应用在英国、澳大利亚、加拿大等国家的留学申请中，美国部分院校也认可雅思成绩，甚至更倾向于雅思成绩。雅思有纸考和机考两种形式，学生需要前往考点参加考试。考试分为听力（30分钟+10分钟）、阅读（60分钟）、写作（60分钟）、口语（11~14分钟）四部分，每部分各9分，最终成绩为四部分的平均分。前三部分为笔试，在纸上或计算机上完成考试内容；而口语部分则为面试，时间为笔试前一周或后一周，形式为与一名考官进行对话。考试结束后，参加纸考的学生出分时间为13天左右，参加机考的学生出分时间则是5~7天。考试费用目前为2000元以上，递交分数还需额外费用。

3. 多邻国英语测试（Duolingo English Test）。多邻国英语测试（以下简称多邻国）是一个新兴的语言测试，目前被包括耶鲁大学、杜克大学等在内的很多全球名校所认可。其特点为方便、测试时间短、出分快、考试费用较低。多邻国分为两部分：听说读写自适应测试（45分钟）和视频面试（10分钟）。学生可以随时随地预约考试并参加，考试费用为49美元，递交分数免费，参加考试后48小时内即可查看分数。

（二）如何选择最适合自己的测试

1. 了解信息，因校而异。每所大学接受的语言能力测试不同，在选择语言能力测试之前，需要充分了解学校的要求。如果花费大量时间和精力换来的成绩单学校不认可，最终也只是一张废纸。大学的招生官网通常会列举其认可的语言能力测试种类以及达标分数。对这些信息的了解，可以使申请准备事半功倍。

例如，加州大学系列把SAT考试中文法科目达到310分列为语言能力测试达标的一种方法。那么，对于想申请该校的学生来说，如果已经有了理想的SAT成绩，就没有必要再在托福或者雅思上浪费时间。除此之外，部分美国学校还在官网上明确表示其更愿意接受雅思成绩，如麻省理工学院。因此，想申请麻省理工学院的学生，如果托福没有考到非常有竞争力的分数（如115分以上），就可以考虑用雅思来满足语言能力测试的要求，为自己的申请增加竞争力。

2. 扬长避短，因人而异。虽然托福、雅思和多邻国的目的都是衡量学生的英语语言能力，难易程度也相对平衡，但在具体形式上还是有着一定的区别。这样的区别决定了一些学生可能会更适合某种类型的测试，能够在场上有更好的发挥，更容易拿到理想的分数。

例如，学生A进入考试状态快，但长时间作答容易疲劳。那么，比起托福考试，学生A可能更容易在考试时间较短的多邻国考试中取得理想成绩。相反，学生B进入考试状态较慢，做题较谨慎，习惯通过反复检查来保证正确率。那么，比起需要瞬时反应的多邻国考试，托福和雅思可能是更好的选择。学生C擅长一对一交流，口语考试时容易受到他人干扰。比起需要和其他人共同在考场里完成口语部分的托福，雅思和多邻国显然更适合他（她）。表2-7为三种测试在形式上的特点，可在选择语言能力测试时作为参考。

表2-7 三种语言能力测试比较

考试类别	时间	口语考试外界干扰	学术性	理解vs语法
托福	长	有	强	偏理解
雅思	长	无	较强	综合
多邻国	短	无	较弱	偏语法

需要注意的是，此处提到的"更好发挥"是建立在学生语言能力已经达到一定水平的基础上。如果学生语言能力还没有过关，仅通过选择更适合自己的测试类型，是无法实现大段分数提升的。因此，想要提高语言能力测试的分数，最好的方法还是提升语言能力本身。

3. 灵活变通，因时间而异。在时间充裕的情况下，学生通常可以结合各种因素来选择适合自己的语言能力测试。然而，在申请季已经到来但还没有拿到满意分数的情况下，时间与效率就成为决定选择哪种语言能力测试的首要因素。托福和雅思出分需要一定时间，如果学生急需拿分数，多邻国就成为更加合适的选择。

下面附上官方托福、雅思、多邻国分数对应表（见表2-8），以供参考。

表2-8 三种语言能力测试分数对应表

多邻国	托福	雅思
10~25	0	1.5~2.5
30	1	3
35	2~4	3
40	5~8	3
45	9~13	3.5
50	14~19	3.5
55	20~25	4
60	26~31	4
65	32~37	4.5
70	38~43	4.5
75	44~49	5
80	50~55	5
85	56~61	5.5
90	62~67	5.5
95	68~73	6
100	74~79	6
105	80~85	6.5
110	86~91	6.5
115	92~96	7
120	97~102	7
125	103~107	7.5
130	108~112	7.5
135	113~115	8
140	116~118	8
145	119	8.5
150~160	120	8.5~9

（三）语言成绩在申请中的作用

英语语言能力是留学生顺利完成学业的基础。因此，在大学录取的硬指标中，语言能力测试的重要性仅次于GPA。大部分美国排名前30的学校对托福成绩的最低要求都是100分，一般情况下，110分以上的托福成绩更有竞争力。如果学生想要申请美国排名前15的学校，甚至可能需要取得115分或以上的托福成绩。有些学校还对托福单项成绩有要求。比如，约翰斯·霍普金斯大学要求学生口语成绩至少达到26分。因此，学生在备考时，应充分了解学校要求，有目标地进行准备。

此外，招生官有时将语言能力测试成绩与学术测试成绩一起综合考虑。由于标准化考试有时会重复使用往年的旧题，因此考试过程中不可避免地存在漏题和作弊的现象，两个成绩的匹配度就成为学校评估成绩真实性的重要指标。例如，学生A在SAT中获得了1530分的高分（满分1600分），托福成绩却在90分左右，学校便有可能因此质疑学生SAT高分的真实性，对学生的申请结果造成不良影响。因此，如果学生无法取得匹配的标准化考试成绩，他（她）在申请中便很可能面临不利的局面。

最后，英语语言能力对留学生的作用绝不仅局限于增强申请的竞争力。无论是否为国外大学录取的硬指标，提升英语能力对学生适应国外生活、顺利完成学业都至关重要。语言能力测试能客观反映学生水平，帮助学生了解自身能力，规划提升方向，更好地成长与进步。

三、扬长避短选择SAT或ACT

学术测试在申请中的重要性虽然次于GPA和语言能力测试，却可以增强GPA和语言能力测试的可信度，增进招生官对学生学术能力的了解。一般情况下，如果学生想要申请美国排名前30的学校，SAT分数至少要达到1400分及以上，ACT分数至少要达到32分及以上。

面对学术测试，学生需要做到：（1）了解SAT和ACT的特点，扬长避短，选择最适合自己的学术测试；（2）了解学校政策与目标分数，充分准备。

美国大学本科接受的学术测试有SAT和ACT两种。与只要求学生理解概括信息的语言能力测试不同，SAT和ACT要求学生有一定的阅读分析能力和逻辑推理能力。SAT分为阅读（65分钟）、文法（35分钟）、数学（80分钟）三部分，其中数学又分为无计算器和有计算器两部分，学生可以选考写作（50分钟）。SAT的阅读和文法部分满分各400分，数学满分800分，共1600分。写作部分单独计分，满分为24分。ACT分为英语（45分钟）、数学（60分钟）、阅读（35分钟）、科学推理（35分钟）四部分，根据美国大学理事会2021年1月19日的公告，学生以后不再考写作。ACT必考的四部分每部分满分36分，最终成绩为四部分平均分，写作部分单独计分，满分12分。尽管很多海外院校已明确表示不强制学生提交写作部分分数，然而对于留学生而言，参加写作考试无疑是更保险的选择。达标的写作考试成绩，可以向招生官证明留学生有用英文进行学术写作的能力，增强申请的竞争力。

SAT每年在亚太地区设置的考试通常有四次，分别在3月、5月、10月和12月。ACT的频率则较高，平均每两个月一次。在难易程度上，SAT和ACT基本相当，但在题量与考查方向上略有不同。表2-9是SAT与ACT在内容上的对比，学生在选择参加哪种考试时可以参考。

表2-9 SAT与ACT考试特点比较

	平均每题作答时间	难度	阅读理解vs理科计算
SAT	较长 阅读：65分钟52道题，平均每道题75秒 文法：35分钟44道题，平均每道题48秒	较难：每题考查点较复杂，学生需要经过深层次逻辑推理得出答案	偏阅读理解，适合综合能力强、英语水平较好的学生
ACT	较短 阅读：35分钟40道题，平均每道题52.5秒 文法：45分钟75道题，平均每道题36秒	较易：每题考查点较简单，学生可以不用结合过多信息	偏理科计算，适合英语水平一般，但理科逻辑较强的学生

（一）在申请中的作用

SAT和ACT作为美国招生官熟悉的标准化学术测试，能够帮助他们更清晰地了解学生的学术水平。留学生来自不同的国家和地区，所学课程不同，导致GPA无法成为统一衡量学生能力的指标。因此，想要了解留学生的学术水平，SAT和ACT分数便成了不容忽视的一个指标。一般情况下，想要申请美国排名前30的学校，SAT分数至少要达到1400分，ACT分数至少要达到32分。同时，大部分学校官网也给出了录取学生的中段分数（从超过25%其他学生的分数到超过75%的分数），给想要申请的学生提供参考。比如，在2019/2020学年申请季，斯坦福大学的SAT中段分数为1440~1570分，ACT中段分数为32~35分。因此，如果学生想要申请斯坦福大学，为保险起见，SAT分数应该达到1500~1510分，如果能达到1550分以上，则会具有更强的竞争力。

近年来，美国教育界关于SAT和ACT这类大型标准化测试的争议越来越多。部分学者认为，这样的测试只会为拥有更好教育资源的学生在申请中提供优势。因此，包括芝加哥大学在内的很多学校已经将SAT和ACT成绩从强制提交改为选择性提交。加州大学系列更是提出了Test-Blind政策，意为学校不会将SAT/ACT成绩用到录取过程中，只会用其来决定学生被录取后的奖学金以及选课等事宜，该政策将于2023/2024学年开始实施。随着时间推移，每所大学针对学术测试的政策也在不断变化。想要了解各学校的具体情况，学生需要及时关注学校官网，获得最准确的信息。

学术测试成绩在申请中的重要性次于GPA和语言能力测试成绩，在申请中起不了决定性作用。然而，有竞争力的学术测试成绩可以增强学生GPA和语言能力测试成绩的可信度，帮助招生官从不同角度了解学生的学术能力，因此也不容小觑。

（二）AP、IB 与 A-Level 考试

大学预科课程成绩可以帮助学习能力较强的学生更充分地展示自己的优势。然而，对于不在三大课程体系中的学生而言，大学预科课程在申请过程中只能起到锦上添花的作用，不能弥补GPA或者标准化考试成绩的硬伤。由于大学在评估学生大学预科课程成绩时会综合考虑学生所在学校的课程设置，因此自学的学生不必与其他学校的学生进行攀比，选择最适合自己的科目与课程设置即可。如果学生忽视GPA和标准化考试成绩，一味地追逐提高

先修课成绩，便本末倒置了。换言之，GPA是一切指标的重中之重。

四、谈谈有竞争力的GRE成绩

美国研究生入学考试通常指GRE（Graduate Record Examination），分为GRE普通测试（GRE General Test）和GRE学科测试（GRE Subject Test）两种。GRE成绩是美国硕士、博士录取过程中的重要参考指标之一，不同学校、不同项目对GRE的分数要求不同，要求学生参加的学科测试也不同。如麻省理工学院的集成设计与管理专业（Integrated Design and Management）要求学生提交GRE普通测试和管理学科测试成绩，而媒体艺术与科学专业则对GRE成绩没有要求。具体信息还需学生从学校专业项目的官网查询。

GRE普通测试为机考，总时长3小时45分钟，共分为六部分。按照先后顺序，第一个部分为写作（60分钟），后面五个部分由两个阅读部分（各30分钟）、两个数学部分（各35分钟）和一个加试部分（阅读或数学，30分钟或35分钟）随机组成。其中，写作部分分数为0~6分，阅读部分和数学部分均为130~170分。

如果学生想申请美国排名前30的学校，GRE通常要考到320分以上，想要申请排名更靠前的学校，甚至需要330分以上才会比较有竞争力。

GRE是最普遍的研究生入学测试和学科测试，但某些专业的硕士、博士申请需提交其他学科考试成绩，其中最常见的是针对商业、经济和管理类学科的经济管理研究生入学考试（Graduate Management Admission Test，GMAT）。除了美国以外，英国、澳大利亚等国家的很多高校都将GMAT当作考查学生经济、商业和管理学科能力的重要指标。

GRE与GMAT等学科测试在硕士、博士录取中起着同SAT或ACT在本科录取中类似的作用，以其标准化测试的性质为招生官提供了关于学生学术能力的有参考性的信息。在博士生录取中，不同大学和专业对考试成绩的要求不同，有些博士生项目还需加试GRE单科学科考试。

除了GRE、GMAT考试，美国法学院申请入学需要通过LSAT（Law School Admission Test）考试。考试包括阅读理解、逻辑推理和分析推理三部分内容。

【学生视角】Mark：就读于康奈尔大学经济学专业

【选择康奈尔】

康奈尔大学最突出的特点包含在其校训中——"Any person, any study"。教育体系就是在培养一个全面的高等教育人才。康奈尔大学几乎没有选课的限制，理论上你可以选择任何学院的任何专业。如果你在文理学院的计算机系，你仍然可以选择商学院的金融课、酒店管理学院的品酒课、工程学院的材料工程课，还可以去农学院和教授一起养小羊、养小鹿。

除此之外，康奈尔大学本科生需要在大一完成两门写作课，目的是培养学生的基本写作能力。在写作主题上，学校提供了很多的话题，涵盖历史、科技、数学、社会、女权等，学生可以根据喜好进行选择。

康奈尔大学还有很多有趣的课，如滑雪、帆船、射击、爬树等。

【留学对我的影响】

留学对我的心态有比较大的影响。留学的路上，不管是在申请过程中还是在大学的时光，我见到了很多人，他们来自不同的地方，有不同的性格、不同的思想。在与每个人交流的过程中，自己看待事物的思路也在拓宽，自己面对事物可以保持心态的平稳。

【对留学路上师弟师妹的建言】

在学习方面，不拖延。当天的知识，应该及时消化。同时培养自己的软实力，如领导力。还要有推销自己的能力，无论大学申请还是实习申请，推销自己都是很重要的。

第七节　大学择校秘诀：学会"田忌赛马"

一、选择学校是门大学问

（一）如何扬长避短

如何利用学校的差异化扬长避短，选出最适合自己的学校呢？

除了了解自己的需求，学生也需要了解自己的优势和不足，做到真正意义上的扬长避短，争取更大的录取可能性。例如，学生A想申请社科类专业，对师生比例和校园文化并没有太大的要求。他（她）的优势是拥有丰富的活动经历，不足是标准化考试成绩不够高，那么对于学生A来说，选择一所文理学院可能比综合性大学更加合适。比起标准化考试成绩，文理学院通常更注重学生的个人素质，因此，学生A的活动列表在文理学院的申请中能够有效弥补标准化考试成绩的不足，在综合性大学的申请中则没办法起到同样的效果。

值得一提的是，在择校过程中，学生如果不确定自己是否能适应小班教学或较偏僻的地理位置，可以通过暑期学校和访校，对学校有更直观的了解，从而作出更明智的选择。

（二）认真研究学校特点，展现与之相匹配的亮点

择校的过程是深入分析学校特点的过程。如何挖掘自己的优势是一个很大的难题，如何避开不利因素更是一个认真研究的过程。

以罗切斯特大学为例，作为一所理工名校，它却有着全美最好的音乐学院之一。在申请这所大学时，如果能突出展示你的音乐才华及对音乐的热爱，则会产生意想不到的效果。同时，该校有一篇选择性提交的补充文书，学生可以积极地写下音乐对你的影响以增强印象。许多家长和学生也许并不知道，罗切斯特大学还允许家长为孩子写推荐信，一封好的推荐信可以为孩子的升学加码。而这几项内容，往往是申请中人们所忽略的。罗切斯特大学还是很早就实行Test-optional政策的大学。

所以，当你的SAT成绩并不理想，而其他方面不错时，可以去申请实行Test-optional政策的学校，避开不利因素，更好地展现自身的优点。

【学生视角】Z同学：就读于罗切斯特大学

几经周折，方得始终

我的申请经历可谓一波三折，由于SAT成绩一直不理想，在申请过程中信心多少有些受挫。但是在学校调研中，我发现罗切斯特大学是可以全力冲刺的学校，它作为全美排名第29名的综合性大学，理工科强，其中物理专业更强。这正符合我申请物理专业的需求。但是TOP30的综合性大学，对SAT成绩的要求还是比较高的，而这是我的弱势。但经验告诉我，这所学校值得大胆冲刺，这样才不会后悔。

【申请之初】

在分析我的个人背景时，老师们发现我有个突出优势，即一直是学校交响乐团的主要成员，并在高中阶段保持了很好的GPA，也获得了美国国家高中荣誉生协会（NHS）会员资格，说明我平时的学习能力是很不错的，并长期活跃于校交响乐团，多次参加波士顿和马里兰的中学生音乐节。罗切斯特大学最特别的就是虽然它是所理工方面的强校，但它有全世界顶级的音乐学院。这样的大学正是我所要找的学校。

所以，在学校小文书写作中，我还特意准备了一篇以音乐为主题的小文书，阐述音乐在我生命中的意义，以及音乐在生活方式和哲学思考方面给我带来的改变。为了让学校全面地了解我，我妈妈也写了一封来自父母的补充推荐信提交了上去，从父母的角度来介绍和推荐我。

【插曲不断】

申请过程绝非一帆风顺，在此过程中也有一些小插曲。在ED1阶段结束前两天，我们还是觉得主文书有些平淡，在全体老师商议并充分讨论的基础上，决定将文书推翻重来，这是一次很大的冒险。此前还有个小插曲，就是我提交了MVP项目申请后没有被罗切斯特大学通过，这更让我忐忑了许久。但幸运的是，第一轮我就被录取了。

【坚定内心】

现在看来，有这些小曲折都是对坚定内心的磨炼。我在补充的小文书中写道："Music is like a paradise for me, she brings me creativity, inspiration, peace of soul, self-fulfilment and team spirit."

（三）选择专业辅助选择学校

专业的选择，往往对学校的选择有相当大的影响，每所学校都有不同的优势专业。因此，了解学校的专业情况能够帮助学生快速筛选出适合自己的学校。在了解学校的专业政策时，除了关注感兴趣的专业项目，学生还应注意各专业在录取标准和录取容量上的区别，这些区别都会对录取结果产生一定程度的影响。

例如，华盛顿大学开设的专业分为三类：开放专业（Open Majors）、最低要求专业（Majors with Minimum Requirements）和容量限制专业（Capacity-Constrained Majors）。开放专业对学生没有特殊要求，无论是申请时选择还是被录取后想转入这些专业，学生都不受任何限制；最低要求专业则要求学生被录取后达到一定标准才能申请进入；容量限制专业除了要求学生达到一定标准，还要经过另一套筛选体系才能进入。华盛顿大学明确指出，因为专业要求和容量的不同，学生在申请时列出的第一和第二志愿专业会对录取结果产生影响。因此，学生申请同一所大学不同的专业被录取的可能性也不同。

部分学生选择申请较容易被录取的专业，进入学校后再转入更理想的专业。这种做法虽然在大部分情况下能够顺利进行，然而，有时学校政策上的一些条件还是会对其有所限制。有些学校要求学生只能在同一学院中转专业，有的学校则对学生转专业时间有所限制。这些政策对转专业都会造成影响，所以学生在考虑通过转专业的方式进入理想大学的理想专业时，应认真了解学校相关政策再作决定。

二、"择校策略三段论"：冲刺、匹配与保底

在规划申请时，学生通常需要筛选出不止一所适合自己的学校进行批量申请。为了保证最终能够进入一所相对满意的学校，学生通常需要申请位于不同水平段次的多所学校。按照学校理想程度和被录取概率，学校大致可以分为高段学校（冲刺学校）、中段学校（匹配学校）和低段学校（保底学校），这三者缺一不可。在择校时，学生应确保这三类学校都在自己的申请清单内，且每一类的清单中都有多所学校，以争取比较满意的录取结果。

冲刺学校为学生最理想的学校，同时被录取概率也相对较低，通常指学生的"梦校"（Dream School）；虽然学生各指标都基本达到这些学校的要求，但被录取的不确定性很大。匹配学校指学生相对满意的学校，被录取概率也相对高一些；学生的各方面指标达到或稍有超过中段学校的要求，就算没有被"梦校"录取，学生也相对愿意进入这些学校完成学业。保底学校则指学生用来保底的学校，被录取概率很高；学生的各项指标都达到学校要求，有较大的把握被录取。

那么，在申请过程中，如何选择自己的高中低三类学校呢？

（一）正确认识自我能力

每个人的高、中、低三类学校是不同的，每一段的学校都是依据自身能力决定的。盲目按照其他人的申请计划进行申请，追求与自己能力不匹配的学校，最后可能带来非常不理想的结果。同时，很多常见的保底学校为保证自己的就读率，不会轻易录取明显超额达标的（Overqualified）学生。因此，学生在选择保底学校时也应根据自身各项指标，选择比较合适的保底学校，而不是一概而论，随便选择几个超额达标的学校了事。

（二）广撒网，留好备选

申请过程中存在一定的偶然性，有时看似稳进的学校，也可能因为种种原因没有给学生抛出"橄榄枝"。这种偶然性不是人为可以控制的，学生要做的就是在每个段位多申请几所学校，想好几个备用方案。需要注意的

是，所谓多申请，不是随意选择大量学校递交申请，而是在时间允许的范围内，尽可能多地选择适合自己的学校，认真充分准备后，再提交申请。

（三）申请策略

大学申请按时间线分三个批次，按录取类别分为两个阶段。本书为了更清晰地表述，将加州大学系列按时间段放在第二批次录取序列。第一批次为ED/REA/EA阶段[①]，即早申请阶段。第二批次为加州大学系列申请，加州大学系列自成体系，只有一次申请时间。第三批次为RD/ED2/RA阶段。下文将在申请流程中对以上三批次学校申请进行详细说明。

第一批次申请，适合已考出托福、SAT等标准化考试成绩的学生。ED与REA阶段只能选择一所学校，而且是绑定制录取，录取后必须入学，在申请时学校会与学生家长签协议，不得违约。所以本阶段选校有个重要原则，即选择自己心仪的冲刺学校。EA阶段由于是非绑定制录取，所以可选多所大学。EA阶段选校通常会选3所左右，有保底学校，也有匹配学校和冲刺学校。在此阶段申请这些学校，一是提高录取率，二是检验申请材料。如果在EA阶段没有一所学校录取，可从侧面说明准备的材料有缺陷，应适当调整。

值得注意的是，有的学校EA阶段截止日期是10月15日，比别的学校要早，如北卡罗来纳大学教堂山分校；还有些学校是滚动录取，如维克森林大学，所以可以早准备材料。还有个别学校整个申请季的截止日期就是11月1日，比如佛罗里达大学。每所学校都有自己的要求与特点，这些都需要学生认真查阅官网。

第二批次录取就是加州大学系统的申请，截止日期为12月1日。加州大学比较特殊，有10所分校，它自成系统，有自己的申请系统，文书也是自定的，通常都是8篇文书中选择4篇。每年加州大学系列的文书大同小异，

---

① 后文有各阶段详细讲解。第一批次即早申请阶段常见的申请方案有EA（Early Action）、ED（Early Decision）、REA（Restrictive Early Action），第三批次即常规申请阶段的申请方案有RD（Regular Decision），有的学校称其为RA（Regular Action）。加州大学系列比较特殊，将其作为第二批次。

因这4篇文书要求回答问题为主，比较强调逻辑与书写流畅，相对CA系统申请中的主文书，是比较容易写的文书。因为加州大学分校共享申请资料，所以在申请中只要勾选自己喜欢的学校，提交一套文书和成绩即可。不存在选校困难，可以多选，因为加州大学系列10所学校档次差别较大，所以在该阶段，完全可以多选择些。

第三批次录取的学校大多在12月30日截止，有个别学校时间较晚。这个阶段为RD/ED2/RA。如果ED阶段没有录取，那么ED2阶段就是一个很难得的机会，需慎重选择，原则上依旧是冲刺"梦校"。RD阶段，如果EA阶段录取了保底学校，那么RD阶段就可以多选些匹配学校和冲刺学校，不再选择保底学校。这是最后一轮录取。

在学校申请中，除了了解各学校特点及自身特点，还有一点常被家长与学生忽略的是自己目前就读学校的纵向与横向分析。所谓纵向分析，即就读学校过去2~3年的整体录取水平及录取学校的水平。所谓横向分析，即就读学校的信用度与水平，以及本人与同年级同学的比较。有些中学会在申请季对学生摸底并帮助学生分析方案，这是一个比较有效的做法。

录取是一个复杂的过程，就读学校的信用度、近年来录取学生在大学中的表现，包括学校是否存在学生ED阶段违约都会影响就读学生的录取结果。所以在很大程度上，无论学生还是学校，无论在读学生还是已留学的学生，重视自己的信用度，都是一件非常重要的事。

三、大学申请的流程和方案

美国本科申请按时间分为三个批次，按申请类别分为两个阶段，即早申请阶段和常规申请阶段，每所学校在不同申请阶段会有不同申请方案。本书按时间段将加州大学系列作为第二个阶段申请。早申请阶段常见的申请方案有EA（Early Action）、ED（Early Decision）、REA（Restrictive Early Action）三种，常规申请阶段的申请方案则有RD（Regular Decision），有的学校也称其为RA（Regular Action）。

（一）申请方案详解

1. EA。EA为早申请阶段常见的申请方案，申请截止日期在11月1日左右，一般12月中旬出结果，结果有录取（Accept）、拒收（Reject）和延迟（Defer）到常规申请考虑三种。有EA方案的学校通常为公立大学，只有极少数私立大学有EA申请方案，如麻省理工学院。学生可以同时申请很多有EA方案的学校，被录取后也可以选择不进入该学校就读，只需在次年5月1日之前通知学校即可。

2. ED。大部分私立学校在早申请阶段的申请方案为ED，申请截止日期在11月1日左右，12月中旬出结果，结果有录取、拒收和延迟到常规申请考虑三种。学生一旦被录取，必须进入该学校就读。如果学生违约，将会进入众多大学的失信名单，对后续学业产生负面影响。因此，学生只能申请一所ED学校，但可以申请其他EA学校作为保底。通过ED申请的学生如果被延迟到常规申请，其最终去向将不受ED条件限制。

3. ED2。ED2为少数学校时间较晚的ED方案，申请截止日期通常在1月初，2月中旬出结果。有ED2的学校较少，包括芝加哥大学、纽约大学等。与ED相同，学生一旦被录取，必须进入该学校就读，因此只能申请一所ED2学校。但由于ED的结果出在ED2截止日期之前，学生可以在ED和ED2申请不同的学校。

4. REA。只有极少数学校选择REA作为早申请阶段的申请方案，这样的学校包括普林斯顿大学、哈佛大学和耶鲁大学。如果学生选择在早申请阶段申请该大学，则不能同时申请任何其他学校。然而在被录取后，学生仍可以选择其他学校就读。REA的截止日期同样也在11月1日左右，12月中旬出结果，结果有录取、拒收和延迟到常规申请考虑三种。学生在5月1日前需要向学校确认是否进入该校就读。如果被延迟到常规申请，则申请学校的数量不受限制。

5. RD/RA。RD/RA对学生申请学校的数量以及被录取后的去向都没有任何限制，截止日期通常在1月初，3月中下旬及4月上旬出结果，结果有录取、拒收和加入等待名单（Waitlist）三种。学生在5月1日前需要向学校确认是否进入该校就读。在多数学生确认去向后，学校会根据选择就读的人数再从等待列表中酌情录取一定数量的学生。

各申请方案的比较详见表2-10。

表2-10　美国大学不同批次申请一览

批次		截止日期	限制条件	放榜时间	结果类型
早申请	EA	11月1日左右	无	部分12月中旬 部分1月或以后	录取 拒收 延迟到常规申请
	ED	11月1日左右	学生一旦被录取，必须选择该学校就读	12月中旬	录取 拒收 延迟到常规申请
	REA	11月1日左右	学生在早申请阶段不能申请除该学校外的其他大学	12月中旬	录取 拒收 延迟到常规申请
常规申请	加州大学系列	12月1日	无	3月中旬到4月初	录取 拒收 加入等待名单
	ED2	1月1日 部分较晚	学生一旦被录取，必须选择该学校就读	2月中旬	录取 拒收 延迟到常规申请
	RD/RA	1月1日 部分较晚	无	3月中旬到4月初	录取 拒收 加入等待名单

　　尽管包括麻省理工学院在内的一众学校明确表示，申请方案对录取结果没有任何影响，唯一的区别只在于截止日期，然而在不同申请阶段递交申请的确会对申请过程产生一定影响。虽然提早申请不一定会提高被录取的概率，但的确能给学生带来一定优势。早申请阶段，因为限制条件较多而时间较紧，提交申请的学生数量较少，招生官便有了更多的时间充分了解每一个学生。例如，2019/2020年的申请季，通过EA申请麻省理工学院的学生有9600人，RA申请则有11712人，加上被延迟到常规申请的一共18062人，几乎是EA申请的两倍。同时，学生也有更多的时间回看自己的申请，如发现任何想补充的资料，可以随时与学校联系。

　　然而，值得一提的是，如果学生认为自己在早申请阶段还没有准备好提交材料，如标准化考试成绩不满意、文书没有准备好，就不必强求自己提早申请。早申请只是给了学生后续补充完善申请的机会，这种补充完善并无法弥补申请指标的硬伤。

（二）具体申请流程

每个申请阶段具体的申请流程大致相同，分为以下几步：

- 学生通过申请系统递交申请；
- 学校为学生创建申请主页（Application Portal）；
- 学生通过申请主页查询自己材料的状态，提交补充材料；
- 如果有需求，学生继续申请助学金（Financial Aid）；
- 学校公布录取结果。

申请费用支付小贴士：

外币信用卡是留学过程中最常用的金融服务。缴纳申请费、考试费、国际快递费甚至日后的海外生活都会用到外币信用卡。根据发卡组织的不同，各家银行目前常见的外币信用卡类型有万事达卡（MasterCard）、维萨卡（Visa）、大来卡（Diners Club）、JCB卡（Japan Credit Bureau）和美国运通卡（American Express）。其中以万事达卡和维萨卡最为常见，在绝大多数的商家都可以正常使用。而大来卡、JCB卡以及美国运通卡的使用范围略小于前两种，可能会遇上商家不支持该发卡机构的情况。

信用卡办理二维码

以下对个别步骤具体细节进行补充解释。

1. 资产证明。由于多数留学国家要求留学生提供资产证明，资产证明在众多出国金融服务中使用人数比例最高。资产证明能够证明申请学生或其家庭有足够的资金支付其在海外留学所必需的学习、生活等费用。一般情况下，我国银行提供的资产证明主要为存款证明。

个人存款证明业务是指银行为存款人出具证明，证明存款人在当前某个时点的存款余额或某个时期的存款发生额，以及证明存款人在该行有在以后某个时点前不可动用的存款余额，即在存款证明开具的时间段内，该笔资金自动被冻结且无法使用。

不同留学国家对申请者要求的存款证明数额以及开具时长有不同的规定，具体如下。

◆ **美国留学**

美国大使馆对于存款证明的期限没有严格的规定，一般建议存期在6个月以上，可以父母或者直系亲属的名字开立证明，但需要证明申请人与存款证明开具人的关系。存款冻结日期根据不同学校要求决定，大部分要求解冻日期在签证之后、正式开学之前。与其他国家不同，美国高校要求申请者在申请时就提供存款证明。若申请者同时申请5所高校，则需要向5所高校分别提供存款证明，这种情况仅需提供一笔资金，并向银行提出开立所申学校数量的存款证明份数即可。存款证明金额至少需要满足申请者在美国就读期间的学费和生活费总额。

◆ **英国留学**

英国政府于2020年10月5日正式开通了新学生签证系统。在新学生签证系统下，申请人需要获得70分才能取得签证，学生除了录取通知书和英语能力达标证明外，还需要证明有足够经济能力支撑在英国的学习。建议前往英国的留学生准备好金额不低于在英国就读的学费和生活费的存款证明，以防被大使馆抽查。

◆ **其他热门留学国家和地区**

其他热门留学国家和地区的存款证明要求可以参考表2-11。

表2-11　热门留学国家和地区存款证明要求

国家和地区	学校申请阶段	签证申请阶段	存期
美国	40万~50万元人民币	高中80万~120万元人民币，本科50万~100万元人民币，研究生35万~50万元人民币	建议6个月（学校另有规定的除外）
英国	无	不强制要求，建议提供，以备抽查 30万~50万元人民币	28天起，建议3个月以覆盖签证申请周期
加拿大	无	80万~100万元人民币	1年，金额能够覆盖至学业结束，要求提供6个月以上的存款流水

续表

国家和地区	学校申请阶段	签证申请阶段	存期
澳大利亚	无	小学90万元人民币以上，中学45万~60万元人民币，本科45万元人民币，研究生30万元人民币	建议3个月
新西兰	无	35万~100万元人民币	要求提供6个月以上的存款流水，避免一次性大额存入
中国香港	无	建议20万元人民币	建议3个月以上
欧洲其他国家	无	建议20万元人民币	建议6个月以上
亚洲其他国家和地区	10万~20万元人民币	无	建议6个月以上

2. 申请主页。通常，学生可以从申请主页上查询申请材料的到位情况，如申请系统中的信息是否完整、学校是否收到标准化考试成绩等。如果发现已提交的信息缺失，学生应及时通过邮件、电话等方式与学校取得联系，沟通解决。

3. 助学金的申请。大多数私立大学会为自费入学较为困难的学生提供助学金申请机会，而公立大学的助学金项目通常只对当地居民开放。有助学金项目的私立大学会综合考虑学生的经济能力及学校的财政情况，来决定是否为其提供助学金和助学金的具体金额。通常，学生可以通过由美国大学理事会（College Board）网站提供的大学奖学金申请表（CSS Profile）进行助学金的申请，少数学校拥有自己的助学金申请系统，如普林斯顿大学。助学金的申请截止日期因学校而异，具体信息可以在学校官网上查询。

助学金项目分为两种：与资金需求无关（Need-blind）和按照需求发放（Need-based），前者对申请结果不构成任何影响，由单独的办公室处理，后者则是录取决策过程中需要考虑的因素之一。例如，普林斯顿大学的助学金申请就是Need-blind，学生的入学申请由招生办公室处理，助学金申请则由单独的财务办公室处理，二者互不干涉，学生有可能在助学金没有被通过的情况下依然被录取入学，只是需要负担学费。然而，有些学校的申请过程则会被学生是否申请助学金影响。纽约大学在官网明确指出，国际生如果申请助学金，将会对录取结果产生一定影响。因此，学生在选择是否申请助学金时应认真了解学校政策再作决定。

第八节　误区：警惕三大策略失误"陷阱"

一、申请学校应避免三大失误

（一）"高的过高，低的过低"

学生A是一个各项申请指标都完成得比较好的学生，拥有3.96的GPA，1540分（总分1600分）的SAT分数和115分（总分120分）的托福分数。在录取率较高的早申请阶段，学生A申请了美国排名前10的学校，最终被拒。进入常规申请阶段后，学生A还是没有放弃对"梦校"的追逐，继续申请了一批排名前15的学校。同时，因为被拒过一次，学生A也申请了一些稳进的保底学校，使自己不至于没有学上。最终申请结果出来，学生A被名校全部拒绝，只被一两所保底学校录取。尽管从来都没有真正期待过进入这些保底学校学习，学生A却不得不前往保底学校，开始自己的大学生活。

学生A的失误正是不当的申请策略导致的——选校"高的过高，低的过低"，没有选择中段学校，最终导致高的被拒，低的自己又不满意，只能在进入大学后再考虑转学。

由于留学申请分为早申请阶段和常规申请阶段，学生往往需要将想申请的学校合理分配到不同阶段，来争取最优的申请结果，这样的统筹规划就是所谓的申请策略。在学生A的申请中，主要的策略失误有两个：中段的匹配学校缺失和时间安排不当。

1. 中段的匹配学校缺失。在前面的章节我们提到，可以把学校分为高中低三段，高段为学生最希望进入但录取概率较低的学校，中段为学生比较希望进入、录取概率也较高的学校，低段为学生用来保底、录取概率非常高的学校。

无论是在早申请阶段还是常规申请阶段，学生A都没有重视中段学校。这样的策略导致其"不成功便成仁"的结果，要么被"梦校"录取，要么只能去保底学校。因此，规划申请策略时，学生除了认真准备"梦校"的申请，也需花一部分时间来认真选择自己能够接受的退路，并付出精力认真申请这些中段学校。如果仅仅为了"有学上"去申请自己不太满意的保底学校，一旦申请出现意外，学生就只能在出结果后追悔莫及。

2. 时间安排不当。在早申请阶段，学生A只申请了自己最想去的"梦校"。到常规申请阶段，学生A就需要同一时间兼顾大批需要申请的学校，手忙脚乱。这种忙乱可能会给学生带来较大的压力，平摊到每所学校上的精力也会变少，导致最终申请结果不理想。那么，如何避免这种忙乱呢？

如果时间比较充裕，学生可以考虑在早申请阶段多申请一到两所保底学校，就算最终只被一所保底学校录取，也能有效减轻学生的心理压力，使其能以更好的状态面对常规申请阶段。

在早申请提交后，不要再沉浸在对结果的猜测中，抱着侥幸心理希望自己的申请可以结束在早申请阶段。拖到12月中旬，发现没有获得理想学校的offer，才开始准备常规申请。这时，学生往往需要在半个月内准备多所学校的申请，压力倍增。因此，学生应提早开始常规申请阶段的准备，利用更多的时间来思考申请策略，这样能减轻负担，更有可能得到理想的录取结果。

（二）切莫过度依赖留学中介机构

部分学生选择将申请委托给一些中介机构来完成，以减轻申请的负担。通常，机构老师会为学生列出申请需要准备的材料，指导学生填写并审核申请内容。

有些学生将申请委托给机构后，便做起了"甩手掌柜"：对申请系统结构一概不知，账号密码也全在机构手中；对学校信息充耳不闻，对申请材料质量的判断也完全交给了机构。然而，因为市场上的中介机构水平良莠不齐，这样的做法有时可能是申请失利的直接原因。一个好的机构不一定能帮助学生申请到最理想的大学，但一个不负责任的机构却能给学生造成极大的损失。提供错误过时的信息、提交质量欠佳的申请材料、阻止学生自行登录系统……这些都对学生的申请有着直接的负面影响。因此，学生需要做好两手准备，不能过度地依赖中介机构。对自己的申请目标和流程有更清晰的认识，才能掌握主动权，更好地为申请作准备，从而得到理想的申请结果。

（三）细节性错误

申请季期间，学生普遍会感受到较大的压力。在高压环境下，学生很容易犯一些平时意想不到的错误，因为学生的注意力往往高度集中在申请材料上，大的内容性错误不容易出现，但细节性错误出现的概率却增加了。填表时基本信息写错、发邮件时发件人填错、收邮件时间看错、上传文书时学校选错……这些平时不起眼的小错，有时会导致难以弥补的后果。想象一下，如果学生将A校的择校原因（Why School）文书上传到了B校的文书上传栏里，将会给B校的招生官留下一个怎样的印象？因此，除了充分准备申请材料，学生也需要特别注意申请中方方面面的细节，提交、发送任何文件时，都应该反复检查，确保不出纰漏。

【学生视角】胡同学：密歇根大学安娜堡分校大三，主修三个专业，大一从文理学院转学

【当年申请失利因祸得福】

我当年申请美国本科时彻底失利，去了排名四十多名的文理学院。但没想到文理学院让我学到很多。在文理学院，我遇到的都是非常关心学生，而且把教书作为首要任务的教授。有人可能会问我学这些东西有什么用，最浅显的答案就是在学习这些学科的过程中需要写很多的论文，这样的练习有助于学生清晰地表达自己。不管是以后找工作还是做学问，这项技能都是很有价值的。我也帮一些朋友修改过英文文章，发现很多人都不能清晰地表达自己。很多人拼命使用从句和所谓的高级的词汇，而不管用得恰不恰当，有时候让人觉得不知所云。要改掉这种坏毛病，就需要有人逐行逐句地提出修改意见。比如我们的哲学老师修改我们的文章就是这样的。好的文章背后是有更深层的思想的，但很多时候我们的思维不够缜密，往往先有了某种观念，再想办法提炼人的观念或是辩解这个观念的正当性。我觉得不断地和老师打磨文章的过程也是培养思维缜密性和批判性的过程。

【文理学院受益多】

在文理学院，同学们有条件得到这样的训练。我在康涅狄格学院上的最多的是数学课，主要是多元微积分和线性代数这样的基础课。经过对比，我发现这里的数学课进度往往比综合性大学要慢一些，但我觉得质量却是非常好的。老师出题往往非常用心，很多题目是探索式的。比如他们有时候会把很难的放在考试题中，或者拿来加一些提示然后出成作业题。

每当我有什么问题的时候，也可以轻松地找到老师，不管是电子邮件还是办公时间（Office Hour）。如果老师高兴，会和我讲很多问题以外的知识，令我受益匪浅。文理学院多半是没有工程课程的，但现在应该每一个文理学院都有计算机系，不过我觉得文理学院计算机基础课程的教学方式和综合性大学有很大区别。文理学院更注重理论性的知识，工程学院更注重实践，通常会让你尝试很有挑战性的项目。从我个人经历角度讲，如果你想成为一个优秀的工程师，综合性大学更适合你。

稍微总结一下文理学院的优点：主要还是在于小，并且因为小也很容易出类拔萃，这样会得到教授的重点关注，在申请研究生院的时候可能更容易拿到好的推荐信，这一点是非常重要的，尤其是申请博士生项目的时候。我的很多在康涅狄格学院的同学都申请到了很好的研究生院。而文理学院的缺点也在于它的小，因为小而找不到一些我想上的高阶课程。而且因为教授的人数比较少，也没有从事我感兴趣研究的人，所以这也是我想要转学的原因。

【从文理学院转到综合性大学】

讲到转学申请，基于我的情况，大二转学机会应该是最好的。但我还是打算大一结束就试一试。不同于第一次申请，转学申请的文书最好还是开门见山地说明为什么要转学。在这个过程中尽量不要说之前学校的不好，而是集中去讲意向学校独特的机会和课程，以及它可以怎样帮你实现目标。

推荐信是很重要的一环。因为它反映了你的老师对你的评价，这种评价通常比一个简单的数字更有说服力。只要你努力学习并且经常去找教授讨论问题，是很容易在文理学院拿到非常好的推荐信的。

【高阶课程非常有趣】

我觉得我来到密歇根大学安娜堡分校（以下简称密大）是一个正确的决定。到了密大，我大多上的是课程难度400或500的课，所以这些课相对来说人比较少，体验也都比较好，但是仍然会出现教授的办公时间特别多人的情况。可想而知，入门课程的学生应该更多。当然这儿最大的好处就是有上不完的有趣的高阶课程。密大的教学风格是鼓励学生进行探究式学习（Inquiry Based Learning）。也就是大家自行去看书，上课时老师将学生分成几组，自行讨论自己所学的知识。这样做的好处是培养学生的自学能力。自学能力对于将来无论是研究还是工作都起到很重要的作用。因为在研究当中你不可能把所有你需要的知识都学懂了再展开研究，有些时候需要边作研究边学习，而在工作当中有可能你的上司会叫你去阅读并且总结一篇文章，并且将其主旨具象化。

【学会暴露自己的无知】

我经常告诉自己要勇于暴露自己的无知，这样别人才知道怎么帮助你。认知科学是一门比较年轻的学科，也是一门交叉学科。一些学校没有认知科学专业，密大认知科学这个专业的课程是由不同院系的课程组合构成的，包括计算机心理和语言学。我之所以最终选择这个专业是因为上过这个专业的入门课程，那是我上过最好的入门课。虽然有几百人，但是深入浅出、非常有趣。我们的基础计算机课比起理论来说，更注重培养学生的动手能力。所以如果你想成为一个优秀的软件工程师，这所学校一定是非常适合的。

在一些前沿领域（比如说自然语言处理），先进技术的更新非常快，它可能是以月为单位更新的。这样就需要有一个专业人士指导你去读文献，去思考问题。幸运的是在一些研究生课程里，密大正好有这样的机会。在这样的课程里，大家每周会读两三篇论文，然后开讨论会，还有机会作报告。在作报告的过程中也可以深刻地理解某些论文，因为毕竟你要自己理解后再去展示。但是像数学、物理这样的基础学科就不一样了，因为本科生一般很难做出非常好的研究成果。

【目标需长远】

我觉得我的留学经历里文理学院加综合性大学的这种搭配，从某种程度来说，让我体验到了两种类型学校最优质的资源。对于要申请大学的学子们，建议大家把目光放长远，把注意力放在发掘和培养兴趣上，而不是取悦几个招生官，他们在你申请文书上停留的时间可能真的只有几分钟。如果你不喜欢你自己现在所在的学校，转学也是一个不错的选择。对于很多学校来说，转学的申请要比常规的申请更容易一些。

二、申请失误的补救措施：转学及转专业

尽管大部分学生都希望申请可以马到成功，但申请失利的情况仍可能出现：没能如愿进入"梦校"，被录取的专业不喜欢，入学后发现学校、专业不适合自己……通常情况下，学生可以通过转学或转专业的方式进行补救。

在美国，转学至更好的学校比高中毕业申请有时更容易，这不失为一个良好的求学解决方案。那么，转学和转专业具体又应该注意些什么呢？

（一）转学

转学是很多申请失利学生的首选，美国本科院校的转学录取率并不低，有时甚至高于常规申请的录取率。加州大学系列官网表明，三分之一的加州大学学生是从社区大学转学进入的。所以相对于本科申请，转学的难度相对较低。尤其是公立大学，由于每年开放的转学名额较多，许多学生通过转学进入了理想大学。

进入美国大学的学生建议选择大一或大二转学，有的大学要求学分达到要求才可转学，比如加州大学系列，这样的大学基本上只能大二转学，

因为在大一时学分要求基本上是无法达到的，但绝大多数大学并不要求满足学分要求才可以转学。

转学申请的指标和流程同本科申请基本相近，具体细节因学校而异。值得注意的是，GPA在转学申请中具有至关重要的作用。由于本科入学学术测试（SAT/ACT）在转学过程中不能完整地反映学生的学术能力，GPA便成为学校评估学生学术水准的极重要指标。优秀的GPA能极大程度提高转学的成功率。同时，每所大学认可的其他学校课程有所不同，GPA的转换算法和学分的转移政策也不同，学生在申请转学前应充分了解这些信息，提前规划转学后的学习生活。加州大学系列甚至为学生提供了一个转学计划工具（Transfer Admission Planner），帮助他们查询可转换的学分以及进行更全面的转学规划。

总结一下，在美国转学主要关注以下几点：（1）GPA出类拔萃；（2）转学文书与本科申请完全不同，重点在于为什么转学；（3）查看转入大学的要求，不同大学、不同专业有不同要求。

1. 目标学校的转学要求。转学前，建议同学们登录目标学校的官网仔细查阅转学要求，因为同一学校不同专业、同一专业不同学校对转学要求都是不同的。有的学校对标准化考试成绩与GPA作出了具体要求，还有的学校对学分作出具体要求。有些专业对学生上过的课程作出了具体要求。所以，在确立转学目标时，一定认真详细地调研，这种工作必须由学生本人进行，是他人无法代替的，因为在调研过程中，学生才能了解该校的课程设置、学科特点是否适合自己。

2. 转学的时间节点。有意向转学的同学应该很早就规划自己的本科转学时间，做好充分准备。每年转学申请的时间是11月到第二年的2月或3月。总体而言，在美国转学有以下几个时间节点：

第一个转学机会是大一第一学期末，这时转学的优点是能很快进入新的学校，开始完整的大学生活。缺点是大一一个学期不足以展示学生的能力，而且这时转学需要重新提交SAT等标准化考试成绩，这个时间段对SAT标准化考试成绩不完美的学生并没有优势。所以，此阶段转学适合高中标准化考试成绩优秀而申请失利的学生，但也需在大一第一学期把GPA保持在非常好的水平。

第二个转学机会在大一结束时。大一结束可以免SAT分数。这时转学可以在大二进入新的校园进行完整学习，此阶段转学最为普遍，申请转学人数也最多。

第三个转学机会是大二第一学期结束时。可以转入新学校开始大二春季学期的学习。

第四个转学机会是大二结束时。学生直接转入大二学习。

但也有个别学生大三时才想转学，但这是非常不推荐的时间，而且接受大三转学的学校也非常少。

需要提醒的是，无论在哪个阶段转学，都要提前进行充分准备，保持每一个科目成绩优秀，拿到出色的GPA是重中之重。

3. GPA是重中之重。在每年的大学排名中，我们可以看到学校的毕业率是其中一个评价因素。所以大学招收转学生，不仅增加了生源与财政收入，而且转学生是再一次选优，能提高学校整体的毕业率。

基于这种前提，转学生的GPA就成为重中之重，即转学评价中最重要的环节，比任何因素都重要。

4. 文书写作。转学的文书与申请大学的文书完全不同，因为从一所大学转到另一所大学，要非常清晰地写明原因是什么。这也是在第一条中建议学生在官网进行深入研究的原因之一。在转学文书中，要将自己转学的真正动机与原因表述清楚，比如这所学校的专业更适合发展自己的兴趣、找到了更适合自己发展的学科和院系、喜欢这所大学的校园文化、自己的偶像教授在这个学校，甚至是喜欢这所大学的所在地，都可以成为自己转学的原因。但是，切忌过于功利的原因，如这所学校好找工作、这所学校排名靠前等。

可以说，转学给了学生以极大的自由度和选择的可能性，这也是美国留学的一大魅力，只要努力，一切皆有可能，有试错和纠错机会。

【学生视角】尹同学：就读于宾夕法尼亚大学，大一成功于加州大学洛杉矶分校转学至宾夕法尼亚大学

我转入常春藤大学不仅靠实力，甚至还有运气的成分。因为大学

对申请人的课外活动、背景、毕业的高中甚至人脉的积累都会进行了解，所以没有考上藤校，并不代表你的能力不如他们。我的专业是建筑设计，相对于计算机、金融数学等专业，是相对小众的。

【 转学前期准备 】

首先就是前期收集信息。收集信息并不像很多人想象的那么难，你需要准备的所有知识和信息一般都能在官网找到：要了解转学的信息，官网永远是最有用的。其次就是学生论坛，这也很有用。虽然中国的学生不是很熟悉外网的排版方式，但是务必在着手转学之前仔细阅读每一个申请要求，包括所选专业的网站。如果同校友或者在读的同学有联系，找他们咨询也是很有帮助的。给学校发邮件去询问问题，一般也很快会有回复。

【 如何在转学时择校 】

关于择校，每个人转学都有不同的目的，有人像我一样为了学术追求，有人则是出于校园氛围、地域条件、经济原因……无法一概而论。但是在转学之前一定要明确自己想要的是什么，为什么转学。否则的话哪怕转学成功，也会踏入同样的盲区。

【 转学申请材料三要素 】

首先是文书。转学申请与大一新生申请相比更有针对性，考查的不再是综合能力的体现，而是目标性。所以一定要想明白为什么转学、为什么是这个专业、为什么是这个学校。转学文书最重要的是要表现出对这个专业的兴趣，然后还要体现出如果进入了目标学校、目标专业，你能表现出什么样的潜能、能做出什么样的成果。你现有的技能和实力反而是其次的。

其次是作品集，这项不是所有的专业都适用，但对设计类的学生而言肯定是必需的。在准备作品集之前，一定要查好自己申请学校的要求，包括内容、大小、页数，很多学校都会有限制，最重要的是一定要清晰直观。我的建议是，以最好的作品开场，以第二或者第三好的作品结束。网上查一下所选学校的主要风格，帮助也会很大。而且很多到了录取分数线的学生都会把自己的作品案例发到网上，这也是很有帮助的。

最后是推荐信。很多转学的学校都会要求在读学校的教授来写，这个分量其实是很重的。因为它是你个人在大学的能力和适应性的一个综合表现。我的一封推荐信来自教我建筑课的教授；另一封来自同学，因为我当初向这位同学咨询过转学的问题，我觉得他对我的了解会更深，所以才请他写推荐信。

【如何提交成绩单】

转学学校要求完整的成绩单，但是学校在学期中的时候是不提供成绩单的，遇到这种情况，需要向上课的教授去要他们的签名和对你的评价，然后填写期中考试的成绩。

【面试准备】

还有一些学校会提供面试机会，这需要自己去预约，到官网去找信息，学校不会通知你。官网的信息是最有用的，一定要从头到尾认真地读一遍。我个人觉得校友见面是非常重要的，只要学校提供，还是推荐大家参加。

在我的印象里，美国大学很注重校友推荐，在面试之前一定要做好准备，一般这些校友都是本专业领域内非常优秀的人，他们势必会在面试这个环节给你很多很宝贵的建议。这在平常是不太可能接触到的，如果留下个好印象的话，不仅对你的申请很有帮助，将来可能也是很宝贵的资源。

（二）转专业

有时学生虽然被理想的大学录取，所学的专业却不尽如人意。那么发生这种情况该如何应对呢？

在回答这个问题前首先要明确，如果不确定专业，学生在申请时可以不强求自己作出选择。大部分学校都允许学生在意向专业一栏选择"待定"（Undecided），并在入学后为学生留出充足的时间选择自己的专业。

美国多数大学都是在大二春季学期末才决定所学专业的。麻省理工学院在大一春季学期中旬才要求学生选定自己的专业，而范德堡大学的选专业时间甚至在大二春季学期末。在这之前，学生可以多上一些通识课程，同时选一些专业探索课程来了解自己的兴趣，再作出决定。

如果学生已经选定了专业却发现不适合自己，该如何处理呢？

第一，要确定转专业的性质。有的专业在一个学院，有的专业在不同的学院。同一学院转专业一般难度较低。学生与导师咨询后填写转专业申请表，通过后就可以进入另一专业学习，但一些热门专业是有GPA要求的，只有达到GPA的要求，才有资格转专业。如果是跨学院转专业，程序就相对复杂一些。纽约大学规定，学生最早可以在大一的第二学期提交转学院申请，但转入某些学院需要满足特殊要求，这些各学院在官网都有明确规定。然而，有些学校的特殊学院很难转入。如华盛顿大学明确表明，如果学生最初没有被录取至工程学院，那么在后续将很难通过转专业的方式进入该学院。

第二，在转专业前，学生应合理规划自己的课程，确保自己的选课能满足新专业的毕业要求。因此，在转专业前，学生可以多与大学的学术顾问进行沟通，寻求选课方面的帮助，最终顺利毕业。

转学转专业小贴士：

> 申请失利不可怕，及时止损，转学转专业，一切不晚。
>
> 转学中GPA是重中之重。
>
> 大一大二，四个节点皆可转。

【本章结语】留学申请是一个长期而全面的过程。学生往往需要提前规划、统筹安排，才能达到最理想的结果。本章重点介绍了美国中学和大学的概况、中学阶段的规划安排、大学录取的硬指标和软指标、大学申请的流程、申请中避免申请失利的策略，以及申请失利后的解决方案。对于学生而言，最适合自己的才是最好的。因此，学生需要了解全面信息，认真充分准备，最终进入最适合自己的理想学校。

第三章

负笈英伦，泛舟剑桥不是梦

——英国留学全攻略

除美国以外，中国留学生的主要目的国家还包括英国、加拿大、澳大利亚等。其中，英国是美国之外的首选目标。

英国是一个政治、经济、社会、历史、人文都具有浓厚特色的国家。它的传统私立中学教育和大学教育不仅体系完善，而且整体教学质量比较优秀。另外，英国的交通网络发达，城市间有穿行的高速公路和A级公路，大城市间有铁路连接，最妙的是英吉利海峡海底隧道，让人们不需要乘坐飞机就可以跨越海峡抵达许多欧洲大陆国家。因此，无论从学习环境还是生活环境考虑，英国都是一个理想的留学目的国家。

第一节　英国中学：低龄留学首选地的秘密

近年来，越来越多的家长将孩子送到英国读中学，英国成为低龄留学的首选地之一，主要原因如下：一是社会环境相对安全。英国是一个相对保守的国家，社会治安相对稳定，英国私立学校的校风较为保守，学校对中学生的监管比较严格，对学生手机使用时间、学习休息时间、社交礼仪都有严格的规定，这对于时间管理与自律性需加强的未成年人来说，可以起到一定的监督作用。二是小班制教学环境。英国的学校大部分都是小班制教学，一个班级只有8~9人，就算是所谓的大班，至多也只有20人。小班制教学师生关系更为紧密，学生可以得到更多的关注与成长。三是进入英国大学名校的概率相对较大，学生考取大学名校的竞争越来越激烈，尤其是牛津、剑桥等顶级名校，而这类名校较为看重学生的英国普通初级中学毕业文凭（General Certificate of Secondary Education，GCSE）和英国高中课程（General Certificate of Education Advanced Level，A-Level）成绩，因此，在以GCSE和A-Level为考试体系的英国中学就读，将更有机会进入英国大学名校。

英国的私立学校共有2700多所，其中大部分是英国私立学校协会（Independent Schools Council，ISC）的成员。ISC会对其所管辖的学校定期进行监管和评审，以确保学校教育质量的稳定精进。因此，家长与学生可以通过官方网站获取安全可靠的官方信息①。

一、英国教育体系分为五个阶段

英国的教育体系分为五个阶段（Key Stage，KS），其中初中阶段是第三阶段（KS3），GCSE处于第四阶段（KS4），A-Level为第五阶段（KS5）。

（一）初中阶段（KS3）

初中阶段是指英国7年级、8年级、9年级，学生年龄介于11~14岁，与国内的初中教育相当。学生在KS3阶段学习的课程包括英文、数学、科学、音乐、计算机、历史、地理、经济、设计等。多数学校会开设20门左右的课程，学生需要在这些课程中选择7~10门学习。其中英文、数学、科学是必修课。KS3阶段的课程品类众多，在这个阶段，学生可以在优秀老师的引导下发散思维、开启智慧，尽情探索不同学科的学习方式，这个阶段可以说是向GCSE过渡的阶段。

（二）GCSE（KS4）

这是英国学生完成第一阶段中等教育会考后颁发的证书，也称英国普通初级中学毕业文凭。但实际上，GCSE是英国中学10年级和11年级的学习课程，程度和要求都比国内初中毕业生要高，从理论上说应该是国内的高一学生申请较为合适。经过两年GCSE学习后，学生方可进入A-Level阶段学习。学生GCSE的成绩将被作为A-Level甚至大学录取的参考。 GCSE有一年制和两年制之分。

在GCSE阶段，学生通常用两年学习8~12门课程，大多数学生会学习学校规定的必修课，包括英语、数学、设计与技术、语言、自然科学、通信技术及体育等。选修课有艺术与设计、商务、戏剧、经济学、工程学、卫生与社会护理、休闲与旅游、音乐与物理等。GCSE课程结束后，需参加统一考试，学生的成绩主要取决于考试，只有少数科目是根据学生全年的学习情况进行评估，GCSE成绩等级从最高的A*一直到G，还包括U与X，

---

① ISC网址：https://www.isc.co.uk/。

U就是ungraded（不合格），X为absent（缺考）。

（三）A-Level（KS5）

英国高中课程，是英国的普通中等教育证书考试高级水平课程，是英国的全民课程体系，也是英国学生的大学入学考试课程。A-Level课程证书被绝大多数英语授课的大学作为招收新生的入学标准。A-Level的成绩分为A*、A、B、C、D、E、U7个等级，A以上为优秀，E为及格，U为不及格（见表3-1）。如果某门课程成绩不理想，可以选择重考（Retake）。

A-Level学制为两年：第一年称为AS水准，学生通常选择自己最擅长、感兴趣、与未来所选择专业有一定关联的3~4门课程，通过考试以后获得AS证书。第二年称为A2水准，学生可选择AS水准中优秀的至少3门课继续攻读，通过考试以后获得A-Level证书。

A-Level课程：A-Level课程包含约70个可供学生选择的科目，一般在AS阶段时，学生会选修3~4门课程。A-Level的考试方法相对灵活，学生可以分阶段参加测试。例如，AS阶段可同时报考该科目的AL考试，A2阶段也可选修AS课程。每一门课程都可以进行多次考试，最终成绩按照最优异的一次计算。但是在同等水平发挥的情况下，重考获得同一考试等级的难度会根据不同科目的情况有所增加。大部分大学更看好一次就获得优异成绩的学生。

表3-1 A-Level 评分标准

等级	百分比	定义
A*	90%以上	优秀，及格
A	80%~89%	优秀，及格
B	70%~79%	良好，及格
C	60%~69%	及格
D	50%~59%	及格
E	40%~49%	及格
U	40%以下	不及格

二、五大步骤申请英国高中入学

学生们如何才能申请到心仪的学校呢？家长与学生可以通过自己的

研究和分析找到最适合自己的学校。申请学校是个双向选择。一方面，学生要选择最匹配自己的学校，即能够让自己的能力与潜力得到充分挖掘，同时愉悦地成长的学校；另一方面，学校也会选择那些兴趣爱好、能力特长、气质与学校匹配的学生，以免日后发生休学、退学、转学的事件，给学校带来经济和声誉上的损失。所以，在高中申请过程中，我们建议分以下几个步骤进行。

1. 认真研究学校官网。所有申请的第一步也是最关键的步骤就是选校，可以通过阅读英国教育标准局发布的报告，查看各学校的考试成绩、表现情况、区域地图信息、各项独立评估信息等。如果想更具体地了解某一所学校，可以进一步访问学校官网，学校官网对于学校的课程设置、硬件设施和课外活动等都会有详细介绍。通过研究官网，学生大体可以了解自己更适合什么样的学校。

2. 选择课程和学校。在选校过程中，应尽量避免名额过少的学校，并认真考察学校背景及录取习惯。例如，有些学校会为特长生开放特别通道，有些宗教背景的学校更青睐招收来自有宗教信仰家庭的学生，而大部分学校都比较重视校友后代申请等。同时，学生需要了解应选择GCSE和A-Level的哪些课程，自己的优势潜能是否能在这所学校得到充分发挥、是否喜欢该学校校园文化、学校课外活动能否满足和发挥自己的兴趣与特长。最后，学校地理位置、周边环境，都是学生需要考量的因素。整体而言，选校是一个复杂的综合因素的考量结果。

3. 认真提交申请资料。一般英国中学要求提供近两年的在校成绩单、雅思成绩、学校推荐信、个人陈述等申请材料，其中语言成绩尤为关键，是最基本的录取前提条件。另外值得注意的是，在填写申请表时，要尽量填写翔实，同时申请材料准备充分，切勿填写过少或过于简单以造成不重视申请的印象。提交前务必力求严谨，认真审查，切勿出现笔误。

4. 准备入学笔试与面试。英国中学通常需要进行笔试和面试，其中笔试通常是英语语言、数学、科学三门，有些学校还会考文学，而科学又细分为物理、生物和化学三部分。

5. 静待录取通知，办签证。

三、英式精英教育典范——公学

在英国的私立学校中，英国公学因其悠久传统、高质量教学，以及引以为傲的成就被视为英国精英教育之典范。公学是专门为名门贵族服务的私立学校，目前英国有一百多所公学。"保持自己的个性"是公学中每一个学生遵守并引以为傲的信条。因此，公学一直保有与众不同的传统特征以彰显自己"高贵"的地位。

在众多公学中，最能代表英国精英教育体系的是英国九大公学（Origin 9）。这九大公学是由皇家授权的19世纪克拉伦登（Clarendon）委员会指定的，享誉全球，它们是伊顿公学（Eton College）、切特豪斯公学（Charterhouse School）、哈罗公学（Harrow School）、温彻斯特公学（Winchester College）、威斯敏斯特公学（Westminster School）、拉格比公学（Rugby School）、什鲁斯伯里中学（Shrewsbury School）、麦钱特泰勒斯学校（Merchant Taylors' School）、圣保罗女子中学（St Paul's Girl's School）。

这九大公学各有特点，教育模式多元化，充分挖掘学生特长与潜质。如著名的切特豪斯公学，其学生在音乐艺术方面的成就极为突出，相较牛津、剑桥，该校学生选择去英国皇家音乐学院的比例更大一些。

英国公学的寄宿制是其另一大特点。英国人认为寄宿制学校管理严格、规则多，有利于学生的人格培养与品格塑造。在英国，学术、政治、体育、经济、演艺等领域均不乏公学背景的名人，当年英国著名首相"铁娘子"撒切尔夫人的内阁共22位成员，其中17位曾就读于公学，占总数的77%。英国首相鲍里斯·约翰逊、前首相戴维·卡梅伦，也都毕业于九大公学，而英国王室更是多在九大公学接受教育。

【学生视角】邵同学：就读于切特豪斯公学

【为什么去英国留学】

我非常喜欢英国学校的氛围。校园保留了传统的东西，与电影中展示的场景一样，在包容性下遵循严谨的规则和传统，是古老和现代的结合。

【留学期间最大挑战】

我在国内的英语成绩不错,但到英国上课后觉得差距很大,比国内更压抑、压力更大。千万不要以为国外的中学会轻松,其实压力更大。

【就读体验】

英国的学费通常一年4万英镑,全寄宿。

切特豪斯公学是一所历史悠久的学校,保留了很多传统,我很喜欢传承的感觉。我们学校会用一些独特的词来描述自己,其他许多学校也是这样。

在英国的高中,你会见到一些古板却很负责的老师。现在我就读的公学,音乐方面特别好。在我们学校,都是经济条件特别好的政客或金融家的孩子,我学经济时,他们的发言让我大开眼界。

英国学校管理都比较严格,我们学校有13个宿舍楼,学长制度比较明显。学业方面,老师的管理也非常严格。

【中英教育的不同】

中国老师按书本上教得比较扎实。英国老师想讲什么就讲什么,有时会讲一些不重要的东西,所以在英国读书,很大程度上得依靠自学。

【留学生涯让我更自立】

我感觉留学让我成长得比较快,跟国内同学比,我会觉得自己更成熟一些。

留学生涯对我的帮助与提升不小,比如我以前不爱说话,家人觉得现在我开朗了很多。而且我还学习了许多技能和乐器,对我的成长帮助很大。

【英国是否适合中学生留学】

我觉得学术很强的同学可以留在中国,如果没有特长就不要来英国。心理脆弱的学生也不建议来。让老师了解你，在英国是个非常重要的事情。

【给师弟师妹的建言】

一定要学好英语，这是基础。一切都要自己尝试。勇于向学长提问题，否则会有很多困难，一定要多认识学长，帮助很大。

第二节　英国已成为中国留学生第二大目的国

近年来，越来越多的中国留学生选择前往英国完成本科学业。根据英国官方大学申请系统UCAS（Universities and Colleges Admissions Service）的统计数据，2020年中国申请英国本科的学生人数达24430人，与2019年相比增加了3670人，增长17.7%。申请2021年入学的人数更是成倍增长。目前看来，未来中国申请英国学校的学生依然会保持增长趋势，英国逐渐成为除美国外的第二大中国学生留学目的国。

选择英国留学的原因主要有三个：第一，教育质量相对较高。作为世界教育水平一流的国家，英国教育制度历经数百年发展，很多学府都有百年历史；英国实行精英教育，注重个性化培养；英国高中升学率高、课程安排灵活、学习氛围好，可以根据自身条件选择科目参加考试。第二，学制相对较短，硕士阶段大多是1年，相比澳大利亚、美国更为经济实惠。第三，安全系数相对较高。

一、英国大学更注重学术表现

对于家长和学生而言，英国和美国是两个最重要的留学目的国，如何取舍？它们之间的差别在哪里？总体而言，英美两国各有千秋，适合自己的就是最好的选择。美国学校的主要优势体现在可选学校多，换言之，好学校的容量与体量大。此外，专业与学校的自由度大，既可转专业，又可换学校，给予学生极大的探索自由。同时前沿学科多，博士生项目基本都有奖学金。而英国学校的优势在于本科、硕士学制短，学费相对便宜，本科教育扎实。另外，英国较美国更重视学术表现，而对美国非常重视的课外活动重视程度较低，在某种程度上有利于课外活动比较短缺而学术水平保持良好的学生。表3-2归纳了英美大学之间的不同（从大概率角度）。

表3-2　英美大学区别

美国	英国
专业暂定，可以换专业	专业基本固定，申请时定夺
大一和大二可转学，自由度大	很难转学
申请硬件加软件，课外活动很重要	申请硬件最关键，学术背景很重要
学制比较长，本科4年，硕士2年，博士4~7年	学制比较短，本硕连读4年（部分学校），博士3年
申请资格较灵活，大多无硬性要求	申请资格卡得严，硬性指标需达标
本科录取基本上是直录	本科录取基本上是有条件录取
文理学院强，综合性大学也很好，好学校的数量多、容量大，可选择面广	G5超级精英大学非常强，许多学校小而精，学校数量与容量有限
博士奖学金多	博士奖学金机会相对少
美国就业机会多	英国就业机会少

二、英国大学优势专业

如何选择英国大学？其实除了著名的G5超级精英大学，英国还有许多各具特色、非常优秀的大学。虽然我们在选择大学时，不能只看大学排名，而是要深入了解研究一所学校，但大学排名也给予了我们一定的参考。

最负盛名的学校排名是由《泰晤士报》（*The Times*）和《星期日泰晤士报》（*The Sunday Times*）联合发布的，一般简称*The Times*排名，属于三大权威榜单中期待值最高的。它的评选指标很多，如毕业生满意度、研究质量和毕业生就业前景等都会成为评选指标。

QS 2020—2021年英国大学的专业排名见附录4。

以下列举了英国30所著名大学的优势专业。

● 剑桥大学（University of Cambridge）

优势专业：人类学、考古、化学、土木结构工程、解剖学、生理学、英语语言与文学、地理、历史、生物科学、机械工程、临床医学、计算机科学、地质学、建筑学。

● 牛津大学（University of Oxford）

优势专业：商业与经济、计算机科学、临床与健康、医学、地理、历史与政治学、考古、英语语言与文学。

● 圣安德鲁斯大学（University of St Andrews）

优势专业：考古、天体物理、地球环境科学、心理学、管理学、文学。

● 帝国理工学院（Imperial College London）

优势专业：土木工程、机械工程、化学工程、计算机科学、数学、生命科学、临床与健康。

● 拉夫堡大学（Loughborough University）

优势专业：传媒、商科（金融管理、金融经济、经济学等）、运动休闲管理、工程（电子工程、土木工程、工程管理）。

● 伦敦政治经济学院（The London School of Economics and Political Science）

优势专业：经济学、法律、国际关系、政治学、人类学、社会学、社会政策与管理、社会心理学、会计与金融。

● 杜伦大学（Durham University）

优势专业：物理、化学、法律、社会学、心理学。

● 兰卡斯特大学（Lancaster University）

优势专业：管理、环境科学、数学、语言、法律。

● 伦敦大学学院（University College London）

优势专业：医学、法律、经济、建筑、机械工程、教育研究、统计学。

● 华威大学（University of Warwick）

优势专业：数学、工程、物理、会计与金融、管理。

● 巴斯大学（University of Bath）

优势专业：管理、建筑、翻译。

● 埃克塞特大学（University of Exeter）

优势专业：物理、化学、法律、社会学、心理学。

● 利兹大学（University of Leeds）

优势专业：制药与药理学、医学、语言学、艺术与设计、会计与金融。

● 伯明翰大学（University of Birmingham）

优势专业：物理和天文、化学工程、计算机、会计与金融。

● 布里斯托大学（University of Bristol）

优势专业：物理、牙科、数学、经济学、航空航天工程。

● 格拉斯哥大学（University of Glasgow）

优势专业：会计与金融、法学、化学、计算机、物理。

● 哈珀亚当斯大学（Harper Adams University）

优势专业：食品质量、动物科学、农业市场管理、食品消费研究、食品零售管理、市场营销。

● 曼彻斯特大学（University of Manchester）

优势专业：经济、会计与金融、管理、物理、医学、数学。

● 伦敦大学皇家霍洛威学院（Royal Holloway，University of London）

优势专业：生物学、电子商务、信息安全、经济学、政治经济学、国际管理、国际会计、传媒艺术。

● 南安普顿大学（University of Southampton）

优势专业：计算与信息科学类、工程类。

● 诺丁汉大学（University of Nottingham）

优势专业：兽医、药学和药理学、传媒、土木工程、商科。

● 约克大学（University of York）

优势专业：医学及护理、生物和生物医学、计算机与信息科学、会计与财务管理。

● 东英吉利大学（University of East Anglia）

优势专业：物理疗法、美洲研究、地质学、体育科学、药理学及药剂学、艺术史、建筑与设计。

● 邓迪大学（University of Dundee）

优势专业：牙科、医学、数学、土木工程、艺术与设计。

● 爱丁堡大学（The University of Edinburgh）

优势专业：建筑学、大众传媒、会计与金融、旅游与酒店管理。

● 谢菲尔德大学（The University of Sheffield）

优势专业：图书馆与信息管理、建筑、考古、地理。

● 阿伯丁大学（University of Aberdeen）

优势专业：体育科学、语言学、教育学、工程、牙科、土木工程。

● 纽卡斯尔大学（Newcastle University）

优势专业：医学、电子工程。

● 利物浦大学（University of Liverpool）

优势专业：医药学、建筑学、生化、工程、管理、计算机科学。

● 伦敦国王学院 （King's College London）

优势专业：医学、牙科、药剂学、法律、心理学。

三、英国大学申请关键问题

（一）英国G5超级精英大学重要录取指标

英国作为历史悠久的国家，孕育了许多富有文化底蕴的百年名校。其中，最优秀的学校有5所，它们是并称为"G5超级精英大学"的牛津大学、剑桥大学、伦敦大学学院、帝国理工学院和伦敦政治经济学院，这5所学校是我国留学生申请英国本科的主要目标校。但在申请中，牛津和剑桥只能申请一所。而且牛津和剑桥这两所大学的申请截止日期要比其他学校早3个月左右，于每年10月15日截止申请。更重要的是，牛津和剑桥必须要经过面试才能录取。

比起大部分美国大学，英国大学更加注重学生的学术表现。因此，每所大学对学生的语言能力测试和学术测试都有明确的分数要求。表3-3信息来源于各大学官网，提供给学生作为参考。其他大学也有申请的硬性指标要求，申请前需要详细查阅以了解自己到底能申请哪些大学。

表3-3　英国G5超级精英大学申请语言及学术要求

	雅思/托福基本要求	A-Level基本要求	AP基本要求	IB基本要求	SAT/ACT基本要求
牛津大学	**雅思** 计算机科学、数学、数学与计算机科学、数学与统计学专业：总分7分以上，单科6.5分以上 其他专业：总分7.5分以上，单科7分以上 **托福** 计算机科学、数学、数学与计算机科学、数学与统计学专业：总分100分以上，听力22分以上、阅读24分以上、口语25分以上、写作24分以上 其他专业：总分110分以上，听力22分以上、阅读24分以上、口语25分以上、写作24分以上	AAA~A*A*A	3门以上5分	最低分38分、39分或40分，具体取决于各专业 3门HL课程：6~7分	SAT 1470分以上 不接受拼分 ACT 32分以上
剑桥大学	**雅思** 总分7.5分以上，单科7分以上 **托福** 总分110分以上，单科25分以上	A*AA~A*A*A	5门以上5分	40~42分 3门HL课程：7/7/6	SAT 理科或经济学专业：1500分以上（阅读文法750分+数学750分） 其他专业：1460分以上（阅读文法730分+数学730分） 不接受拼分 ACT 人文艺术专业：32分以上 理科专业：33分以上

续表

	雅思/托福基本要求	A-Level基本要求	AP基本要求	IB基本要求	SAT/ACT基本要求
伦敦大学学院	不同专业要求不同，分为Standard/Good/Advanced三个等级 **雅思** Standard：总分6.5分以上，单科6分以上 Good：总分7分以上，单科6.5分以上 Advanced：总分7.5分以上，单科6.5分以上 **托福** Standard：总分92分以上，阅读和写作最低分24分，听力和口语最低分20分 Good：总分100分以上，阅读和写作最低分24分，听力和口语最低分20分 Advanced：总分109分以上，阅读和写作最低分24分，听力和口语最低分20分	ABB~A*A*A	5门5分，或3门5分	34分以上 3门HL课程：总分17分以上，单科最低分5分	SAT 1380分以上，且3门AP达到5分 **ACT** 29分以上，写作部分10分以上，且3门AP达到5分 （如学生有5门以上5分AP成绩，则SAT/ACT成绩不作要求）
帝国理工学院	不同专业要求不同，分为Standard/Higher两个等级 **雅思** Standard：总分6.5分以上，单科6分以上 Higher：总分7分以上，单科6.5分以上 **托福** Standard：总分92分以上，单科20分以上 Higher：总分100分以上，单科22分以上	AAA~A*A*A	3~4门5分	38~42分 3门HL课程：单科6~7分	无明确要求，不推荐用SAT/ACT成绩申请该学校
伦敦政治经济学院	**雅思** 总分7分以上，单科7分以上 不接受拼分 **托福** 总分100分以上，阅读25分以上、听力24分以上、口语24分以上、写作27分以上 不接受拼分	AAB~A*AA	5门5分	37~38分 3门HL课程：单科6~7分	无明确要求，不推荐用SAT/ACT成绩申请该学校

以上信息为申请G5大学的基本要求。其他学校也都在自己的官网上明确列出了对学生的要求，学生可以自行查询。需要注意的是，同一所学校的不同专业对学生的要求也会有所区别。有些学校还要求学生参加专业相关的学科测试，或提交相关学术论文，如牛津大学和剑桥大学。在申请前，学生应了解自己意向专业的要求，做足准备。通常牛津大学、剑桥大学和帝国理工学院会有面试环节，面试风格都是学术型面试。

（二）牛津、剑桥等名校的前置考试[①]（Pre-interview Assessments）政策

牛津、剑桥等名校对学生的筛选很严格。所有学生必须进行面试，但取得面试资格的前提条件是参加前置考试，学校根据考试成绩给予学生面试资格。在前置考试中未达标的学生无法取得面试资格。前置考试大部分于每年的10月至11月举行。因为这些考试专业性很强，许多内容在高中并未涉猎，建议学生参加专门的培训以提高通过率。

1. MAT（Mathematics Admissions Test）。MAT由牛津大学命题，是牛津大学数学和计算机相关专业、帝国理工学院数学相关专业选拔本科学生的入学考试，MAT成绩是牛津大学下发面试邀请、帝国理工学院发放预录取通知的重要参考依据。

要求提供MAT成绩的学校和专业有：

• 牛津大学：计算机科学（Computer Science）（G400）、计算机科学与哲学（Computer Science and Philosophy）（IV15）、数学（Mathematics）（G100）、数学与计算机科学（Mathematics and Computer Science）（GG14）、数学与哲学（Mathematics and Philosophy）（GV15）、数学与统计学（Mathematics and Statistics）（GG13）。

• 帝国理工学院：数学（Mathematics）（G100）/（G103），数学、优化与统计学（Mathematics, Optimisation and Statistics）（GG31），数学（纯数学）[Mathematics（Pure Mathematics）]（G125），应用数学/数学物理（Mathematics with Applied Mathematics/Mathematical Physics）（G1F3），数

---

① 前置考试资料来源于http://www.sohu.com/a/335873650_120083181。

学运算（Mathematics with Mathematical Computation）（G102），数学与统计学（Mathematics with Statistics）（G1G3），金融数学（Mathematics with Statistics for Finance）（G1GH）。

● 以数学专业见长的华威大学的本科数学专业也强烈推荐申请者参加MAT考试并提交成绩作为参考，但非强制性和必要条件。[①]

2. STEP（Sixth Term Examination Paper）。STEP是剑桥大学考试中心为应届毕业生举行的数学单科水平考试，剑桥大学与华威大学的部分专业需要STEP成绩作为录取的先决条件。STEP的难度系数远远大于A-Level数学和进阶数学，是令学生头疼的具有很强挑战性的考试。

受新冠肺炎疫情影响，2020年3月18日，英国政府宣布将不举行公开考试。STEP1已经取消。STEP2与STEP3将通过在线评估平台Mercer Mettl远程监考运行。在考试期间，考生通常会通过网络摄像头、麦克风和进入屏幕的方式被在线监控。这种方式在疫情后可能会改变，再次恢复为公开考试的模式。

要求提供STEP成绩的学校和专业有：

● 剑桥大学：数学（Mathematics）（G100）、计算机科学（Computer Science）（G400）、数学物理（Mathematics with Physics）（G100）。

● 申请剑桥大学以下专业可能需要参加STEP考试，取决于学院的要求：经济学（Economics）（L100）、工程（Engineering）（H100）、自然科学（Natural Sciences）（BCF0）。

● 伦敦大学学院和华威大学的部分数学及数学相关专业需要STEP成绩作为发无条件录取通知书的条件，帝国理工学院的部分数学及数学相关专业录取也需要额外的STEP2或STEP3的成绩有条件录取。

3. 剑桥计算机入学考试。CTMUA（Cambridge Test of Mathematics for University Admission）是剑桥大学计算机科学的考试，2019年之前这个考试叫TMUA（Test of Mathematics for University Admission），共有2份试卷：试卷1（75分钟）为数学思维多选题（不可用计算器），试卷2（75分

---

① 参见https：//www.admissionstesting.org/for-test-takers/mat/about-mat/。

钟）为数学推理多选题（不可用计算器）。

要求提供CTMUA成绩的学校和专业为剑桥大学：计算机科学（Computer Science）（G400）。

4. 思维能力入学考试。TSA（Thinking Skills Assessment），即思维能力评估测试，主要考查学生辩证思维的能力和解决问题的能力，用来测试申请人是否具备就读实验心理学、哲学、语言学、经济管理等相关专业的技巧与学术能力。

TSA试卷一般分为两部分：第一部分，50道选择题，主要考查考生的逻辑思考能力，分为解决问题能力和批判性思维能力测试，对考生的英语语言理解能力要求较高。虽然词汇不难，但题目场景设置涉及生活的方方面面，而且题目较长，需要快速阅读、灵活面对。第二部分，批判性写作，从4道题目中挑选1道作答。论题不涉及知识的考查，也没有绝对的对错，是对一个论题的讨论分析。

这里主要考查学生自圆其说的能力，学生能否写出结构完整、立论清晰、论据充分的文章将是关键。第二部分不判分，但是其答卷会交予考生报考专业的教师，由其来决定及判分。

要求提供TSA成绩的学校和专业[①]有：

● 牛津大学：经济与管理（Economics and Management）（LN12）、实验心理学（Experimental Psychology）（C830）、人类学（Human Sciences）（BCL0）、哲学与政治经济学（Philosophy, Politics and Economics ——PPE）（L0V0）、心理学（Psychology）、哲学与语言学（Philosophy and Linguistics）（CV85）/（CQ81）/（VQ81）、化学（Chemistry）（F100）（Section 1）、历史与经济学（History and Economics）（LV11）（Section 1）。

● 剑桥大学（只需TSA 第一部分）：土地经济学（Land Economy）（KL41）。

● 伦敦大学学院:（只需TSA 第一部分，考试时间与其他大学不同）：

---

① 参见REF：https：//www.admissionstesting.org/for-test-takers/thinking-skills-assessment/。

欧洲社会与政治研究（European Social and Political Studies）、国际社会与政治研究（International Social and Political Studies）（ISPS）。

5. 经济学入学考试。ECAA（Economics Admissions Assessment）是经济学相关专业入学考试[①]，包括两部分：第一部分，经济学中的问题解决和数学（80分钟）；第二部分，经济利益主题作文（40分钟）。题目考查考生运用推理和数学知识的能力，要求考生在不熟悉的环境中运用推理和数学知识。评估具有挑战性，以便有效地区分有能力的申请人。

要求提供ECAA成绩的学校和专业为剑桥大学：经济学（Economics）（L100）。

6. 工程入学考试。ENGAA（Engineering Admissions Assessment）是工程类专业的入学评估考试，考查考生运用科学和数学知识的能力。考试分为两部分，都不能使用计算器：第一部分是数学和物理多选题，时长60分钟；第二部分是高等物理的多项选择题，相较于2019年，考试时长延长至60分钟，含4道问题。

要求提供ENGAA成绩的学校和专业为剑桥大学：工程（Engineering）（H100）、化学工程（Chemical Engineering）（H810）。

7. 物理入学考试。PAT（Physics Aptitude Test）是牛津大学考试中心与英国入学考试服务中心合作开设的物理能力测试，是为申请牛津大学物理、材料科学与工程系相关学位设置的考试。

PAT是开放性考试，不报考牛津大学上述专业的考生也可以参加测试。PAT是牛津大学上述专业的入学物理能力成绩，也是其他考生展示物理相关学科潜力的机会，是考生物理学习能力的权威证明材料。优秀的PAT成绩会大大提高考生在申请牛津大学或英国其他高校物理、材料与工程系时的学术竞争力。

要求提供PAT成绩的学校和专业有：

● 牛津大学：工程（各种课程代码）（Engineering）（various course codes）、材料科学（Materials Science）（FJ22）、物理（Physics）（F303）、物理与哲学（Physics and Philosophy）（VF53）。

[①] 土地经济学（Land Economy）考的是TSA1，并不是ECAA，学生比较容易混淆。

• 申请帝国理工学院物理专业，PAT成绩为预录取参考。

8. 自然科学入学考试。NSAA（Natural Sciences Admissions Assessment）是自然科学专业的入学评估测试。2020年的考试内容包括两部分：第一部分是关于数学和科学（生物、化学或物理）的多项选择题，考试时间为60分钟，不得使用计算器；第二部分包含3个问题，分别涉及生物、化学、物理三个学科，考试时间也是60分钟。

要求提供NSAA成绩的学校和专业为剑桥大学：自然科学（Natural Sciences）（BCF0）、兽医学（Veterinary Medicine）（D100）、化学工程（通过自然科学进行化学工程）（Chemical Engineering via Natural Sciences）（H813）。

9. 地理入学考试。GAT（Geography Admissions Test）是一种笔试形式的考试，时间90分钟。考试分为两部分，每部分占总分的50%：第一部分要求阅读一篇短文（或几篇短文），然后回答问题；第二部分要求回答一些与数据有关的问题，这些数据以图表或地图的形式呈现。建议考生合理分配时间。

要求提供GAT成绩的学校和专业为牛津大学：地理（Geography）。

10. 历史入学考试。HAT（History Aptitude Test）是针对牛津大学历史相关专业的入学考试。考试内容为根据一篇一手材料（历史论述节选）写出一篇分析，考试时长1小时。HAT主要是用来测试申请人批判阅读能力、分析方法、恰当回答问题的能力、处理概念和选择支持观点的证据的能力、创意和独立能力、精确和清晰的写作能力。

要求提供HAT成绩的学校和专业为牛津大学[①]：历史（History）（V100）、历史（古代和现代历史）[History（Ancient and Modern History）]（V118）、历史与经济（History and Economics）（LV11）[②]、历史与英语（History and English）]（VQ13）、历史与现代语言（各种课程代码）（History and Modern Languages）（various course codes）、历史与政

---

① 参见REF: https://www.history.ox.ac.uk/history-aptitude-test-hat.

② 历史与经济这个专业很特殊，需要通过两个考试，即HAT和TSA1。历史与现代语言也要通过两个考试，即HAT和MLAT。

治（History and Politics）（LV21）。

11. 语言入学考试。MLAT（Modern Languages Admissions Test）是针对语言相关专业的入学考试，下列语言各有八个单独的部分：捷克语、法语、德语、意大利语、现代希腊语、葡萄牙语、俄语和西班牙语。其他三个部分分别为语言学测试、语言能力倾向测试（适用于初学者和俄语学习者）和哲学测试。哲学测试考试时间为60分钟，其他部分是30分钟。

要求提供MLAT成绩的学校和专业为牛津大学：欧洲与中东语言（European and Middle Eastern Languages）、古典与现代语言（Classics and Modern Languages）、英语与现代语言（English and Modern Languages）、历史与现代语言（History and Modern Languages）、现代语言（Modern Languages）、现代语言与语言学（Modern Languages and Linguistics）、哲学与现代语言（Philosophy and Modern Languages）。

12. 英国文学入学考试。ELAT（English Literature Admissions Test）是一种以笔试为基础的考试，考试时间90分钟。闭卷考试，不能将字典或笔记带入考场。

要求提供ELAT成绩的学校和专业为牛津大学：英语语言和文学（English Language and Literature）、古典和英语（Classics and English）、英语与现代语言（English and Modern Languages）。

13. 生物医学入学测试。BMAT（Biomedical Admissions Test）是生物入学考试，持续2小时。它测试学生运用科学和数学知识的能力，以及解决问题、批判性思维和书面交流技巧，这些都是大学学习必不可少的。参加BMAT可以让学生在众多考生中脱颖而出，获得以科学为基础学校学科的青睐。

考试分为三个部分：第一部分，态度和技巧题（60分钟），考查参试者问题解决、论述理解、数据分析与结论推断的基本能力，形式为选择题；第二部分，科学知识及应用（30分钟），考查参试者从校园科学及数学课程（难度类似IGCSE课程）中获取科学知识的应用能力，形式为选择题；第三部分，写作（30分钟），考查参试者能够将想法构思组织并简明扼要地书面表达出来的能力，形式为三选一命题写作。

要求提供BMAT成绩的学校和专业有：

● **牛津大学**：医学（Medicine）、生物医学科学（Biomedical Sciences）。

● **剑桥大学**：医学（Medicine）。

● **帝国理工学院**：医学（Medicine）。

● **伦敦大学学院**：医学（Medicine）。

● **兰卡斯特大学**：医学与外科学（Medicine & Surgery）。

● **曼彻斯特医学院**：医学（Medicine）。

● **利兹大学**：医学（Medicine）、牙医学（Dentistry）。

● **布莱顿与萨塞克斯医学院**：医学（Medicine）。

14. 法律入学考试。LNAT（National Admissions Test for Law）是一个2小时15分钟的考试，分为两个部分：第一部分是基于计算机的选择题考试，由42道题组成。题目以12篇短文为基础，每篇短文有3~4道选择题，时间为95分钟。要求阅读课文段落，并回答测试理解能力的问题。第二部分要求用40分钟写一篇文章，从三个建议的主题中挑选。这部分由所申请的大学导师评分，评分将作为录取的重要依据。这篇文章是学生展示其有能力构建一个令人信服的论点并得出结论的机会。

要求提供LNAT成绩的学校和专业为牛津大学：法律（Law）、法律及欧洲法律研究（Law with Law Studies in Europe）。

15. 哲学入学考试。Philosophy Test考试限时60分钟，重点测试考生的哲学推理能力而不是对哲学知识的考核。考试形式通常为阅读理解、写一篇短文或者回答一个结构式的问题。考生主要要体现自己的逻辑能力，避免陈述没有论据支持的观点。

要求提供Philosophy Test 成绩的学校和专业为牛津大学：哲学与神学（Philosophy and Theology）。

（三）牛津大学面试内容

1. 牛津大学的面试与问题。

◆ 面试的比例与作用

牛津大学的面试比例为50%，面试是经过前置考试来筛选的。近年来牛津大学每年有2万名左右申请者，其中约1万人会拿到面试通知。最后被录取的学生在3300名左右，即有33%左右的面试者会被录取。其中最难录取的是生物学专业，录取率仅为20%左右。而申请人数最少的宗教与东方研究，录取率超过了50%。

◆ 谁来做面试官

与美国大学面试不同的是，英国大学的本科录取通常由招生办的工作人员进行面试。如果是国际生，有时会采取线上远程面试，有时也会让校友进行面试。最大的不同不是面试形式而是面试内容，美国的面试多为闲聊式，并不对学生的学科水平再次进行深入测试。而英国的面试与之相比，可谓是难上加难，内容完全不同。

牛津大学和剑桥大学的面试极为关键。牛津大学会邀请参加校园面试，而面试官就是学生申请学院的教授或讲师，每场会有两名面试官，有些专业还会有附加面试。牛津大学的面试通常都在12月上旬进行，根据不同专业会有不同的时间安排。

◆ 面试测评什么

牛津大学面试除了要求学生进行个人陈述内容的交谈、与学生讨论为什么申请这所学校和专业外，还根据所申请专业的不同，由教授或讲师组成的面试官团队，给学生文书、图表、诗歌或者公式，要求学生当场回答问题并进行评论，理工科学生有时需要当场推导和演算。值得注意的是，面试的这些题目也许与目前所学科目有关，也有可能是课程大纲之外的知识。这些专业的问题是对学术水平的再次测评。

2. 剑桥大学的面试与问题。

◆ 剑桥大学面试的比例与作用

剑桥大学每年约有1.7万名申请者，其中约有75%的申请者，即1.3万名左右申请者能拿到面试机会，最后录取3400名学生，也就是26%左右参加面试的学生会被录取。

◆ 面试分两种

剑桥大学的面试有两种：一种是校园面试；另一种是海外面试，在中国，海外面试通常在上海。在校园面试中，面试官同样是学生申请学院的教授或讲师；海外面试则无法保证是剑桥大学的老师，多为剑桥大学委托的具有专业水平的学术专家。剑桥大学的面试也多在11月底至12月初。

与牛津大学一样，剑桥大学的面试难度不小，有些专业除了口头回答问题外，还要进行20~60分钟不等的书面测试。

◆ 面试测评内容

与牛津大学一样，剑桥大学的面试测评主要是考查学生的学术水平。这是英国大学的统一风格，即以学术水平作为第一评价指标。

以几个比较常见的化学专业和工程专业为例。化学专业的学生有两场面试：第一场面试是无机化学问题，第二场面试是有机化学问题，两场面试全部是专业问题面试。面试官一般会提出一个新的概念，问一些相对容易的问题考查学生是否理解，然后再针对这个概念给出更深入的问题要求现场解答。工程专业也有两场面试：第一场面试主要讨论个人兴趣及申请文书中所写的内容，同时给出数学题要求口头解答；第二场面试则主要是描述力学相关问题，解答物理问题，所提问题多涉及英国物理奥赛。

除了牛津大学和剑桥大学，帝国理工学院也是非常重视面试的学校。所以，拿到面试通知是进入这些学校的第一步。英国大学严格认真的面试流程及内容，相信会给所有学子留下极为深刻的印象，也正因为如此，这些学校的本科教育以严谨扎实而闻名。

四、英国大学申请流程

大部分英国大学的申请都是通过UCAS（Universities and Colleges Admission Services）申请系统来完成的。UCAS即大学招生服务中心①。原则上，所有英国大学的本科都需要通过UCAS申请并支付申请费。UCAS通常在每年8月初开放。在每一轮申请中，学生一共可以申请五所大学，但牛津大学与剑桥大学不可同时申请，专业要求一般是同一方向。学生在系统中填写完申请材料后，这份材料会被同时递交给想申请的五所大学，每一所大学收到的材料都是一样的。

通过UCAS申请步骤与流程如下。

1.选择学校与专业：学生浏览学校信息，确定自己想申请的学校及专业。

① UCAS官网：https://www.ucas.com。

2. 提交申请与资料：不同大学、不同专业的申请截止日期不同。牛津大学、剑桥大学以及其他大学医学方向专业的截止日期为10月15日，而其他学校及其他专业则在1月15日。需要注意的是，因为学生的申请材料会同时提交给五所大学，所以截止日期应以最早的为准。剑桥与牛津都是学院制，所以在申请环节，选择学院也是重要的一环。一般需在UCAS官网填写个人信息、学术成绩、个人陈述并缴纳申请费，同时向各申请院校提交学校成绩单、英语标准化考试成绩单、老师推荐信、高质量获奖证书等材料。英国院校非常看重学生个人陈述（Personal Statement）的相关性和严谨性，学生需要对申请的院校专业和个人优势有精准分析和表述。部分学校会在录取前要求学生参加笔试及面试，如牛津大学、剑桥大学、帝国理工学院、伦敦政治经济学院、杜伦大学等。

如果学生想额外申请一所学校，可以通过UCAS Extra在2月中旬进行申请。

3. 查看结果：大部分学校的录取结果在3月左右公布，少部分大学出结果较早，如牛津大学和剑桥大学，在1月左右。因为学生最后一学年平时成绩的出分时间通常在录取结果公布以后，此时的录取结果通常是有条件录取，要求学生达到预期分数。如果学生提前的预估分与最终成绩差距较大，英国大学则会取消之前的预录取。这一点与美国大学录取有很大差别，也体现了英国大学重学术表现的特点。

4. 确认入学：学生在12年级最后一学期成绩（A-Level和IB）出分后，确认录取结果，并通知学校是否前往就读。如确认入学，进入签证与准备阶段。

5. 如果申请的大学都未录取，学生进入UCAS补录阶段，在7月初再次进行申请。

需要注意的是，英国大学的录取多为有条件录取，只有很少一部分是直接录取，这与美国正好相反。所以12年级最后的成绩对于申请英国大学而言极为重要。

五、申请英国大学提交的材料

UCAS需要学生递交的申请材料主要有个人陈述（Personal Statement，

PS）、学术成绩和推荐信与补充材料三项，国际生需要提交语言能力测试成绩。

（一）个人陈述

与美国申请的主文书不同，英国本科申请的个人陈述需要学生在4000个字母或47行以内全面地介绍自己。在个人陈述中，学生需要阐述自己的申请原因、学术特长、意向专业选择原因、活动经历、获奖经历等信息。英国的申请文书与美国完全不同，美国申请文书需要讲故事、写感人文章。而英国大学的申请文书更强调描述为什么申请这个专业、为这个专业作了哪些准备与积累、取得了哪些成绩，所以更像是一篇专业文书。

除了个人陈述以外，UCAS申请系统中没有任何其他要求学生提及课外活动的部分。因此，申请英国的学生在填写个人陈述时，不仅要写出一篇完整的文章，更要系统地对自己的活动与经历进行说明，使学校能全面了解自己。UCAS系统在官网上为学生提供了个人陈述写作参考文件（Worksheets），同时也为学生提出了如下建议，以帮助学生更好地完成个人陈述："（1）行文简洁自然，不要过于复杂；（2）追求独特，但需注意幽默、引用或其他特殊用语的使用，有时招生官的幽默感可能与你不同；（3）重点描述与大学看重的品质有关的个人信息，可以参考课程简介；（4）注意字数限制，4000个字母或47行以内；（5）注意检查，邀请老师、家人、朋友帮助复查再根据意见进行调整，避免拼写、断句、语法等细节错误。"

（二）学术成绩

英国大学一般对学生的学术成绩有非常明确的要求。在申请时，学生需要通过UCAS系统提交这些成绩。英国常见的课程体系为A-Level体系和IB体系，英国大学一般接受的学术成绩也为这两种课程的成绩。学生需要自行将分数汇报给学校，并提供成绩单等依据。同时，因为申请季开始于最后一学年的第一学期，学生也需要预估第二学期的分数，一并汇报给学校。如果学生所在的学校并没有开设这两种课程，学生除了提交平时成绩和成绩单外，还需要提供其他学术测试成绩以满足申请要求。大部分英国大学接受SAT、ACT、AP等美国本科申请常用的学术测试成绩，近年来，国内高考成绩也逐渐为包括剑桥大学在内的部分英国院校所接受。前文已简单列出了G5大学的部分学术要求，以及其他学校各个专业具体的成绩要求。学生还可以在各学校官网上查询。

（三）推荐信与补充材料

英国大学只要求学生提交一封推荐信。推荐信可以来自任课教师、升学指导老师或其他对学生学术水平有了解的专业人士。需要提醒的是，英国大学需要提交老师的一封推荐信后，才能提交申请材料。

英国大学的推荐信内容与美国大学有一定区别，申请英国大学的同学一定要注意这一点。关于英国大学的推荐信怎么写，其官网[①]有详细说明：

- 英国大学只需要一封推荐信；
- 字符要求：加空格4000字符；
- 不管推荐人是谁，都应该从高中的角度（类似一个高中的指导顾问）推荐学生，也就是说如果推荐人是学科老师，推荐信内容不能限于学生在此学科的学习表现，而是要整体评价学生，比如学生所学课程的难度、学生的整体学术水平等；
- 展示为什么该学生适合学习他/她选择的大学专业，并说明为什么认为他/她可以在该专业和职业中成功，如果有可能，最好看一下学生的个人陈述，使推荐信内容跟学生的申请材料相匹配；
- 推荐信中不要重复学生个人陈述中的内容，除非是加以评价说明。

除去UCAS系统要求学生提交的材料，包括G5超级精英大学在内的一些学校要求学生额外提供针对本校的补充材料。例如，剑桥大学在UCAS申请提交后，会通过电子邮件给学生发送补充问卷。同时，剑桥大学还针对不同专业的学生设立了不同科目的入学测试，学生的成绩是影响录取结果的因素之一。

从美国本科和英国本科申请材料上的差异可以看出，英国大学对学生成绩的重视度较高，更加适合学术能力突出的学生。然而，具体选择哪个国家的哪所学校作为留学目的地，还需要学生和家庭综合其他因素，作出

---

① 网址：https://bridge-u.com/blog/how-to-write-a-ucas-reference/。

更全面的评估选择。

┌─ **英国大学申请小贴士：** ─────────────────

　　在保证自身申请竞争力的前提下，尽早申请。不管是牛津、剑桥采取的一年三轮申请制度，还是其他三所G5超级精英大学的滚动式申请制度，英国大学普遍采取"先到先得"的申请原则。如果确定自身的条件达到学校的录取标准，并且具备足够的附加优势，建议尽早申请。

　　这里要特别强调，保证自身足够的申请竞争力是尽早申请的必要前提。申请G5超级精英大学，足够好的标准化考试成绩等基本条件必须满足。如果没有达到理想状况，建议适当延后申请时间，而不能为了早申请而早申请。

六、接受中国高考成绩的英国大学

　　越来越多的英国大学接受中国高考成绩，迄今为止，以下多所英国大学认可中国高考成绩，这可以免去读国际预科而直接就读英国大学本科课程。学校及录取要求如表3-4所示。

表3-4　接受中国高考成绩的英国大学一览

学校	录取要求
剑桥大学	1. 高考成绩排名达到省内前0.1%； 2. 雅思要求：视专业而定，通常情况下雅思要求7分； 3. 还会从奥林匹克竞赛、SAT考试以及大学先修课程等方面考查衡量学生。
伯明翰大学	1. 高考成绩达到满分的80%或以上； 2. 高中三年平均分达到满分的85%以上； 3. 达到所申请本科课程英语语言要求。 注：个别本科课程对高考数学分数有特殊要求。
斯特林大学	1. 高考成绩直接入读大一：全国大部分地区425分（总分750分）、上海375分（总分660分）、江苏275分（总分480分）、海南525分（总分900分）； 2. 高考成绩直接入读大二：全国大部分地区500分（总分750分）、上海435分（总分660分）、江苏316分（总分480分）、海南594分（总分900分）。

续表

学校	录取要求
利兹大学	1. 高考成绩达到满分的75%~85%，或者江苏省前20%~50%； 2. 高考成绩达到满分的75%~82%且会考总分达到满分的85%。 注：部分专业还要求递交A-Level数学成绩。
莱斯特大学	1. 有高中毕业证书； 2. 高中三年平均分达到满分的75%或以上； 3. 高考成绩达到500分（上海、江苏学生会个案处理）； 4. 达到所申请本科课程英语语言要求； 5. 医学类课程不接受高考成绩申请。
思克莱德大学	1. 会考（高二）平均分达到满分的80%，单项不低于满分的80%； 2. 无会考的省份，要求高中毕业成绩达到满分的80%，其中至少6门相关课程都达到要求； 3. 高考成绩达到满分的70%（可申请就读大二）； 4. 达到所申请本科课程英语语言要求。
邓迪大学	1. 高中毕业证，平均分达到满分的75%或会考（高二）成绩达到满分的75%，可以就读大一； 2. 高考成绩达到525分，可以就读大二（上海、江苏等地学生会个案处理）； 3. 达到所申请本科课程英语语言要求； 4. 高考不分文理科，接受往届高考成绩； 5. 医学和牙医专业暂不接受用高考成绩申请。
贝法斯特女王大学	1. 高考成绩达到满分的75%或以上； 2. 达到所申请本科课程英语语言要求。 注：个别本科课程对高考单科、会考、物理及数学分数有特殊要求。医学和牙医专业不接受用高考成绩申请。
卡迪夫大学	1. 学生高考成绩达到满分的80%及以上； 2. 获得高中毕业证书，高二总成绩达到本学年总分达到满分的85%，高三总成绩达到本学年总分的85%； 3. 达到所申请本科课程英语语言要求。 注：个别本科课程对高考数学分数有特殊要求。
伦敦玛丽女王大学	1. 高考成绩达到满分的80%以上，其中高考数学也要达到满分的80%以上； 2. 高中平均成绩达到满分的85%，11年级或12年级的物理、化学和生物成绩要达到满分的80%以上； 3. 目前只有五个学院接受高考成绩直录本科：生物化学学院（仅限化学或化学科学学院）、工程与材料科学学院（仅限材料科学专业）、经济金融学院、物理与天文学院、数学科学学院。

续表

学校	录取要求
伦敦大学皇家霍洛威学院	1. 高考成绩达到满分的75%以上； 2. 语言要求雅思总分6.5分，单项6.0分。
埃克赛特大学	1. 高考成绩达到满分的75%以上； 2. 如果申请的专业有A–Level数学的要求，高考数学成绩需达到满分的80%或以上； 3. 高中成绩均分需达到满分的85%或以上（高二和高三），如申请的专业对A–Level相关科目有要求，高中对应的相关科目成绩需达到满分的85%； 4. 满足国际学生直读本科课程的标准英语入学要求。 注：医学类课程不接受高考成绩申请。
卡迪夫城市大学	1. 高考成绩450分或以上； 2. 雅思达到6.0分（5.5分）； 3. 或达到内测要求。
亚伯大学	1. 社会科学领域的专业要求高考成绩达到满分的75%或以上； 2. 自然科学领域的专业要求高考成绩达到满分的70%或以上。
布莱顿大学	1. 高考成绩达到满分的75%以上，根据申请专业不同，有些单科课程也需要达到满分的75%以上； 2. 部分专业可能需要高考成绩达到满分的80%。

注：上表为不完全统计，接受中国高考成绩的大学会越来越多，条件也许会变化，请以大学官网为准。

第三节　英国大学强调专业的重要性

一、英国大学的研究与实习机会

英国学校内部的研究机会通常在暑期开放。学校公布的研究项目有限，很多时候学生需要自主与教授联系。帝国理工学院在官网上特别强调，本科生的研究项目基于指导教授的意愿，学生应给予教授充分的尊重。在认真思考确定自己想参与的研究项目后，学生需要积极主动地与教授沟通，表达自己的意愿，展示自己的能力，最终在课题中获得一席之地。

除了研究项目外，许多学生选择以实习的方式提高自己的学术水平与实际应用能力。英国大学各专业往往与不同公司都有合作关系，可以为学生提供丰富的实习资源。帝国理工学院的职业规划服务（Careers Service）就为学生准备了多样化的实习支撑服务，如邮件推送实习信息、举办实习讲座等。学生也可以在其官网下载相关简历写作、面试准备的指导文件，为争取实习机会做好准备。此外，学生还可以与职业规划服务的工作人员预约面谈，进行一对一的职业规划指导，以便选择最适合自己的工作机会。工作人员也会帮助学生准备申请实习的材料，为学生提供有针对性的指导。

综上所述，学生需要充分了解自己学校的研究、实习资源，以及得到指导的渠道，积极主动申请，认真充分准备，找到最适合自己的研究与实习机会。

二、英国转学需注意学分转换政策

在英国转学，学生首先需要注意的就是学分转换政策。每所英国大学对其他学校学分的接受政策不同，有些学校的特殊专业甚至不认可其他学校的学分。曼彻斯特大学在官网上指出，在转学之前，学生需要先与目标校的相关部门（如招生办公室）联系，了解自己所修的哪些学分可以被转入。如果学分过少，学生可能需要从大一重新读。如果学生希望从其他国家的院校转入英国大学，一般情况下需要重修一年。然而，因为英国本科学制较短，如果学生在大二之前选择转学，毕业时间将不受影响。这是相同专业前提下的转学流程，如果连专业也要改变，那么就相当于重新申请大一重读了，因为没有大一的学科基础，是不能上大二的。

同理，如果学生需要转专业，也要考虑已经修过的课程有哪些可以满足新专业的毕业要求。牛津大学指出，如果学生的意向专业与原专业所属部门相同或相近，毕业必修的课程也类似，那么就可以直接与导师沟通，申请转换专业。如果两个专业跨度较大，如从英语文学专业转入工程类专业，学生可能需要重读一年。在转专业之前，学生可以在学校官网上查询相关信息，如果信息不明确，也可以通过邮件或电话的方式联系工作人员，确认准确信息。

三、选择专业需兼顾兴趣和就业两大需要

选择专业时最重要的两个因素就是兴趣及就业需要。事实上，本科所学专业会很大程度上决定硕士及博士阶段所读专业。当然也可以换个完全不同的专业来申请，但是由于所学课程的限制，跨专业申请常常是不利的。

以兴趣为导向：兴趣是研究和学习的原动力。选择自己感兴趣的专业有利于学习投入。如果本科专业不喜欢，研究生申请则为学生提供了改变专业的可能性。但这需要较早确定换专业的目标，并在本科阶段进行充分准备，为换专业提前学习许多先修课程，以增加跨专业申请中的优势。

以就业为导向：一部分同学没有非常明确的兴趣爱好，他们更关注未来的就业和薪酬。在近些年的就业市场，潜力大、收入丰厚的专业基本集中于互联网、金融、教育、大数据、人工智能等领域。如商业分析、金融、计算机科学、数据科学等热门专业，在英国的主流大学中都有开设。

四、学校知名度直接影响日后就业

除了学生自己的匹配度外，还有几点需要考虑：（1）学校在拟申请专业中的实力。在自身条件匹配的前提下，要认真研究各大学的专业排名。（2）学校的知名度与信用度。学校的知名度直接影响日后就业。（3）学校地理位置。这里的地理位置，与所学专业有一定联系。如金融专业这样实用性较强的专业，学生需要考虑到实习机会，伦敦的实习机会和实习机构的知名度一定程度上高于其他城市，所以选择金融专业的学生可以考虑伦敦的大学。而如果是学习英国文学、哲学专业，那么杜伦、约克、巴斯这些传统小镇可能更适合学生。

第四节　英国研究生申请要求

英国约有160所大学，英国硕士因学制较短、学费相对较低，对于有早毕业早工作意向的学生而言具有较大吸引力。英国硕士研究生的一个特点

就是在学习期间非常强调专业的重要性。英国硕士及博士的申请及录取与美国也有差别，特别是学时、学制及录取条件方面也有所不同。

一、申请英国顶尖大学研究生需要本科一等学位

由于没有美国大学中的通识课程，大部分英国大学的本科学位只需3年即可完成。一些学校的本科语言学位由于需要学生参加为期1年的海外交换项目，故需4年完成。除了较短的本科学制，英国大学还因其独特的本硕连读项目而闻名。通常，参加本硕连读项目录取的学生可以在4年的时间内连续完成本科学位和硕士学位，快速完成学业。常见的本硕连读项目大多是工程类、商科类和教育类专业。开设本硕连读项目的热门大学包括曼彻斯特大学、爱丁堡大学、利兹大学等，只要达到学校对本科成绩的要求，就可以直升至本校的硕士研究生项目。

本硕连读项目的申请流程与普通本科大致相同，学生都需要通过UCAS系统提交学术成绩、个人陈述和推荐信，以及学校要求的其他补充材料。每所大学也都会在官网上明确列出录取标准，专业之间会略有不同，有的专业还会明确指定学生提交相关学科的成绩。例如，曼彻斯特大学机械工程专业的本硕连读项目对A-Level体系的学生成绩要求为数学、物理和另一门学科拿到AAA的成绩，要求IB体系的学生必须选择HL的数学和物理，且三门HL课程成绩均在6分以上。

英国大学的本硕连读项目能帮助专业方向较为明确的学生尽快完成学业，然而，对于专业方向不确定的学生来说，有时也是一种约束。如果学生在进入本硕连读项目后，发现专业不适合自己，或者想要进入其他学校读硕士学位，就需要完成一系列手续取消硕士项目，同时对签证也有影响。因此，学生在决定是否选择本硕连读项目时，需要结合自身情况，慎重考虑，不要盲目跟风，避免给自己带来不必要的麻烦。

英国本科是学位等级制度，这也是英国本科申请硕士最重要的录取要求。英国本科学位分为一等、二等一、二等二和三等四个等级，相对应的本科均分成绩为70分以上、60~69分、50~59分和40~49分。本科的均分各学校的算法略有不同。所以，如果要申请英国名校，通常至少需要二等一学位。如想要申请G5大学，则需要一等学位。因此，英国本科的毕业成绩至

关重要，可能一分之差，就会因学位等级不够而不被录取。

与美国一样，只要在英国读了本科，申请硕士研究生时就不再有语言成绩的要求。除了个别学校的项目需要GMAT，一般也不需要GRE、GMAT等研究生入学考试。所以，对于准备晚，或者很难考出分数的学生而言，申请英国的硕士研究生是一个较好的选择。

【校友分享】朱子龙：毕业于帝国理工学院，"凤凰计划"海外高层次人才

【我想自主探索，所以去留学】

我是自己决定去留学的，2008年我去美国东北大学读书。当时感觉国内的大学教育课程设置比较固化，自主性和自由度不大，很难探索自己的兴趣。我是一个特别喜欢研究探索的人，希望能够自主选课来设计自己的学科体系，希望在开放的环境中探索自己的兴趣。

赴美读书后，我发现可以按课程体系自主选课，于是选择修国际关系和经济学双专业。我特别关注自己的时间花在哪里，如果不是自己喜欢的课程，感觉浪费一个学期的时间不值得，上大学学习不是为了通过考试，而是根据自己的兴趣学到知识。

【美国本科后为什么选择去英国读研】

我本科是经济学和国际关系双专业，上研究生时想转金融方向。美国金融方向的硕士，大多偏计算机、数据分析类，而我是文科背景，难度有些大。所以我想找一个偏文科基础、课程偏MBA方向的硕士项目。我自己在研究各个学校的项目时，发现英国帝国理工学院有一个硕士项目的课程设置非常合适我的背景。

【超出预想的英美留学差别】

说起英美留学体验，差别真是太大了。英国的学习生活与中国更相似，考试制度非常严格，读硕士时连考试都与中国一模一样，考场非常严肃，卷子是倒扣的，数秒计时翻开卷子，学生们要分开坐。说实话，我去英国前在美国读本科，很多年没见过这个阵仗了。考卷到

时间就收，有监考老师，恨不得一个学生旁站一个。

　　还有个细节，就是英美两国对考试预期是不同的。美国考90分以上大家都觉得好，是A-，考到93分得A。英国70分以上就是A，65分就是非常好的成绩了。我比较一下英美教学理念的不同，以经济学为例。在美国，经济学老师通常会教一个原理，然后考试的时候考一道应用题，在题里运用原理和公式就能答上来，考90分以上比较容易，只要公式记住并学会就能考过。美国教学更关注你能不能学懂，懂了就可以。英国就不一样了，这也是分数特别低的原因。我第一次在英国考试，坐下来看卷子后，一时间怀疑自己是不是坐错教室或老师发错卷子了，感觉没学过呀。同样的经济学课程，英国老师教原理和公式，教怎么推导出来的。考试的时候，会考一个相似的问题，让你用推导的方式推导出答案。美国是应用，英国是告诉原因并进行分析推导，考试时变相用之前推导的方式推导一个新的东西，难度比较大。所以，英美对学生培养的方向不同，美国偏应用，英国偏研究。

　　另外一个很大的不同就是美国一个学期把100分分成多个板块，如考勤、平时作业、平时小考、课堂参与度，然后是期中和期末，甚至有更多指标。通常每周都有小考试。所以期中和期末在美国考试体系中占不到多少比重。但在帝国理工学院期中和期末成绩各占40%，这一点与中国和日本是非常相近的。

【给走在留学路上后辈的建言】

　　1. 建议认真管理好自己的时间。如果你的学习生涯空白时间多，这是一个很大的浪费，也是个非常大的挑战。我甚至认为国外留学期间时间管理比学习更重要。

　　2. 好好享受生活，增长见识非常重要。

二、英国研究生入学录取标准一览

　　表3-5为2021年QS世界大学排名的部分英国学校研究生录取成绩要求，可作参考。QS世界大学排名包含全球1000所著名大学，排名算法主要

依据六大指标：学术声誉、雇主评价、师生比、教师论文引用率、国际教师占比、国际学生占比。需要说明的是，中国教育部以前以985/211对中国高校进行分类，这个标准在英国大学录取中依旧是一个权重指标，表3-5中依旧沿用这一分类标准，其他国家可依据此标准进行GPA分数换算。

表3-5　2021年英国排名前20的大学硕士研究生入学成绩要求

序号	学校	2021年QS世界大学排名	成绩要求（中国大学）
1	牛津大学	5	985/211高校85%+，普通90%+
2	剑桥大学	7	985/211高校85%+，普通90%+
3	帝国理工学院	8	985/211高校80%+，普通85%+
4	伦敦大学学院	10	985/211高校80%+，普通85%+
5	爱丁堡大学	20	80%+
6	曼彻斯特大学	27	80%+
7	伦敦国王学院	31	985/211高校80%+，普通85%+
8	伦敦政治经济学院	49	985/211高校85%+，普通90%+
9	布里斯托大学	58	80%+
10	华威大学	62	78%+
11	格拉斯哥大学	77	985/211高校75%+，普通80%+
12	杜伦大学	86	80%+（参考上海交大排行榜前200名）
13	伯明翰大学	87	985/211高校75%+，普通80%+
14	南安普顿大学	90	985/211高校75%+，普通80%+
15	利兹大学	91	985/211高校75%+，普通80%+
16	谢菲尔德大学	93	985/211高校75%+
17	圣安德鲁斯大学	96	985/211高校85%+
18	诺丁汉大学	99	985/211高校75%+，普通80%+
19	伦敦玛丽女王大学	114	985/211高校78%+，普通83%+
20	约克大学	150	985/211高校78%+，普通83%+

　　表3-6是英国硕士研究生录取条件的基本要求，以便家长和学生初步了解申请学校标准化考试成绩。

表3-6　英国排名前50的大学硕士研究生标准化考试成绩要求

英国大学	985/211重点院校		普通院校	
	GPA	雅思	GPA	雅思
TOP 5	85分以上	7.0~7.5分	90分以上	7.0~7.5分
TOP 10	80~85分	6.5~7.0分	85分以上	6.5~7.0分
TOP 30	75~80分	6.5~7.0分	80分以上	6.5~7.0分
TOP 50	70~75分	6.0~6.5分	75分以上	6.0~6.5分

注：英国大学依旧按985/211来对中国大学进行分类；学校偶尔会有微调，请在申请季查阅学校官网，以官网发布信息为准。

三、英国大学对中国各类大学的学生录取要求不同

（一）在校成绩

与英国本科申请一样，硕士申请中，英国大学也非常关注学生的学术背景是否与所申请专业匹配、是否在课程中作了充分的积累与准备。在大学期间本科成绩保持良好非常关键，争取达到想要申请学校专业的理想分数。与美国大学不同的是，英国大学非常关注中国大学的排名，学校针对985/211高校、双非院校学生会有不同录取要求，部分院校不同专业有不同的录取标准。

（二）个人陈述

个人陈述是展示学生为什么申请该校及该专业，展示学习能力、研究能力和潜力及个人职业规划等的文书，用于充分展示学生的能力与优势。

（三）个人简历

个人简历一般包括学生基本教育背景、实习经历、学术奖项等内容，全面展示学生的综合素质。

（四）推荐信

推荐信需要两封，一般要求两位学术老师提供，推荐人信息包括姓

名、职称、教授科目、邮箱、电话、与学生认识的时间等。推荐信打印在学校或单位名头纸上，由推荐人签字。

（五）其他申请材料

包括英文版大学成绩单（盖章，原件扫描件）、学位证书或在读证明、雅思成绩（现在许多大学也接受托福成绩）、GMAT或GRE成绩（部分院校需要提供）、护照扫描件等。部分学校设计类专业会要求申请学生准备作品集，一般在满足学校要求的情况下展现个人水平和特色为佳。

考试费用支付小贴士：

考试报名费打折"秘籍"

信用卡办理二维码　借记卡办理二维码

中信银行万事达外币借记卡以美元为结算币种，同时支持12个币种的储蓄和外币理财，可直接在境外标有MasterCard标识的POS机、ATM和网上商户刷卡消费、取现，目前已支持全球210个国家和地区的5300万家商户。

（六）科研实习经历

与专业相关的科研及实习经历是为申请加分的一个重要内容，因为与专业相关的实习与科研旁证了学生在此领域的兴趣与积累，甚至潜力与成就（如长期科研发表相关文章）。

英国研究生申请小贴士：

不轻易放弃本科专业，使本科积累在学业及就业过程中有延续性。如果想跨专业申请，则需很早作决定，在本科阶段先修专业课程，提前做好准备。

第五节　英国的校园文化与生活

英国全年分两季：4月至9月是春夏季，晴朗暖和；而10月到次年3月是秋冬季，潮湿阴冷。英国的天气变化频繁，需常备保暖的衣物和雨具，衣服应穿多层，方便随时更换。

在英国，许多学校是学院制，如牛津和剑桥就是老牌学院制大学，在申请入学前就要选定具体的学院，录取后未来的学生生涯也将围绕自己所选定的学院展开。英国的大学有着浓郁的学院文化，这种大学文化也存在于美国著名的老牌名校中。

一、学院文化氛围浓厚

包括牛津大学、剑桥大学在内的很多英国大学都是由不同学院组成的。学院对于英国大学来说，就如同美国大学的兄弟会、姐妹会，是学生们建立深厚友谊并发展人脉资源的重要场所。同学院的学生通常会有相同的住宿地点与课程安排，因此，学生往往更容易在自己学院内结识志同道合的朋友，度过大学生活。

如果学生希望换学院，则需要与新、旧两个学院的负责人联系，沟通好具体事宜后，再通过表格进行申请，完成学院的转换。

二、住宿与生活

海外留学，住宿通常有两种：一是学校宿舍，二是校外租房。

绝大多数英国大学会为本科和硕士阶段的国际生提供学校宿舍，但也有极少数大学不提供。在条件允许的情况下，建议学生在校内住宿，尤其是刚入学的学生。在学校住宿有几大优势：（1）相对安全；（2）上课方便；（3）环境比较舒适；（4）有充分的时间与同学交流；（5）可以充分利用学校学习资源。

住宿的费用一般可通过外币卡线上消费或跨境汇款缴纳。建议在住宿申请前办理好外币信用卡，一方面可作为住宿申请时的资信保证，另一方面可便于后续支付。

外币信用卡二维码

1. 学校宿舍（Student Accommodation）。学生宿舍根据宿舍条件不同收取不同的费用，通常有两类宿舍可供学生选择：第一种是套间（Ensuite），这种宿舍每个房间有独立的浴室和盥洗室，厨房与他人共用，大部分学生都会选择住这种；第二种是单人套间（Studio），这种宿舍套间内有独立的浴室、盥洗室、厨房，有的学校也会提供大套间供两人（通常是夫妻）一同居住，所以租金较贵。

英国院校通常会优先安排第一年入学的国际学生入住学校宿舍，且先到先得，所以被录取并确认入读该校后，建议尽快申请宿舍。通常学校的宿舍租金会比校外贵一点。

2. 校外租房（Private Accommodation）。为了更方便、有更大的自由度、与志同道合的同学住在一起并锻炼独立能力，很多留学生会选择校外租房的方式。但校外租房存在一定的风险和不确定因素，尤其对于国际生，要在充分了解租房市场的情况下，与正规的房地产中介签约，认真审查租房协议。

3. 出行。在英国乘坐交通工具比较方便，火车与长途汽车需提前购票，因为提前购票与当天购票的价格差别较大。如果打算在英国开车，就要提前准备中国驾照及英文翻译的公证件。在首次到达英国后的12个月内，可以使用国内驾照，12个月后则需考取英国驾照。

4. 护照办理。丢失护照的事件在留学生中并不鲜见。如果发现自己遗失了护照，无须慌张，首先须到警察局申报遗失，拿到一张警察局的证明。然后凭警察局的证明、3张护照照片，最好还有旧护照的复印件（所以扫描留存自己的重要证件是有必要的），就可以到领事馆办理补办手续了，一般需要3个星期左右。拿到新补办的护照以后，需要去英国内政部

（Home Office）办理补签证的手续。

5. 医疗。在英国，留学生持半年以上的学生签证都可以享受医疗福利，住院等大病可报销药费。不过，对于感冒、发烧之类的小病，医生不会随便开抗生素类药物。留学生可自备常用药，如退烧药、腹泻药、创可贴等。除此之外，如果对某些药物过敏，建议先到医院开具对该药物过敏的说明及英文翻译件，以防万一。

6. 打工机会。如果需要打工，建议去学校的职业办公室（Career Office）找工作信息。

英国留学生活小贴士：

英国政府官网有对国际生签证以及生活费用指导的相关内容，可进行详细的研究与查证（详见https://www.gov.uk/government/publications/points-based-system-student-route）。

【校友分享】Candies：毕业于牛津大学，现于伦敦工作

【为什么选择来英国】

第一，性价比较高。英国完成学业用时短，无论从家庭负担还是个人发展考虑都更适合。第二，我所学的方向为人文学科，而英国在历史气息、文化背景及学校研究上有比较久远的历史，而美国历史较短，文化也相对比较年轻。第三，在专业方向上，相比美国，英国学校的历史比较久远，研究性上空间更多。第四，英国学校多为小班授课，整个国家的文化会渗透到校园中。

【教育体系中最为独特的是什么】

进入学校后，我充分地感受到学校与我入学前对这个学校的认知非常匹配：教学方法更注重一对一教学，注重批判与质疑精神，即使有些固定的学术理论，但依然希望学生推翻固有思维。注重学术标准，引导学生建立自己的研究方法。比较有挑战的是，每周在课外阅读上的任务是非常重的，几乎达到一周内要完成十几到二十几篇的研究性论文阅读，但是创新也是来源于吸收，基于对先前大量理论的研究而有思辨能力，从而探寻新的符合时代发展的理论。而理工科注重实际应用价值，导师会有一定的实习资源，而且会推荐学生拿到合适的机会从而积累实际应用经验。

来到学校后新的认知如下：

1. 首先，学术要求比想象的严格。一对一的导师指导，对每个学生的学习进度及学习能力是极大的考验，压力也非常大。其次，社交文化礼仪方面也有很多学习的机会，对我所研究的领域有所渗透，一个国家的文化对社会的发展必然影响颇深。最后，对学生素质要求很全面，不仅是学术上的深度挖掘，也包括社交礼仪甚至餐桌文化。

2. 学校最独特的地方就是为学生提供了很多选择方面的思考，因为资源极其丰富，能让学生深度思考，提高自辨能力。但同时也比较考验学生的辨识能力，要不断地进行反思—自我否定—自我建立，这也是促进学生快速成长的方式。

3. 教育体系最看重的就是师生比和以兴趣引导的研究形式。要对自己所研究的领域有一定的认知，也要有自己不同的声音，针对不同的观点进行深入的求证与融会。

【留学让我更自信】

留学改变了我的认知，让我更大胆地去尝试不确定因素，面对不确定因素从焦虑到认为无限可能是留学生活带给我的底气。现在的我可以更客观地寻找自己的生活轨迹，并且能够面对大众的质疑声音，更能活出自己的人生。国外的社会文化相对包容，对于找到自我后坚持追求的人，大家会觉得他们非常独立且有主见，不会对个人有"特立独行""不合群""另类"这样的评价。

【对留学路上的师弟师妹的建言】

要明确自己留学的目的，如果只是想追求名校的光环，会失去很多机会。明确自己最感兴趣的方向，同时要有勇气走出舒适区，要去感受不同群体的不同文化。也要提前做好心理准备，挑战非常大，要真的把知识嚼烂才行。

第六节 国外艺术类院校申请秘籍①

近年来，申请艺术类院校的学生越来越多，因为艺术类与其他学科的申请区别很大，要求也不尽相同，本章将艺术类作为单独的一节向读者展示，以满足艺术类留学生家庭的需要。

艺术类申请的学生比例低于文理工商四个专业。在十几年前，除了挚爱绘画设计或音乐并立志在此领域有所建树的学生，鲜有学生在高中时期就选择艺术类专业出国留学，很多家长对艺术类的认知也仅停留在绘画、音乐或表演上，并认为艺术类专业要求起点高、花钱多，但出路狭窄。

随着国内经济的快速发展与生活品质的提高，很多学生和家长开始关注艺术类这个看似冷门的专业，愿意从孩子自己真正的爱好和兴趣出发，选择申请国外顶尖综合类院校的艺术专业或艺术学院。尤其留学信息越来越透明化，学生家长们不难发现，相较于纯粹拿标准化考试成绩和背景活动来竞争的常规专业，艺术类申请因为需要准备的作品集约占一半的评估权重，反而给学生多一个进常春藤院校或顶级综合类院校的途径，其中细分的部分专业，如交互设计、视觉传达、工业设计等专业，在学生毕业后的就业面及薪资待遇上，一样有广阔的前景，所以选择申请艺术专业的学生每年都大幅增长。

申请艺术类的学生主要分为两类：

● 专门申请艺术类相关专业的学生。

● 双申请，即申请两个专业的学生（文理工商其中一个专业，艺术类为第二专业）。艺术类作品集同时结合第一专业的背景提升内容，作为第一专业辅助申请材料提交，多方位展示学生特点能力，起到加分的作用。

现在很多美国高中和国内的国际高中都按照STEAM教育理念，科学、技术、工程、艺术、数学全面开花，简单地解释就是文理工商艺五科不分你我，强调学生以体验式的学习过程提高自己动手的能力、解决困难和问

---

① 本节除"学生视角"外，内容均由刘鹤臻提供。

题的能力、团队协作的能力、沟通表达的能力，以及人工智能、机器人、编程创新能力等。这也是为什么留学生在申请美国学校时，会做各种含金量很高的背景提升活动去强化和证明自己以上能力。艺术设计源于生活点滴，任何一个学科的知识和背景提升都可以用作品集的方式图文并茂地呈现出来，向学校更直观、全方位展示学生的多元能力，从而在激烈的申请竞争中，拉开和同届申请学生的差距。

一、申请条件

艺术类相关专业申请条件，简单地讲和文理工商学科申请条件一样，尤其是申请美国常春藤院校、顶尖综合性大学，英国的顶尖红砖院校及顶级艺术设计学院，申请的标准化考试成绩要求一样，但是除了常规的标准化考试成绩以及申请条件外，还需要额外准备一本对应艺术类专业的作品集。所以我们把申请这些院校的条件分为硬指标和软指标两个部分。

硬指标：所占比重50%，包括托福成绩或雅思成绩、高中或本科的GPA成绩、SAT成绩、个人简历/个人陈述、老师推荐信、相关背景提升等基本的申请资料。

软指标：所占比重50%，包括按照相关专业要求准备的作品集。这个部分是艺术类留学生的一项重要考核标准，同时也是院校评估是否给奖学金的重要依据。

作品集是根据学生想申请的专业方向，按照个人的兴趣偏好、关注点和关注度来做的创意创新设计，尤其是艺术设计专业，学生要做的作品集，一定要是系统的、逻辑性的、创意理念有趣的，因为一本好的作品集是学生艺术设计能力的直接体现，所占比重为50%。简单地从量上来看，一般作品集由3~5个大课题组成，同时融入基础绘画部分，排版时的尺寸一般为210mm×594mm。本科20张、研究生60张左右的量，打印出来相当于一本书。

这么大的量，其中的精华部分是好的课题选择，通篇体现学生对申请相关专业理念的理解，同时展现设计思维方法的应用和设计逻辑、应用二维或三维软件的能力，以及排版审美等。如果这些部分做好了，作品集就有了灵魂，也就有了60%的成功率。

　一本好的作品集，在制作过程中，要全程按照院校的要求，熟练地应用相关的创意和设计方式方法，通过扎实的基础和专业度，全面展示相关课题的多元化。"艺术没有界限"，这句话并不是凭空说出来的，现在的社会和相关知识领域都是交叉的，这点在作品集中也是一个重要的体现。如何体现你的多元，关键就是能用多种设计专业的方式方法，并能结合社会学、心理学和高科技知识。如服装设计，就会穿插工业设计、交互设计和视觉传达的知识点，相关的案例如帕森斯设计学院的优秀学生作品，当服装设计针对的用户人群是叙利亚难民时，时尚的服装脱下来经过结构组装，就能成为救生筏或帐篷用来救命和御寒，这个课题很典型地体现了设计的人文关怀和实际应用性。

【学生视角】牟同学：就读于纽约视觉艺术学院

　我在上高中前就确定了自己的专业——交互设计，这是一门艺术和理科结合的前沿学科，既结合了我的美术特长，也包含了我感兴趣的心理学和物理学。

　确定了专业后，我的选校基本上就以全美交互设计本科排名为参考，其中第一名就是纽约视觉艺术学院。传闻纽约有6000多家画廊，丰富的艺术资源深深地吸引了我，因为我希望除了交互设计，在纯艺术方面也能有更广阔的学习空间。

【艺术道路】

　艺术在我的生命中从未间断过。我五岁上幼儿园开始学习国画、书法和舞蹈。虽然小学阶段由于学业暂停了国画和书法，但妈妈出于培养气质的考虑保留了我对中国舞的学习。到了初中，我决定重新拾起国画学习。在别人寒暑假上补习班的时候，我会集中一小段时间专门临摹名画来学习技法和艺术鉴赏。初中时我成功地在深圳外国语学校举办过两次个人国画展，成为深圳外国语学校25年建校史上第一个举办个人画展的学生。初三时我开始学习素描、水彩油画等西洋美术，为未来的艺术专业打好坚实的基础。

　绘画、音乐、舞蹈的学习让我对艺术有了更深刻的见解。因为绘画、音乐和舞蹈是以不同的方式表达思想及情感的画面、曲调和肢体语言。多样化的艺术学习也启发了我，无论绘画、拉琴还是跳舞，我都渴望将"美"展示给所有人。

我在高一、高二举办了两次个人国画展，并在圣诞聚会中义卖国画作品，为贫困山区学校捐款。高一的暑假，我动身前往杭州的中国美术学院进行了将近一个月的学习，浅尝宋画并开始学习创作。这次旅程让我对国画学习增添了兴趣和信心。

【交互设计专业】

交互设计是一个前沿的新兴专业，是介于艺术和理科之间的综合学科。设计交互产品使我与人、与社会连接了起来，我能感受到我在为人类、为社会作奉献。除了美术之外，我对心理学、物理等学科都抱有浓厚的兴趣，因此，交互设计是一个集我擅长和喜欢的学科于一身的"真命天子"。

一开始我对这个专业并不了解，甚至根本不知道是做什么的，我能查到的资料都比较晦涩难懂，以至于我有一段时间陷入焦虑。带着这个疑问，我开始做作品集。但正是通过作品集的学习，我了解了交互设计，也深深地喜欢上了这个专业。在此我也想跟选择专业的同学们说，请务必作出心仪的选择，同时要多作调查和实践来确认自己是否真的适合这个专业。调查可以通过搜索引擎查阅资料，也可以去搜索这个专业的作品集看自己是否喜欢。实践上除了做作品集，还可以参加大学的一些夏校等。

总之，在专业选择上，我的建议是多看、多学和多做，找到目标后专注于目标。

【夏校】

高二的暑假，我启程去了美国参加罗德岛设计学院（RISD）的预科项目，开始了为期六周的学习。

由于RISD的预科学院没有交互设计专业，我选择了同样是设计产品的工业设计专业。

在六周的课程里，我们每周都有设计基础、绘画基础、工业设计等课程，这样密集和多样化的课程设计也让我提前感受到了未来在艺术类院校的生活节奏。

然而夏校的生活并不简单。首先是我在课堂作业中找不到方向，在第一堂课中，四个作业就被否定了三个，第一周更是因发高烧而不得不提前离开。通过不断努力，学期结束时，我得到了所有课程的老师的推荐信。在RISD学习的过程中，我也为自己作品集中一直找不到方向的项目找到了灵感。夏校的经历让我感受到了与国内美术教育完全不同的方式，也让我看到了艺术更多的可能性。

【我的作品集】

我的作品集由四个项目和其他内容组成，其中有一个纯艺术项目（2017年）、两个APP界面与功能设计（2018年、2019年）和一个交互装置（2019年）。

我的作品集做了3年，因此我不推荐大家太过于集中一段时间做作品集或者集中在早期，毕竟人是一直在进步的，也许后面会有更好的想法。

同时，我的作品集每一个项目的工作时间都比较集中。如第一个纯艺术项目是在2017年高二上学期开学之前完成的；第二个项目APP设计是在高二上学期结束时完成的；第三个项目一度成为我的瓶颈，但在夏校的学习过程中找到了灵感，所以也是在暑假回来后的一小段时间内完成的；第四个项目APP的设计也是快速在生活中找到了灵感，加上之前做过APP，有经验且得心应手，所以在一个月内就做完了。虽然现在看2017年和2018年的作品还能挑出一些毛病，但是我在2019年做的两个作品都能看出明显的进步，我相信这也能让心仪的大学看出我的潜力。

我建议想学视觉艺术的同学，如果决定要走这条路，一定要快点开始素描和色彩的学习。绘画基础最好在前期打牢，这样在后面专业课的学习中发展方向多且得心应手，能做出更有自己特色的作品。

【关于标准化考试和GPA】

对于一些艺术生来说，托福确实是很难啃的骨头。英语的学习会占用大量的时间，艺术生也需要在专业课和英语课之间平衡。我个人认为自己在英语上花的时间比作品集还多。标准化考试是一道无法避开的坎，枯燥的英语学习会让人在短时间内感到烦躁，但是去了夏校才明白，之前的英语基础都是有价值的，不然根本听不懂老师和同学在说什么。

在学习托福的同时，我也在学习SAT，虽然艺术类院校基本上不需要SAT，但是学习SAT让我在学习能力上有很大的提升。阅读、语法和写作都能使我未来能在美国更加快速地融入学习环境。

二、专业介绍以及就业方向

针对艺术生的专业分为两个派别：一个是纯艺术（Fine Arts），另一个是艺术设计（Design）。从实用性和将来就业范围以及薪资待遇的角度考量，目前艺术类学生首选的专业多是艺术设计。

纯艺术包含油画（Painting）、版画（Printmaking）、雕塑（Sculpture）、陶瓷（Ceramics）、装置艺术（Installation Art）、摄影（Photography）、行为艺术（Performance）、电影（Film）方向等。纯艺术方向作品集也是对应相关的专业来制作，这些专业一般针对极其热爱纯艺术并立志成为艺术家的学生。但是纯艺术方向在将来就业上没有艺术设计专业面广，故而很多学生选择艺术设计专业，将自己热爱的艺术和将来的就业方向相结合，实现自己价值奉献社会的同时也能使自己的兴趣得以保留和延伸。

艺术设计专业包括交互设计（Interaction Design）、视觉传达（Communication Design）、平面设计（Graphic Design）、新媒体/多媒体设计（New Media/Multimedia）、工业设计（Industrial Design）、产品设计（Product Design）、交通工具设计（Transportation Design）、建筑设计（Architectural Design）、室内设计（Interior Design）、环境艺术设

计（Environmental Design）、动画设计（Animation）、游戏设计（Game Design）、 插画设计（Illustration）、服装设计（Fashion Design）、珠宝设计（Jewelry Design）等。这些看似分散在不同领域的设计专业，其实彼此都有直接或间接的联系，很多专业都彼此衍生和关联，且源头都是生活，无论哪个专业都致力于让我们的生活更美好。所以艺术类专业不是模式化的孤立选择，而是按照学生个人的兴趣偏好、关注点和关注度来做的打破壁垒的创意创新设计。尤其是高标准的作品集准备与展示，一定是涵盖了很多上述提到的专业方向和内容，甚至结合了文理工商学科的技术支撑。因为喜欢所以选择，因为关注所以多元。

下文从就业的难易程度对设计类专业进行排序介绍（排在最前面的专业最易就业）。

1. 交互设计。这一专业是时下就业面最广、薪资待遇也相对较高的一个专业。最直接的理解就是我们生活中贯穿于衣食住行等方面的APP或网页的设计。交互设计像"万金油"，可应用于诸多领域，它存在的目的是让设计服务于人，研究了解用户人群的行为习惯去完善各项产品设计。它是一个方法结合实践的综合体验，具有很强的逻辑性，结合编程等工科学科的应用，涵盖了界面设计、服务设计和统筹管理设计的交互体验，让设计方向和特定用户人群产生更贴合实用的有机互动关系。虽然交互设计兴起时间不长，却成了最受欢迎的专业，无论在美国还是国内，都是被高度认可的很好找工作的职业之一，所以很多学生会选择这个专业作为自己的主要申请方向或双申请的备选专业。

2. 视觉传达。这个专业从字面上理解，就是用自己擅长的特定表现方式，围绕一个主题给特定的人群传达你想传达的意义，通过视觉向人们传达各种信息。它包含的方向很多，如何用字体编排、绘画、平面设计、插画、交互设计等基本要素来做艺术创作，在精神文化领域以其独特的艺术魅力影响着人们的日常生活。视觉传达设计是现代商务服务的艺术，既可以偏视觉交互，也可以包含广告设计、包装设计、店内外环境设计、企业形象设计等方面。更值得强调的是，这个专业与文科类专业的传媒方向结合紧密。以传媒专业为例，它包含了新闻（如传统新闻、网络新闻、新闻摄影）、营销广告（如广告、市场营销、文化政策、文化研究等）、大众传媒（如公共关系等）、媒体发布（如桌面发布、媒体产品、电影与媒体研究等）、创作表演（如创造性写作、表演艺术、剧院艺术等），而视觉传达专业和这些专业紧密结合，专业知识贯穿交互。从实用角度讲，选择视觉传达的同学也会很多。

3. 平面设计。这个专业简单的理解，就是通过可视化的方式，来形象或规律地展示特定的事物或信息。平面设计是一个非常基础实用的专业，是一个所有艺术类专业学生都要具备的基础技能。在作品集中最直观的体现就是排版的功底展示，无论你是任何设计类专业学科，都需要平面设计的知识作为文字、图形、色彩等艺术创作的基础，是典型的二维影像表现。但是平面设计中这些"实战"的细节分类，任一个都能研究到极致。由于平面设计和视觉传达专业的相近度，很多院校将这两个专业统称为视觉传达专业。

4. 新媒体/多媒体设计。依托于视觉传达方向，结合新技术发展的趋势，相对于传统媒体，以数字媒体、手机线上程序、动态三维广告、数字图形等形式展现，利用网络和移动技术向用户提供娱乐和信息的传播展现。这个专业常结合计算机软件以及编程、编剧、音乐和视频拍摄，同时学习市场营销、设计管理、销售等知识，完成通信与媒体的制作交流。

5. 工业设计、产品设计。有的学校将工业设计和产品设计统称为工业产品设计专业。小到锅碗瓢盆、家具设计，大到电子产品、交通工具的设计，只要是我们眼睛能看到的生活中使用的所有物品，都属于工业设计的范畴。一部分学生刚开始排斥"工业"两个字，但当了解工业设计的领域广泛后，则开始对工业设计产生浓厚的兴趣。工业设计集合了美学设计、市场经济学、工学机械相关知识，专注于对产品进行尽善尽美的设计和改造，更新迭代地满足我们对物质生活的需求，由现代工业设计的范围延伸，结合了视觉传达、产品设计、环境设计、设计传播管理、交互设计，是个名副其实的多元化专业，就业面之广让越来越多的学生选择学习这个专业。

6. 交通工具设计。交通工具设计是工业设计专业中的一个细分，属于高端小众专业。主要方向分为汽车外观设计和内部构造设计两大分支。学生结合美学艺术和工程相关的专业知识，和工程师团队协作，同时在校期间也会实习，和汽车部门根据市场定位、品牌营建、成本经济、高效可持续等进行配合，毕业后薪资待遇在国内属于中高水平，但是招聘企业要求相对严格、门槛较高，对学生综合素质要求更高。

7. 建筑设计。建筑设计更是多学科结合的专业，常涉及建筑学、美学、结构力学以及给水、排水、供暖、空气调节、电气、燃气、消防、防火、自动化控制管理、建筑声学光学、热工学、绿化等方面的知识，需要各个技术部门的工作人员密切协作。建筑设计专业在美国各大常春藤院校都有设置，历史悠久，底蕴深厚。想在美国从事建筑设计专业的同学需要完成"4+2"学制，并在满足实习要求后，才能考建筑设计协会资格证书，取得证书后才有了从事美国建筑设计职业的入门条件。

8. 室内设计。室内设计从建筑设计的装饰部分演变而来。它是指根据建筑物的使用性质标准，运用物质手段和建筑原理，创造功能合理、舒适优美、适合人们物质和建筑生活需要的室内环境，一般分为公共建筑空间和居家两个类别。室内设计和我们生活息息相关，与工业产品设计和交互设计紧密地结合在一起，有趣且有发展空间，是很多学生喜欢的专业。

9. 环境艺术设计。环境艺术设计，是结合城市规划和建筑设计，把实用功能和审美功能有机结合的专业方向。学生根据规划建筑的年限与使用人群的分类，利用建筑材质、空间形态、绿化植被、景观设计、生态规划，以及具有使用和审美功能的装置雕塑等，将周边建筑和环境如同艺术景致一般呈现给观众。所以，环境艺术设计专业在建筑设计和城市规划的基础上，将多学科应用其中，是个有趣且有重大意义的专业，将来的从业者会有很高的社会认可度和价值体现。

10. 动画设计。动画设计是个有意思且具有挑战性的专业。动画设计者是个导演，根据剧本作人物设定、场景设定，把整个人物的动作、表情和剧情变化分解后转化为动画。选择动画设计专业常就业于动画公司，也可以作为自由职业者成立个人工作室。动画设计专业更是一个综合体现个人素质的专业，后期特效、广告宣传制作、前中后期的技术呈现、通信和媒体的沟通等，包括做作品集的部分，都需要时间的积累和能力的沉淀。

11. 游戏设计。游戏是很多学生及成人喜欢的放松方式，但游戏设计却是设计界一个很有挑战的专业，它的专业多元，对素质要求非常高，涉及很多个跨专业背景的范畴，如视觉传达、插画设计、工业设计、交互界面设计、电脑编程特效、音乐声效、剧本写作、动画原画、道具场景设计等。游戏设计分为桌面游戏、视频竞技游戏、卡牌游戏等方向，学生一般都会选择专攻一个方向，但是这几个游戏专业方向在逻辑和概念上相通，需要学生多方位、多角度地充实自己的专业能力。游戏设计专业毕业后就业面广，也是前景光明的专业之一。

12. 插画设计。插画设计是一种视觉表达艺术的形式，直观地表现生活感和美的感染力，是唯一作为绘画却没有被归为纯艺术类的专业，所以可以满足很多酷爱绘画，却考虑到毕业后相对好找工作的同学的诉求。插画目前被广泛应用于设计的多个领域，涉及文化活动、商业活动、后期剪辑、影视文化等方面，无疑是一个涉猎广泛的好专业。

13. 服装设计。服装设计分为商业服装和概念服装两大类。很多学生喜欢服装设计并付诸实践，结合自己独特的审美设计潮牌。对这方面感兴趣的同学也可以做一个课题作为辅助申请材料，放在申请的过程中增加自己的竞争优势。

14. 珠宝设计。珠宝设计隶属于时尚设计，是利用宝石和贵金属或多材料来制作首饰的专业。有些院校将珠宝设计归为工业产品设计专业，因为珠宝设计同样需要手绘制图、软件建模、产品设计、宝石鉴定和应用、营销管理、品牌运营等相关背景知识。这一专业对各种珠宝制作工艺有较高的专业要求，将来是专业的技术型人才。

这些丰富的艺术类专业，无疑给学生们在升学道路上多了一个非常好的选择。人类知识的发展孕育了世界的发展；世界的发展开创了更多值得我们深入研究和多学科交叉的新型专业。在我们作重大人生选择时，无论文理工商艺哪个专业，始于兴趣，尽可能考虑专业的多元化，才能在升学的道路上作出最正确的人生选择。

艺术类院校申请小贴士：

　　近年来艺术类院校申请成为一大热门，但核心始终是作品集。提前准备作品集，最晚不要晚于10年级。尽量申请一个艺术类官方夏校，必须是含金量高的夏校，以增强对兴趣的了解。

【本章结语】英国作为理想的留学目的国，受到许多留学家庭的青睐。英国的教育体系、教育风格以及人文环境，与美国有着很大的区别。本章就英国中学与大学的概况、校园文化、学校与专业优势、申请流程作了详细的阐述。同时鉴于近年来艺术类院校申请的热潮，就艺术类专业申请作了详细解读。无论在英国留学，还是选择艺术类院校，最好的准备都是为了更好的结局。

英国留学感悟　　　　　英美留学差异

第四章

让梦想发光

——海外校园生存法则

　　人生中最美好的时光，可能就是大学时代了。海外留学生活更是充满新奇与冒险。面对不同的语言环境与陌生的文化背景，即使读过再多的书籍、看过再多的电影、听过再多的故事，留学生们仍然需要一段时间来适应全新的校园生活。融入大学校园生活，汲取知识并结交师友，安全快乐地度过宝贵的青春岁月，这是我们人生中最难忘的一段时光。

　　申请成功，步入大学，只是迈向校园生活的第一步。在海外留学过程中，顺利完成学业，享受校园生活，结交良师益友，为未来的发展积蓄力量，也是至关重要的。

第一节　全面拓展获得信息的渠道

　　在申请阶段，学生与学校交流的主要渠道有官网、邮件和电话。被录取后，这些渠道依旧在学生与学校的沟通中起着重要的作用。无论学生有怎样的疑问，都可以通过这些渠道与学校的相关部门取得联系。然而，作为新生，初来乍到，有时并不清楚自己到底应该与哪个部门联系才能解决问题。那么，在这种情况下，该向谁寻求帮助，来顺利找到自己需要的资源呢？

一、海外求学五大资源集散地

（一）入学时的迎新会

　　迎新会是国外大学为帮助新生融入校园而组织的一系列入学活动。在迎新会的活动中，新生可以对学校的方方面面有所了解，包括学校的多样资源、社团活动、宿舍文化、周边社区等，具体内容因学校而异。在迎新会中，新生除了可以了解各种信息外，还可以结识志趣相投的同级同学和学长，与其建立长期友谊。

　　除此之外，国外大学还会举办专门针对国际生的国际生迎新会，如斯坦福大学、波士顿学院、东北大学等学校都有自己各具特色的国际生入学活动。在国际生迎新会中，学生可以与来自其他国家的国际生交流生活经验，分享生活故事，找到归属感。活动中也会有来自国际生办公室的工作人员为学生提供专业的指导，普及关于文化冲击（Culture Shock）的相关知识，帮助国际生尽快适应新文化背景下的学习生活。

（二）新生办公室

很多学校都专门为新生设立了新生办公室。有些学校，如麻省理工学院，拥有独立的新生办公室，而包括哈佛大学在内的另一些学校则在学生辅导处（Dean of Students Office）下另设新生办公室。新生办公室的主要工作任务就是帮助学生适应新的学习生活，并及时为学生提供需要的资源。学生可以直接前往或通过致电、邮件等方式，向新生办公室的工作人员咨询相关问题并寻求帮助。通常，工作人员会对解决问题的方向、联系人、关键时间、地点等信息进行详细的解答。即使他们有时无法提供所有答案，也会提供其他教职员工的联系方式为学生答疑解惑。

（三）国际生办公室

一些学校也为特殊学生群体设立了专门的服务项目。对于留学生而言，首先需要了解的就是国际生办公室（International Student Office）。国际生办公室主要负责国际生的政策普及与手续办理，帮助学生了解重要信息，如移民政策、签证文件与手续、报税交税、学生工作等。通常，学生可以在正常工作时间与工作人员取得联系，寻求相关帮助。包括西北大学在内的部分大学还特别设立了紧急联系电话，如学生在入境时遇到特殊情况，可以直接拨打电话，与学校取得联系并获得帮助。

（四）其他学生服务项目

有些学校还有其独一无二的学生服务项目，比如麻省理工学院的学生支持服务（Student Support Services）。该服务被学生们亲切地称为S^3，无论是上课请假还是申请实习，甚至是想要放松闲聊，学生都可以与S^3联系。学生在生活和学习中遇到的方方面面的困扰，都可以求助于此类学生服务项目。

此外，对于国际生而言，许多学生面临的学习困境在于写作障碍。多数大学都有写作中心（Writing Centre）办公室，有工作人员和志愿者专门为学生服务，指导他们写作。在美国大学，还有另外两种资源能够在学习上给学生带来巨大帮助。第一种是同侪辅导（Peer Tutors）。如果学生在学习的某些方面或一些入门课程的学习上存在困难，他们可以通过同侪辅导提供的额外在线课程进行学习。通常最初的课程教学是免费的，但长期的辅导教学会收取小额费用。第二种是求职中心，可以帮助学生更好地利用暑期时间参加实习或社会公益活动，获得工作经验等。在毕业求职季，求职中心同样会给学生找工作带来方向的指引和细节的指导。

（五）中国学生学者联合会

美国学校入学是不会有人去接学生的，但中国学生学者联合会（Chinese Students and Scholars Association，CSSA）会接新生。基本上，美国名校都会有CSSA，比如加州大学系列、波士顿大学、麻省理工学院、密歇根大学安娜堡分校等。作为中国学生学者的组织，它们发挥着积极重要的作用。有些学校的CSSA甚至为新生编写极为翔实的学习生活指南，让新生在入学之前就对当地与学校的生活有全面了解。

二、签证、学前测试等行前准备不可遗漏

在正式开始学习生活之前，还有一些重要的环节需要准备。

（一）签证申请

1.美国签证。在去往留学国家之前，最值得留学生关注的环节就是留学签证的申请。美国常见的留学签证种类有F-1签证和J-1签证。根据美国国务院的官方信息，两种签证最大的不同是：J-1签证是针对那些参加美国国务院批准的交流访问者计划的留学生或访问学者的；而F-1签证则开放给其他所有国际学生，一般适用于更普遍的留学情况。

美国签证申请小贴士：

美国签证代缴费、护照传递一站办理   "美签办理"二维码

中信银行受美国大使馆授权，为申请人提供网点柜台、官网、手机银行等多种缴费渠道。申请人凭缴费参考号使用现金或银行卡可在全国1400余个网点就近办理，也可通过线上渠道便捷缴费。

如果申请人曾经获得过美国签证，且失效时间不超过1年，此次申请签证的类型与上次一致，那么申请人可能符合美签"免面谈"的条件，只需将申请材料递交至中信银行网点，由中信银行为申请人将材料传递至美国大使馆签证处，审批完成后由中信银行专职信使到大使馆领取。"免面谈"服务免去了申请人往返奔波大使馆之苦，节约了申请人大量时间和差旅成本。

如果申请人不符合"免面谈"条件，仍需前往美国大使馆面签，签证处会在签证审批完毕后，将全部护照交给中信银行专职信使，中信银行负责将护照传递至申请人指定的领取网点，申请人凭有效身份证件及相关材料即可领取护照。中信银行遍布全国的1400余个网点均可为申请人提供护照传递服务，方便申请人就近领取护照。

申请美国留学签证通常要准备以下材料：

● 护照（有效期须超出在美国停留期6个月及以上，如有旧护照也要一同携带）。

● 由学校提供的I-20表格（针对F-1签证）或DS-2019表格（针对J-1签证）。

● 资产证明，证明学生或其家庭有负担留学开支的能力。一是银行存款证明，细分为时点和时段两个维度；二是家庭可变现资产，如房产证、行驶证、股票交割单、有价证券等。当然如果能附上父母双方银行账户近6个月流水会更加稳妥。

存款证明办理小贴士：

美国大使馆对于存款证明的期限没有严格的规定，一般建议存期在6个月以上，可以父母或者直系亲属的名字开立证明，但需要证明申请人与存款证明开具人的关系。存款冻结日期根据不同学校要求决

定，大部分要求解冻日期在签证之后、正式开学之
前。与其他国家不同，美国高校要求申请者在申请
时就提供存款证明。若申请者同时申请5所高校，则
需要向5所高校分别提供存款证明，这种情况仅需提
供一笔资金，并向银行提出开立所申学校数量的存
款证明份数即可。存款证明金额至少需要满足申请者在美国就读期间
的学费和生活费总额。

存款证明二维码

- 家庭材料原件：身份证、户口簿、全家福照片及去过其他国家的照片。
- 照片：近3个月内彩色免冠照片两张，51mm×51mm，白底，露双耳。

准备好上述材料后，学生可以登录美国签证中心官网，填写DS-160表格（或前往中信银行要求协助办理）并预约面谈。该表格需要填写的内容较多，学生应仔细检查，确认信息无误后再提交。同时，因美国大使馆每天提供的面谈机会有限，建议学生尽早安排签证申请。即使面谈过程中发生意外，学生没能顺利拿到签证，也有充足的时间再次准备材料，重新提交申请，以确保万无一失。值得一提的是，在整个签证申请过程中，学生遇到任何问题都可以通过邮件或官网与学校国际生办公室联系并寻求帮助，确保顺利入学。

2.英国及其他留学目的地国家的签证。相比美国签证，其他留学目的地国家的验证拒签率相对较低。办理前，按使馆要求整理好相关递签材料即可。

自2018年起，中信银行与英国大使馆合作推广英国"如意签"移动签证服务，即大使馆为中信银行贵宾客户提供上门采集指纹和接受申请材料的移动签证服务。上门地点可以是中信银行网点，也可以是申请人指定的地点。申请人可联系中信银行网点提出申请，由中信银行联系大使馆和签证中心提供上门服务。该服务具有预约灵活、上门服务、人数不限、省时

省力等特点，尤其是15个英国签证中心以外城市的申请人，无须长途跋涉到其他城市去申请签证，节省了大量时间和资金成本。

除美国、英国外，很多留学生还会选择澳大利亚、新西兰等英语国家。这些国家学生签证拒签率不高。在准备好足够资产证明的情况下，拒签概率较低。

中信银行与美国大使馆自1998年起开展合作，获美国、英国、新加坡、以色列、澳大利亚等多国大使馆权威授权，有着丰富的签证经验。中信银行"全球签"业内首创线上签证平台，为客户提供覆盖70余个热门国家和地区的签证咨询、翻译、填表、预约、代送、协助购买保险、预订酒店机票、面签指导等服务。留学生家长再也不用因为沟通障碍和各国签证复杂的办理流程对海外探望子女望而却步，可以放心地享受说走就走的旅行。

"全球签"二维码

（二）学前测试（Placement Tests）

在开学前，很多学校会要求学生参加学前测试。常见的学前测试多为数学测试和写作测试，每所大学的具体情况因学科而异。例如，麻省理工学院只要求新生参加写作测试，而华盛顿大学的学前测试则包括化学、数学、外语和音乐历史理论。一般情况下，如果学生有相应大学先修课的成绩（AP、IB、A-Level），也可以向学校申请免试。

学前测试的目的是帮助学生选择适合自己水平的课程，结果对学生后续的成绩不会造成任何影响。学生只需发挥自己真实水平即可，不需要过于担心。有些学生为了加快学业进度，提早毕业，会选择尽量提高自己学前测试的分数。然而，这样的做法可能存在风险，学生进入与自己水平不匹配的课堂后，跟不上进度，最终成绩不理想，对GPA会产生负面影响。伊利诺伊大学厄巴纳—香槟分校也在官网上明确指出，如果学生完全没有接触过某一门学科，就没有必要参加该学科的学前测试。因此，学生需要充分认识到，学前测试的最重要目的是为学生匹配最适合自己的课程，避免好高骛远。

（三）各类费用缴纳

海外高校一般通过邮件等形式推送费用支付提示。建议不管是假期还是学期中都要及时支付学校的各种账单。不及时支付账单且没有提前与学校沟通可能被认定为违反学生签证的获签条件，存在签证被取消的风险。

留学中最需要关心的问题之一是学费的按时支付。留学生一般使用电汇模式将学费汇至境外院校的指定账户。留学生家庭在中信银行的网上银行和手机银行办理电汇，只需填写一次汇款单。在保护客户信息安全的前提下，填写一次汇款单后，以后汇款时，系统将自动把联系人信息调出，客户只需核对，无须再手工填写境外银行名称、地址、SWIFT代码、收款人名称、账号等信息。同时，汇往主流留学国家的跨境汇款已支持汇款进度查询。

跨境汇款二维码

留学汇款小贴士：

为了让跨境汇款业务变得更加便捷、高效，中信银行不断优化汇款方式，推出了创新型汇款产品——"留学汇"。其优势主要包含以下几个方面：

"留学汇"二维码

> 额度便利：不占用个人便利化购汇额度，支持全额到账，缴大额学费更省心。
>
> 操作简单：线上填信息，全程中文指引，无须提前购汇，汇款更轻松。
>
> 查询方便：受理进度短信提醒，随时随地手机银行自助查询。
>
> 优惠权益：办理护航白金卡，享跨境汇款手续费5折优惠。

当然，学费的缴纳离不开外汇的兑换，俗称购汇。在银行购汇的牌价一般看"汇卖价"，即银行向客户卖出外汇的价格。购汇时分为钞户与汇户，建议选择汇户，有外币提钞需求时再在银行将汇户里的钱转入钞户。

结售汇二维码

三、多元化的海外大学校园生活

想要拥有充实的大学生活，绝不仅仅是完成课业这么简单。社团活动、宿舍生活、休闲娱乐、实习工作等，这些都是海外大学校园生活重要的组成部分。下面将逐一介绍课余校园文化的各个方面，还原最真实的留学生活。

（一）五彩缤纷的社团活动

丰富多彩的社团活动是大学生活的特点之一。很多新生刚入学，面对五花八门的活动不知从何下手。参加社团过少怕无法融入同学，参加社团过多又怕影响正常课业，新生到底该如何选择社团活动呢？

麻省理工学院的博客上有这样一篇文章，题目是《1年级新生生存指南》（*Surviving the First Year at the Institute*），其中写道："学校有超过600个社团和组织，学生想参加其中几个是很容易的，但想要在保证成绩和睡眠的同时参加过多社团是不可能的。新生需要找到平衡，不要给自己太大压力。高年级的学生通常对自己有更清晰的规划，因此他们基本只参加2~3个社团，而不是6个。不要把所有事情都挤到第一学期完成，因为大学4年还很长。做现在能做的，而不是所有想做的。"

可见，在第一年，学生应量力而行，不必参加过多的社团。这样不仅能更充分地享受自己加入的社团活动，也能为校园生活的其他方面留出足够的时间。大学有四年，无论在这四年中的哪个时间点，学生都可以尝试新鲜事物，加入新社团，不必担心错过机会。

值得一提的是，大多数学校都有专门为中国留学生组织的CSSA。CSSA是中国留学生与访问学者交流的主要方式，很多学校的CSSA都会为留学生举办具有中国传统特色的活动，比如，哈佛大学CSSA每年都会为春节期间留在海外的学生主办常春藤春晚。CSSA也是中国留学生内部分享实习工作机会的平台，在许多大学CSSA的公众号上，都有着各种各样对该校学生开放的公司实习机会。

（二）形色各异的兄弟姐妹会

兄弟姐妹会又被称为Greek Life，因其常用希腊字母取名而得名。那么，兄弟姐妹会到底是做什么的呢？

举办派对和活动是兄弟姐妹会的常见项目之一。因为可以收取相对较高的成员费，兄弟姐妹会举办的活动通常更新奇，如游艇、攀岩等，开销也比一般社团活动大。但兄弟姐妹会的意义绝不仅限于此，一些人加入兄弟姐妹会的原因是其背后强大的关系网和丰富的信息资源。每一个兄弟姐妹会的成员在毕业后都会成为新成员的社会资源，为新成员提供理想的实习、工作机会。兄弟姐妹会就像一个稳定的社交圈子，圈子内资源共享，成员互帮互助。这些大学中的社交圈子将成为学生一生中最重要的社交圈子，并在日后的职场中发挥重要的作用。

不同的兄弟姐妹会往往传统也不同。学生可以通过与学长沟通的方式，更多地了解本校兄弟姐妹会后再决定是否加入。是否参与兄弟姐妹会是一个完全自愿的选择，如果学生感觉这种社交方式不适合自己，也不用担心错过社交机会。毕竟，大学生活中还有很多其他场合可以结交新朋友，建立自己的关系网。

（三）无处不在的派对文化

派对文化也是国外大学生活中的重要一环。为了缓解学习生活中的压力，学生喜欢用派对的方式来彻底地放松。适当的放松的确有必要，然而，在英美学生的周末派对上，学生也需要增强自我保护意识、掌握自我保护常识，在安全的前提下休闲娱乐。需要提醒的是，任何大学都不存在绝对的安全，关键是提高自我保护意识和遵守法律规则。

四、校园打工需符合当地政策

一部分学生会选择在校内打工赚取生活费。常见的工作岗位有助教、校园导游、图书管理员、办公室助理等。在开始打工之前，作为国际生，特别需要注意的是签证限制的工作时间和工作需要办理的相关手续，具体因签证类型而异。学生可以与国际生办公室的工作人员沟通，了解具体政策，选择适合自己的工作职位，在完成手续后，顺利合法地开始工作。

谈到工作机会，必须先了解签证政策，比如CPT（Curricular Practical Training）。

CPT是持F-1签证的学生在校期间实习的身份。CPT期间的工作时间有明确规定：只有寒暑假和最后一学期可以全职，上课期间只能做兼职。特别需要注意的是，如果做了超过12个月的全职CPT，临时工作许可OPT（Optional Practical Training）就没有了，这是非常危险的事情，涉及毕业后留美找工作。

申请CPT必须提供和专业相关的工作或者实习的录取通知，一般还需要注册CPT相应课程。CPT由学校直接批准。

校园生活小贴士：

校园资源多挖掘

校园文化多观察

校园工作看CPT

第二节 大学宿舍提供沉浸式留学体验

一、每栋宿舍楼都有自己独特的社区文化

宿舍文化是大学生活的特色。海外大学通常在宿舍里设立宿舍顾问（Resident Advisors，RA），它也是新生寻求帮助的重要渠道。RA通常由高年级本科生或研究生出任，他们在引导新生更快地适应宿舍生活的同时，也为学生熟悉其他方面的学习生活提供帮助。

除了平时的答疑咨询，RA也会为学生举办其他活动，帮助他们更好地融入校园生活。卫斯里安学院的RA每周需要拿出一定时间为自己负责的学生组织社交活动。麻省理工学院的研究生宿舍顾问（Graduate Resident Advisor，GRA，由研究生担任）则会定期举行学习假期（Study Break），为学生准备各种各样的当地饮食，缓解平时学业压力的同时，也为新生提供社交和熟悉学校的机会。

目前西方有许多大学采用住宿学院（Residential College）的模式，在大学内营建中小规模、学科交叉、更具认同感的学生社区。传统住宿学院模式于12世纪传入法国后被欧化，13世纪在英国特别是牛津大学发扬光大。哈佛大学建校时将住宿学院制引入美国。

以常春藤名校普林斯顿大学为例，自2009年改革后，住宿学院从两年变成四年和两年两种类型。每所四年制学院能容纳400名一二年级学生、100名三四年级学生及10名硕士生/博士生；而每所两年制学院能容纳475名一二年级学生及10名硕士生/博士生。每个住宿学院配有院长（Master）、主任（Dean），学习主管（Director of Studies）负责学生有关学业方面的

指导咨询，学生生活主管负责帮助学生建立社区认同感，为学生个人及社交方面的问题提供帮助。另外还会选出15位高年级学生作为学院住宿顾问（Residential College Advisers），与硕士生/博士生一起为低年级学生在生活及学习方面提供帮助。每个学期还会有一位住院老师（Faculty in Residence），通常是本校老师或者访问学者，住在学院的公寓里，与学生有更广泛的交流。在普林斯顿大学，每个住宿学院会有自己的院服、徽章，以增强学生对社区身份的认同。

在实行住宿学院制的大学，住在一个学院的并非一个专业或一个系的学生，很可能是大学中关系最为密切的同学，所以无论是校友会还是找工作时的社交网络，这类大学的校友往往以住宿学院进行身份认同。

对留学生而言，宿舍就是学生在学校的家，每栋宿舍楼往往有自己独特的社区文化。在入学前，学生可以自行选择喜欢的宿舍与房间类型，包括单人间、双人间、三人间、四人间和套间。

同宿舍楼的同学通常会有更多的机会一起学习和休息。通常，宿舍楼也会为学生举办各种各样的活动来缓解学业压力，如科技分享（Tech Workshops）、电影之夜（Movie Night）、壁画设计（Mural Painting）、K歌之夜（Karaoke Night）等。

有些学校的宿舍也有着自己独特的传统。波莫纳学院Sontag宿舍（宿舍名）有天空花园，学生可以在里面一边享受美景一边学习；麻省理工学院东校区每年都会在宿舍门口自制过山车；欧柏林学院的Kahn Hall则允许学生从宿舍的任何一侧控制整栋建筑的能量消耗指数。这些传统都是学生们引以为傲的宿舍文化，能够增强学生的归属感，丰富学生的学习生活。

二、校内住宿比校外住宿节省生活费

在中国，学生住在学校宿舍，一住就住到毕业离校，节假日也占用宿舍。但是在国外，这似乎很难实现。在美国，每当寒暑假来临和开学日，你会发现学生宿舍楼前停着巨大的箱车，因为寒暑假学生必须腾空宿舍。有的学生会将自己所有行李打包，放在当地学生的家中，但更多的学生选择花钱请仓储公司提供服务。

除了寒暑假清空宿舍，并不是所有大学都有条件让所有大学生住在校内。许多学校只保证大一新生能住在校内，鼓励其他年级学生出去租房住。在美国，除了像普林斯顿大学这样的学校能保证本科生、硕士生甚至博士生都住在校园，基本上通行的方式是从大二开始在外租房。

国外留学生一般有四种主要的住宿方式可供选择：校内住宿、校外合租、校外独立租房、寄宿家庭。

对于身处异国他乡的留学生群体来说，相比校外住宿，住在学校宿舍毋庸置疑有诸多好处，例如社交生活更加丰富，更容易获得对国外大学生活的沉浸式体验；学校提供更好的安全保障并满足学生大部分生活所需，宿舍会配备生活必需的洗衣房、健身房、小型超市，学生可以更加专注于课业学习，尤其是随时可使用学校的图书馆、实验室、健身房、食堂等设施，节省通勤时间和交通费用；无需家具等设施，节省住宿费用。

许多大学为学生提供了多种类型的宿舍，不同类型宿舍的床位数、价格、配备设施等均有所差异，以供学生根据自己的需求进行选择。尽管部分大学宿舍的租金高于校外租房的租金，但总体来讲，根据斯坦福大学官网的统计，住在校外的学生比住在校内的学生平均多花10%~35%的生活费。正因为在校内住宿的诸多益处，大多数留学生选择校内住宿，但国外大学为留学生提供的校内宿舍往往有限，并非所有留学生都能幸运地分到校内宿舍，因此也有部分学生不得不选择校外住宿。

校外住宿主要包括租房和寄宿两种方式。在校外租房除了需要承担更高的住宿费用之外，往往还需要考虑学校的通勤时间、交通费用、置办家具、房屋周边的便利设施、与房东签订租房合同（是否需要抵押金、房租是否涵盖水电费等）、提供收入证明、寻找合租伙伴等问题。如果是留学的第一学期，学生还没有海外银行借记卡，可以拿到签证后在中信银行申请开立海外账户，方便到达留学目的地后支付相关费用。目前，中信银行网点提供美国、加拿大、澳大利亚和中国香港合作银行代理见证服务。校外租房无疑会带来不小的经济压力和精神负担，但从另一个角度来看，它也是海外留学生锻炼各项生活技能、学会独立生活的必经之路。毕竟，在国外读书，除了汲取优秀的高校资源，学会独立思考和安排生活也是尤为重要的。

无论是在英国、美国还是加拿大，在大学附近都有许多专为学生提供的公寓。许多大学，如美国的斯坦福大学对于未分到校内住宿的同学，会提供有补助的校外住宿，帮助留学生解决住宿问题。在预算充足的情况下，校外租房的优势显而易见：多种公寓可供选择、更加独立和自由的私人空间、更好的锻炼独立生活能力的机会等。一般来讲，面临租房选择时，大部分学生仍会通过找室友合租的形式分摊房租以减轻租房的经济压力。

　　寄宿家庭也是海外留学时不错的选择，即和当地房东一家人共同生活。它为留学生提供了一个家庭式的生活环境，是打破社交壁垒、深入了解异国文化、提升英语口语水平的一个选择。但低龄留学生选择这种形式较多，而大学以上的留学生基本不愿意住在寄宿家庭，除了彼此打扰产生的不便，还出于对安全的考虑。

　　如图4—1所示，在受访的留学生人群中，住校是目前最主流的选择，占全体受访者的一半以上（53.2%）；其次是校外合租或独立租房，选择二者的分别占到了20.8%和13.3%；再次是选择住在寄宿家庭，占比为6.9%；剩下的5.8%则选择住在亲友家、家长陪读或其他住宿方式。

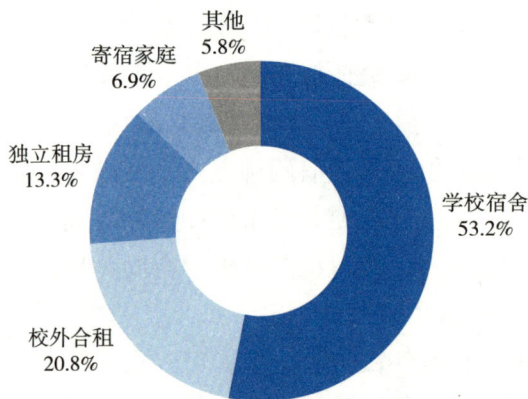

图4—1　留学期间的居住条件

　　不同国家的留学生对于住宿有着不同的选择。如图4—2所示，美国的留学生超过六成居住在学校宿舍，接近三成的学生在校外租房，寄宿在当地家庭的留学生较少。在美国，每所大学有其独特的宿舍分配政策和费用标准，如麻省理工学院有5栋单人学生宿舍楼和2栋提供给已组建家庭或有子女的学生的公寓可供学生选择，留学生一般根据自己的情况选择适合自己的宿舍，因此赴美留学生校内住宿的比例较高。

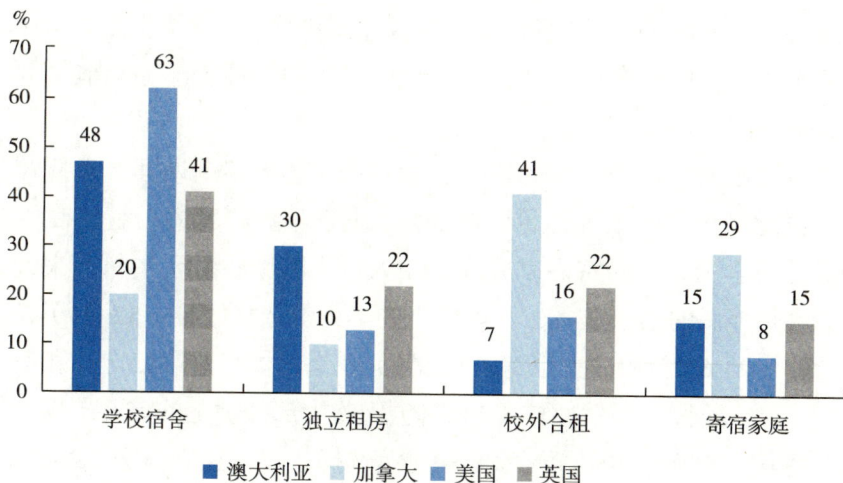

图4—2 不同国家留学生的居住条件

从统计数据可以看出，校外合租是最受加拿大留学生欢迎的居住方式，其次为寄宿家庭，而在学校住宿和独立租房的比例相对较小。作为留学费用最昂贵的国家之一，在加拿大的居住成本同样很高，部分大学校内住宿成本甚至高于校外租房的成本。不过加拿大的大学允许学生在课余时间通过兼职的方式补贴日常开销，而校外合租显然为学生打零工提供了更加便利的条件。同时，寄宿家庭也是留学加拿大的国际生普遍的居住选择，学校会根据学生的要求将其安排到学校附近的当地家庭居住，这些家庭全部通过学校或者当地教育委员会的审查，具备接待国际生住宿的条件，符合环境、主人的社会背景等要求。加拿大的寄宿家庭租金较低，学生与寄宿家庭的关系也较一般房东与房客更紧密，是加拿大留学生不错的选择。

英国留学生的居住条件与美国类似，大部分学生选择校内住宿，其次为校外租房，寄宿家庭相对较少。英国大学同样为学生提供单人间、双人间、单间公寓等多种类型宿舍，最常见的是单人间，也是性价比最高的宿舍类型。校内住宿最便宜的房型是双人间，但数量较少，一般不好申请。校外租房不同城市房价水平不一，伦敦市内的房价远远高于市外的房价。

澳大利亚留学生也以校内住宿为主，其次有三成的学生选择校外独立租房，还有15%的学生选择寄宿家庭。在澳大利亚校外独立租房的价格（约为每周100~400澳大利亚元）与校内住宿价格（约为每周285~410澳大利亚元）接近，因此在校外独立租房是许多想要锻炼自己独立能力的学生的不二选择。

分阶段来看，随着年龄的增长，学生独立能力逐渐增强，选择校外租房的人群比例会有所上升（见图4-3）。出于年龄的考虑，就读高中及以下阶段的留学生会选择寄宿家庭或有家人过去陪读；对于本科生来说，住学校宿舍是他们的第一选择，一半以上的学生都选择住校（52.8%），而在校外合租（24.6%）和独立租房（12.9%）则是本科生的第二选择和第三选择；到了硕士阶段，虽然住校（54.5%）仍为大部分硕士的首要选择，但更多硕士将其作为刚抵达留学国家时的过渡选择，校外独立租房（25.9%）的比例明显上升。

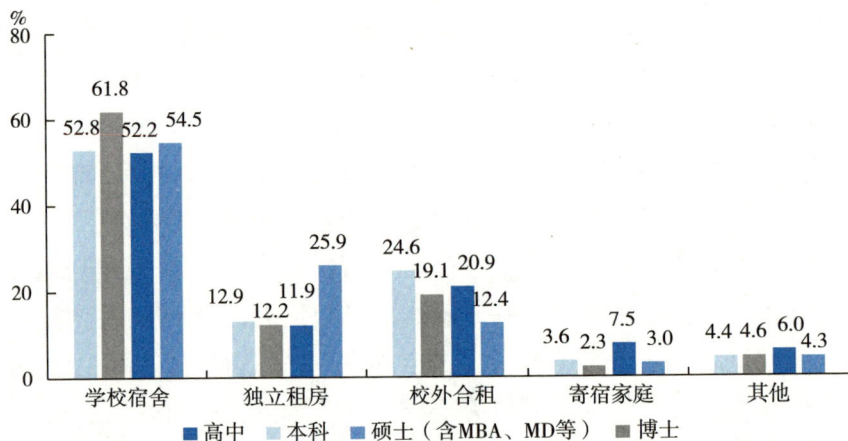

图4-3　不同留学阶段学生的居住条件

许多学校的官网会对留学生如何节省生活开支给出建议，其中包括对住宿方式选择的建议。提前做好这方面的功课，不仅可以做好经济上的规划，也能提前安排一个轻松适宜的居住环境。

第三节　合理规划找到属于自己的学业成长路径

刚进入大学，学生常常被眼花缭乱的课程所吸引，许多课程从未听说过，都想去尝试一下。从专业的选择到课程的安排再到未来的发展，学生需要从宏观的角度出发，系统地规划自己的学术道路。在此过程中，学校也为学生准备了充分的辅助资源，帮助学生顺利完成学业。本节将从探索专业谈起，详细介绍学生可利用的学校资源，为学术道路的规划提供参考。

一、探索课程可帮助学生发现自己的专长

此前提到，美国本科教育通常不要求学生刚进入学校就立即确定自己的专业。一般情况下，学生有1~2年的时间来探索自己的兴趣，发现自己的优劣势，再作出选择。那么，有哪些资源可以帮助学生完成这样的探索呢？

首先，学校各部门都会设立专业探索课程与项目，帮助学生了解各个专业。以麻省理工学院为例，所有学生在进入大一时都处于无专业状态，到大一春季学期中旬，才需要确定自己的专业。因此，各部门专门为大一新生开设了新生探索课程（First-year Discovery Subjects）。这些课程通常内容新颖有趣，占用时间较少，在不耽误正常课业的情况下，让学生对专业有更直观的感受，帮助其作出选择。例如，玩具设计就是麻省理工学院机械工程专业的探索课之一。在这堂课里，学生可以完整地体验产品设计的流程，并了解成为机械工程师所需的基本素养，从而判断自己是否适合该专业。

其次，除了专业探索课程，学生也可以通过参与研究项目的方式来了解专业。加州大学戴维斯分校的博客上分享了这样一个故事。设计专业的Ben本来计划的学习方向是时尚设计。在大三的时候，他参与了一个研究项目，方向是可穿戴技术（Wearable Technology），内容是设计可以测量病人生命体征的手套。Ben表示，这个课题使他对时尚行业有了新的理解。此

后，Ben的方向从纯设计转向了时尚企业与社会，致力于用时尚元素解决现实问题。参与研究项目能打破学生对某个专业的刻板印象，让学生切身体验到专业的魅力，进而作出选择。

最后，学生也可以通过与教授、学长的沟通来加深对某个专业的理解。同时，在选择专业的过程中，学生也不必过于纠结，因为学生可以先进入某个专业进行尝试，如果发现更合适的专业，再进行调整。斯坦福大学官网指出，有时候，检验一个专业是否适合自己的最好方式是试一试（try it on）。先上一些专业课，参加一些相关活动，再来评估该专业是否适合自己。如果不适合，只要合理规划，转专业永远都不晚。

【学生视角】杜同学：就读于维克森林大学生物化学与分子生物学专业

【我喜欢维克森林大学的小班制教学】

维克森林大学在著名的北卡三角地带，是一所综合性大学，其突出特点就是小班制教学。在这样的环境下，教授对每个学生的关注度更高，制定更适合学生的教学方法，同样，学生也可以更好地与教授互动。学生与教授之间更加密切的联系和交流，是这所学校最吸引我的地方。

【教授的研究组会让我摸到研究的门】

我的生物课教授会组织每周一次的学术组会，每次一小时，具体内容就是在会议前阅读选定的生物方向的论文，在会议的时候参加的研究生和教授一起讨论分析这篇论文的图表、实验方法、意义等，如果有疑问就一起讨论解决。我是唯一在大一就参加的学生，在这个过程中受益匪浅。夏天的时候，我给PGYE大师课项目做助教，每个周末下午带领学生进行课程讨论，我认为这得益于我在维克森林大学研究组会的锻炼。

【研究之路是我的长远目标】

留学对我来讲更多的是拓宽了视野，认识了许多不同的人，也接触了许多不同的事情。这些都锻炼了我辩证思考的能力，也在逐步完善我对世界的认知。毕业后我会继续深造，目前是按博士申请在作准备。我的长远目标就是作研究。

【人生路上勿盲从】

出国留学是一个很重要的决定，起航之后就很难回头。所以，我建议在作出出国留学的决定前，先找到自己出国的原因、兴趣、目标，不要盲从，作出不会让自己后悔的决定。

二、全方位利用学校资源完成学业

为保障学生顺利完成本科学业，合理规划未来发展，学校为学生提供了各方面的资源：从帮助学生节省开支的奖学金政策，到辅助学生进行学术探索的研究资源；从为学生提供实习机会的校友资源，到带领学生了解多元文化的海外项目；等等。

（一）奖学金政策

上一章简单介绍了助学金（Financial Aid）的申请流程。需要注意的是，助学金是每年更新的，每一年学校都会根据学生家庭收入情况的变动，调整助学金的具体金额。因此，学生需要每年更新助学金申请表并提交给学校，再按照学校的要求提交相关税收文件完成申请。

助学金的来源有很多种。学校可以直接从经费（Grant）中拨款给学生，也可以通过奖学金（Scholarship）的形式发放给学生。与无条件给出的经费不同，有些奖学金是与学生的校内表现挂钩的。比如芝加哥大学的杰出奖学金（Merit Scholarships）就是用来奖励学生出色的校内外表现的，除转校生外，所有学生都会自动进入筛选系统。除了经费与奖学金，有时学校也会要求学生通过校园工作来赚取一部分助学金。这些信息都会详细标注在学生的助学金通知信（Financial Aid Award Letter）中，学生应仔细阅读，以便顺利获得助学金。

此外，学生也可以自主申请一些校外奖学金。学生可以通过学校官网查询自己拟申请的奖学金类别，再通过优异的GPA与其他活动成就进行申请。尽管开放给国际生的奖学金种类有限，但对信息的充分了解依然能够帮助学生拿到最大化的支持与保障。

（二）学术研究机会

研究项目是很多本科生课业之余选择的学术活动。通过参与感兴趣的研究项目，学生可以充分探索学科领域，扎实掌握相关知识，全面体验团队氛围，并与教授或研究助理建立良好关系，为未来更多的学术机会及研究生申请打下基础。每所综合性大学都有自己独特的研究项目，学生可以在官网查询，找到适合自己的研究机会。

为帮助新生熟悉研究氛围，很多学校设立了专门针对大一新生的研究活动。例如，普林斯顿大学开设了多个基于研究的新生研讨会（Freshman Seminar），在研讨会中，学生将加入小组，在一名教授的直接指导下完成感兴趣的研究课题。普林斯顿大学的Re Match项目更是按照兴趣，将大一、大二年级的本科生与研究生进行配对，形成研究小组共同进行暑期研究。

每所大学都有关于不同课题的研究项目，其中大部分会长期招募学生助理。学生可以通过参加研究项目说明会、浏览部门网站等方式找到这些研究机会。有些大学也建立了专门的信息系统。比如，芝加哥大学的PIVOT系统收录了校内外的一系列研究项目，并标注了课题、资金、截止日期等重要信息，以帮助学生找到研究机会和潜在的项目合作者。有时，学生也可以走进相关部门的办公室，直接与教授沟通，了解是否有适合自己的研究项目。除了加入已有的项目，有研究兴趣的学生还可以建立自己的研究项目。麻省理工学院的UROP项目（Undergraduate Research Opportunities Program）允许学生在与指导教授沟通后，自己设立研究项目，提交研究提案，并申请研究资金。申请通过后，学生可以与指导教授一起，投入自己的研究项目中。

很多学生会担心自己对课题的了解不够，学术能力也有限，不足以参与一些研究项目。然而，大部分教授都了解这种情况，在研究过程中，他们愿意帮助学生加深对学科的理解，提高学术能力。研究项目不仅是一个接触高精尖领域的机会，更是学生锻炼自我、超越自我的重要途径。斯坦福大学官网指出，在研究过程中，学生需要自主设立目标、制订计划、实施计划并最终展示推广，在这样的过程中，他们获得的技能会使其受益终身。因此，学生从研究项目中收获的绝不仅仅是学科知识的提高，更是整体学术素养的飞跃。

（三）校友资源

毕业校友可以为在校生提供大量工作和实习的机会。每个学校都会成立自己的校友会，在节日或重大活动之际，学生有机会接触到回学校演讲的知名校友。学生往往会在每一次用心的参与中得到不一样的启发和收获。

文理学院的校友文化往往更为浓厚。韦尔斯利学院的校友会虽然在体制上独立于学院本身，但其成员却可以参与学校重要岗位的竞选，并且活跃在学院的一系列项目与志愿者活动中，为在校生提供宝贵的交流机会。以强大校友会著称的密歇根大学安娜堡分校是美国老牌名校，其毕业生在美国的就业市场上备受欢迎，每年全美各大公司与用人单位都会到该校选拔毕业生，除了该校强大的教学资源和师资团队，以及给予学生的优质教育，其强大的校友会也是重要的因素之一。

在美国，毕业生找工作时，校友资源的作用非常明显。普林斯顿大学的学生常戏言，在华尔街找工作时，当你说出你在哪个饮食俱乐部时，你总能发现面试官中有你的校友。

（四）海外交流项目

国外大学通常会给学生提供交换生的名额。通过交流项目，学生可以去往不同国家学习和生活，在了解不同文化、提高语言水平的同时，结识新朋友，学习探索自己感兴趣的内容，拓宽专业领域。

海外交流项目有很多种，学生可以自由选择自己的方向。麻省理工学院的MISTI（MIT International Science and Technology Initiatives）就给学生提供了多种活动项目。通过申请，学生可以进入国际公司实习，可以到海外大学进行研究，还可以到贫穷地区支教。MISTI会根据学生的专业和能力，为学生筛选最合适的活动项目。加州大学系列的海外教育项目

（Education Abroad Program，EAP）则更侧重于学生的学术提升与研究经历，学生通常可以通过相关专业的EAP，去往其他国家的大学进行暑期学习研究，获得的学分可以转换为必修的学分。

有些项目是有一定语言与GPA要求的。在申请这些项目之前，学生应认真了解项目要求和截止日期，做好充分准备，在不影响学业的同时增强能力、拓宽眼界。

（五）图书馆

国外大学的图书馆是个取之不尽的藏宝地，馆藏资源丰富，建筑造型或恢弘壮观，或独特别致，甚至成为游客的热门"打卡地"。大量的经典古籍、学术财富被收藏在这些知名图书馆中。耶鲁大学的拜内克古籍善本图书馆（Beinecke Rare Book and Manuscript Library）就收藏着西方第一本书《古腾堡圣经》。剑桥大学图书馆拥有金璋先生遗赠的800余片甲骨。在普林斯顿大学的东亚图书馆，中国古籍藏书量位列世界第三，许多古籍是中国都没有的，当年作为图书馆工作人员的胡适在整理这批古籍时说："有一天，我们中国人可能还要回到这里查阅这些书籍。"所以，国外大学的图书馆有许多宝藏等待学生去挖掘。

对于留学生来说，这些图书馆更是平日学习研究的好场所。除了浏览平时难以见到的书籍，学生还可以在图书馆查询资料、自主学习。图书馆的职员中不乏了解某门学科的专业人士，学生可以通过他们的帮助，更高效地查找资料，完成研究项目。同时，图书馆的自习室也是学生与同伴互帮互助完成课业的好去处。

（六）特殊的校园资源

有些学校还有属于自己的特殊项目，可以帮助学生获得重要教育资源，比如加州大学系列的校际交换项目（Intercampus Visitor Program）。加州大学系列因为有许多不同的分校，校际交换项目允许学生申请进入其他校园进行半学期或一学期的学习，选修原所在分校没有开设的课程。有时，如果学生有转学其他分校的计划，也可以通过校际交换项目来了解其他分校的课程设置与校园文化，再决定是否转学。

与此类似的是，很多独立的学校之间也有合作项目，这种合作通常是由地理因素决定的。通过这种合作，学生可以同时选修多所学校的课程。这些学校的学科优势往往不同，学生可以自由组合，获得最优质的教育资源。比如，韦尔斯利学院以社科类闻名，而它的学生可以去管理学全美第一的巴布森学院、以工科为主的富兰克林欧林工程学院、以商科和生物化学为主要优势的布兰迪斯大学以及应用科学和工程学较为出色的麻省理工学院进行选课学习。

充分利用学校资源，能够帮助学生获得更优质的学习体验，也能拓宽学生对不同领域的了解，帮助学生更合理地规划自身学术道路，促进未来发展。

三、绝大多数留学生认为专业符合预期

根据目前正在留学阶段的学生及其家长反馈，绝大多数留学生及其家长都认为目前所学专业符合自己的预期。从调查结果看，38.4%的学生和41.8%的家长表示留学时所学专业符合预期，更有33.9%的学生和40.2%的家长认为留学时所学专业非常符合预期（见图4-4）。

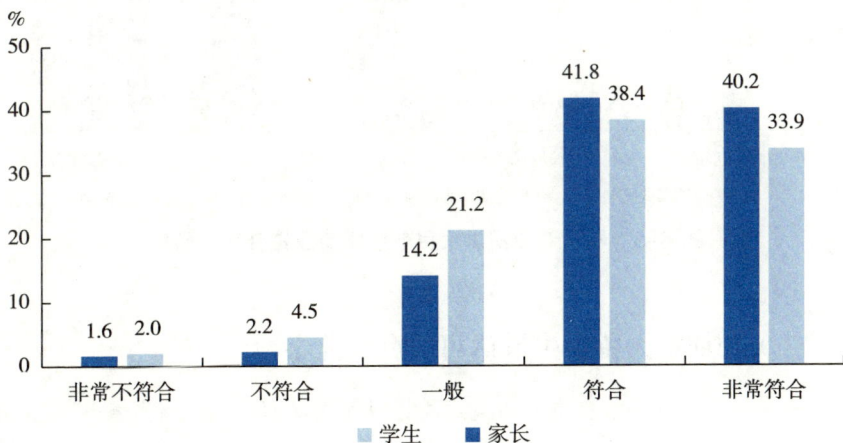

图4-4 留学期间所学专业是否符合预期

（一）理工类专业学生认为专业更符合预期

留学过程中不同专业的学生对所学专业是否符合预期的判断有所差异，

但总体来讲，不同专业的学生基本认为自己所学专业符合预期。具体来看（见图4-5），学习艺术的学生中，近一半（48%）的学生认为所学专业符合或者非常符合自己的预期，但仍有13%的学生认为所学专业非常不符合预期。学习医科的学生中，60%的学生认为所学专业符合或者非常符合预期，几乎没有人认为不符合预期。对商科专业的学生来讲，33%的学生认为所学专业符合预期，35%的学生认为非常符合预期，但存在12%的学生认为非常不符合他们的预期。社会科学和人文学科的学生情况类似，大部分学生（分别为63%和59%）都认为所学专业符合或者非常符合预期，极少部分（分别为8%和7%）学生认为所学专业不符合或者非常不符合预期。此次调查中STEM等理工科专业的学生全部认为所学专业非常符合自己的预期。

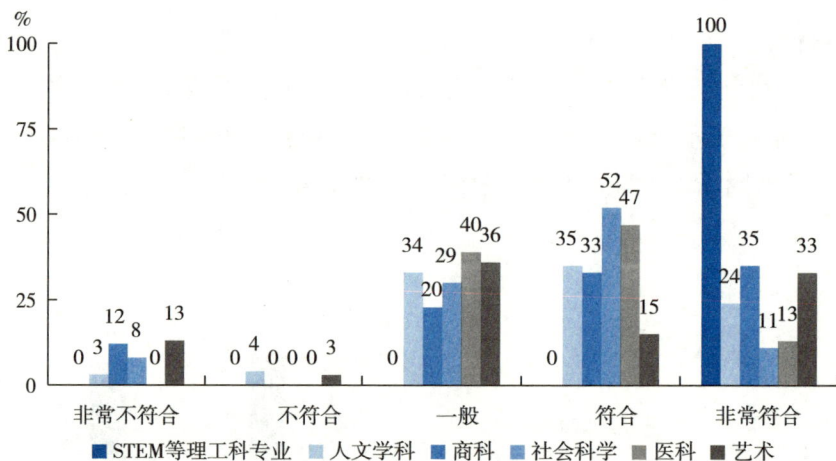

图 4-5　不同专业留学生目前所学专业是否符合预期

（二）赴加拿大留学生最认可现有专业学习

前往不同国家的留学生对所学专业的评价大同小异。总体来看，前往美、英、加、澳四国留学的学生基本都认为其所学专业符合预期。其中，前往英国和美国留学的学生中均有约60%的学生认为所学专业符合或者非常符合预期，赴澳大利亚的留学生中有53%认为所学专业符合或者非常符合预期，而前往加拿大的留学生中有72%认为所学专业符合或者非常符合预期，在四个国家中比例最高（见图4-6）。前往各国留学的学生认为专业不符合预期的情况均较少。

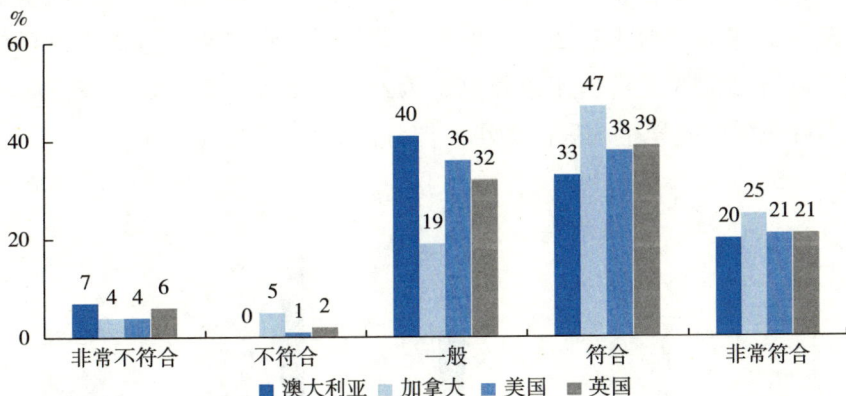

图4-6 不同国家留学生目前所学专业是否符合预期

国外普遍重视素质教育，课堂氛围更加开放自由，教师更加注重课堂互动，授课方式和国内学校存在很大的差异。适应国外的授课方式也是留学生首先需要面临的一个问题。

在此次调查中，六成左右的学生（62.9%）和家长（61.4%）均认为所学专业的授课方式符合或者非常符合自己的预期（见图4-7）。

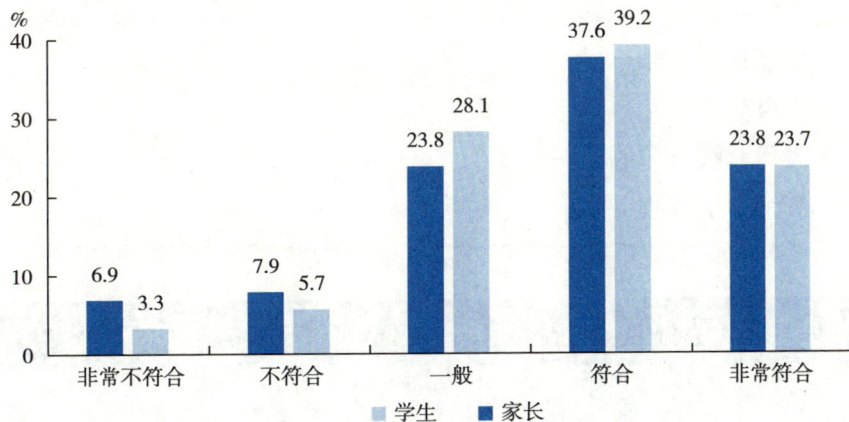

图4-7 所学专业的授课方式是否符合预期

从不同国家来看，英、美、加、澳四国的授课方式基本都符合留学生的预期（见图4-8）。其中，英国大学的授课方式符合或者非常符合62%的留学生的预期，美国和澳大利亚情况接近，分别有67%和68%的留学生认为其授课方式符合或者非常符合预期。认为加拿大的授课方式符合或者非常符合预期的留学生占比最高，为72%，但是认为该国授课方式不符合或者非常不符合预期的学生占比也最高，为22%。而认为英、美、澳三国授课方式不符合预期的学生均只占很小一部分，甚至占比为0。

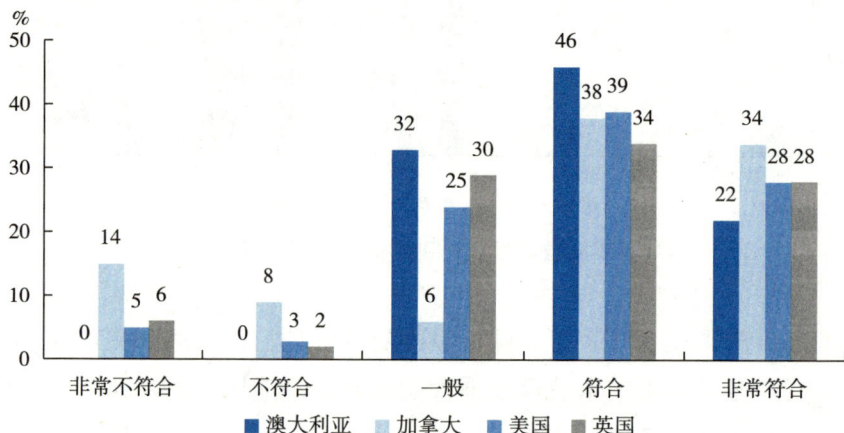

图4-8 不同国家的授课方式是否符合学生预期

专业学习小贴士：

新生探索课程

参与研究项目

勤问教授与学长

转专业永远都不晚

【家长视角】ELLEN：大学老师，女儿就读于韦尔斯利学院

大一上学期，学校的一次职业禀赋测试显示我的女儿擅长逻辑思维，推荐她从事数学或法律相关的工作，对此她很诧异。自打小学起，她对数学的兴趣就比较有限，整个基础教育阶段，她都生活在一个很强的预设里，那就是"我不擅长数学"。我个人不赞同应试教育，没有让她在校外补习班学习。当她中考以数学106分进入四中国际部的时候，身边的同学抱怨自己数学才考了118分，她当时就傻眼了。高中阶段，这种数学的挫败感一直伴随着她到毕业。

大一结束的时候，她告诉我，数学教授发邮件给她，热情洋溢地赞扬她有很好的逻辑思维和数学潜力，并请她认真考虑主修或者辅修一个数学学位，她不敢相信教授说的，简直受宠若惊。韦尔斯利学院的小班教学，让学生和教授可以有非常多的互动，教授会用心对待每一个学生并及时鼓励，这种紧密的联系让每个学生都得到充分关注，潜力也被及时挖掘。另一个很重要的原因是，在一个单一性别的校园，"女生学不好数学"这样的心理预设没有了存在的基础，这种潜意识的消失也极大地提升了学生对自我的认知。

因为这样的鼓励，女儿每个学期都会选数学课，并且在大二下学期正式决定主修历史、辅修数学。她从一门又一门的数学课里发现了不曾体会过的乐趣。她尤其喜欢逻辑和证明比较多的学科。她告诉我，数学的本质是哲学，是一切学科的基础，数学和音乐有很多关联，是一门奇妙的学科。她说很多数学学霸在中学的时候就发现了这一点，而自己上了大学后才逐渐领略到数学的奇妙，虽然比别人慢了很多拍，但是并不晚。

第四节　校园安全也是一门必修课

海外留学，安全是第一位的。提高安全意识、了解安全信息、熟悉求助渠道是每一位留学生的必修课。

一、预约校警使用校园护送服务

每所大学都配有校警来保证学生的安全。一般情况下，学生可以通过24小时报警热线举报犯罪或寻求紧急帮助。除此之外，为保证学生的夜间出行安全，学校往往也设有校警送行服务。如果学生在天黑以后还有出门的需求，可以与校警取得联系，请求专人护送。以加州大学洛杉矶分校的校园护送服务为例，护送人员为学校警卫部门雇佣的、受过特殊训练的学生。在天黑到凌晨一点前这段时间内，如果在校学生有出行需求，可以拨打电话联系护送人员，护送人员将在20分钟内赶到。需要注意的是，学生应算好时间，提前联系护送人员。如遇到极端天气，可能需要提前一个小时左右联系。

同时，很多学校都在校园各处配有蓝色应急灯（Blue Emergency Lights）。与常见的停电应急灯不同，这些灯的存在是为了帮助学生快速报警。如学生走在校园里时察觉到危险，又无法直接拨打电话报警，可以直接按下附近灯柱上的蓝色应急灯按钮。警卫部门可以根据灯柱的定位找到学生的所在地。为保证实时定位，学生一定要将自己经过的所有蓝色应急灯按钮全部按下，形成完整路线，以便警卫快速找到自己。

每一所学校的网站都会公示详细的报警电话与服务信息，学生应牢记这些信息，以防出现意外。只有做足了准备，才能在危险降临时获得最及时的保护。

二、用好城市安全地图

每个城市都有相对安全和相对危险的街区。在来到大学所在的城市之前，学生也应对校园周边地区的安全情况有所了解，知道哪些区域是安全较有保障的地区、哪些区域为犯罪高发区。学生可以通过搜索城市安全地图（City Safety Map）的方式来查询自己所在地区的情况。同样，学生也可以与学长进行交流，获得第一手信息。

此外，学生出行时也应时刻保持安全意识，搭乘安全的交通工具，尽量结伴而行，避免夜间独行。有些学校也为学生提供了专门的校车，帮助学生在校园周边活动。例如，芝加哥大学就同时设有日间与夜间的校车，校车在校园内及学校附近的街区都设有停靠点，为学生提供准时且安全的交通保障。

三、假期出游安全法则

海外大学有不少一周以上的小长假，如感恩节假期、春假等。很多时候，学生会利用这些假期去往其他城市、国家旅游。然而，在休闲的同时，学生也需要掌握安全常识，健康安全地度过假日时光。

剑桥大学在官网上提示学生，如果前往不熟悉的地区，学生在出行时一定要记好自己的地址、邮编、可以信任的联系人电话、当地领事馆的求救电话等，避免不必要的麻烦。另外，出行时，学生一定要保管好随身证件。对于国际生来说，护照是非常重要的身份证明文件，如丢失，一定要及时向警方挂失，并与大使馆取得联系，办理相关手续。

美国疾病防控中心（CDC）也特别就大学生假日出行提供了安全提示，希望学生提前做好规划，掌握安全常识，注意自我保护，在进行游泳、潜水等具有危险性的活动时，需了解求助方式。

此外，尽量与同伴结伴出行，互相照看。同时了解紧急求助信息，在遇到危险时，及时正确求救。

四、避免酒精、药物等问题

在派对文化盛行的海外国家，饮酒安全成为留学生需要注意的事项之一。尽管英国的合法饮酒年龄是18岁，美国的合法饮酒年龄是21岁，但这并不能真正阻止学生买酒。

与心理健康教育一样，在正式学习开始前，学校往往要求学生学习饮酒安全相关课程，了解与酒精相关的基本常识，有节制地饮酒。在前往派对等人群较为密集的活动时，学生也应注意自己的人身安全，结伴前行，尤其需要时刻注意自己的饮品，不接受陌生人的饮料，避免酒水中混入药物发生危险。

由于酒精具有麻痹神经的作用，伴随酒精问题而来的还有性骚扰问题。针对性骚扰问题，很多海外学校准备了相关学习课程。同时，一般情况下，大学都设有独立的防性骚扰办公室与防性骚扰咨询师，帮助学生解决相关问题。剑桥大学在官网上表示，如果学生有相关经历并决定告知学校，学校保证会给予学生充分的信任与支持。学生将有权参与处理决策过程，信息也将全部保密。剑桥大学特别强调，学生应牢记，受害人在此类事件中不承担任何责任，不需要产生自责情绪。如学生需要一定程度上的心理指导，可以及时向心理健康办公室寻求帮助。

根据麻省理工学院官方发布的学生手册，校园性骚扰问题指一切发生在一段二元关系中的，使其中一方感受到恶意、害怕、强迫等负面情绪，且对正常学习生活造成负面影响的行为。因此，恶意跟踪、语言攻击、心理暗示等一系列程度较轻的行为，也属于性骚扰行为的范畴。学生如果因类似的行为而感受到不安，一定要向学校防性骚扰办公室或心理健康办公室寻求帮助。不要因为行为程度过轻，产生"忍忍就好了"的消极想法，这样只会纵容和助长恶性行为，很有可能导致更严重的后果。对于性骚扰问题，一定要采取零容忍的态度，以保证自己的安全。

安全健康的校园环境是学业与个人发展最基本的保障。在留学生活中，熟悉求助资源，提高安全意识，往往可以帮助学生避免很多不必要的危险，顺利安心地度过留学生活。

> **校园安全小贴士：**
>
> 校警提前预约
>
> 带上城市安全地图
>
> 假期出游安全警钟长鸣
>
> 远离酒精和药物
>
> 对性骚扰说不

第五节　学业压力是留学生最大的压力来源之一

大学生活总是忙碌而充实的。还在逐步适应新环境的留学生要同时面对来自学业、活动、社交、生活琐事等各方面无形的压力，在这种情况下，积极的心理状态与良好的社交关系成为学生保持学业优势、顺利度过大学生活的重要基础。本节将从心理健康、课外活动、师生关系、同学关系四个方面进行讨论，分析如何用良性的生活状态来促进学业进步。

压力过大，是诸多海外学生频频抱怨的问题。根据哈佛医学院研究员2018年在《抑郁和焦虑》（*Depression and Anxiety*）杂志上发表的研究，在被调查的来自100多所大学的67000名学生中，有四分之三表示在过去一年中经历过至少一件令其非常紧张的事。过大的精神压力往往会埋下精神疾病的种子，对学生的健康造成伤害。那么，如何在保持GPA的同时，避免压力过大，保持心理健康呢？

根据这次调查中正在留学的学生及其家长群体的反馈（见图4-9），在留学过程中遇到的实际问题排在前四位的主要是学业压力、文化冲突、人际交流和孤独情绪。

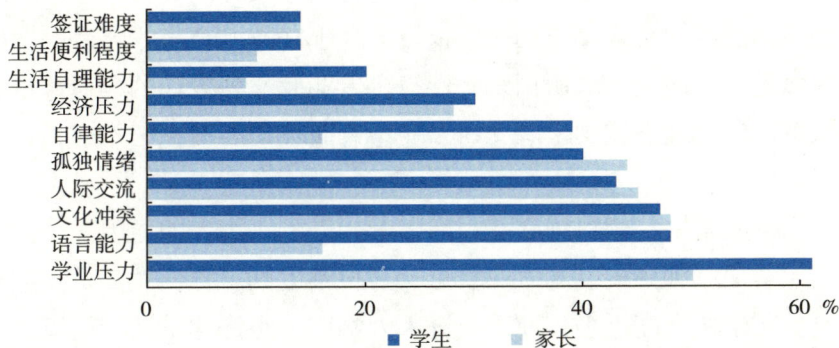

图4-9 留学人群在留学生活中实际遇到的障碍

文化休克①也是留学生群体远赴他国求学时不得不面临的挑战和需要解决的困难。近年来，留学生群体遇到的融入问题日渐呈上升趋势。

实际留学生活中，学生群体对于在语言、自律、经济负担、生活自理等方面遇到的障碍的感知超过家长群体。尽管留学生在前往国外求学之前

---

① 文化休克指一个人进入不熟悉的文化环境时，因失去自己熟悉的所有社会交流符号与手段而产生的一种迷失、迷惑、排斥甚至恐惧的感觉。

都顺利通过了相应的语言考试，但作为考试科目和真实生活场景中交流工具的语言毕竟有所差异，在真正融入国外生活的过程中，语言仍然是一道难以跨越的门槛，同时语言能力也与学业表现直接挂钩，使语言能力成为困扰留学生的仅次于学业压力的现实障碍。

一、商科和理工科学习压力最大

有个冷笑话是，到了常春藤学校，才知道应试教育最厉害的并不在中国。进入国外大学后，两三天一次小考、一周一次中考、一月一次大考并非夸张。但这只是学业压力的冰山一角。事实上，进入大学后，学业繁忙，作业多，考试多，GPA压力大，几乎是每个留学生面对的问题。尤其是GPA与海外交流项目、实习机会、日后申请硕士和博士都有着密切的关联，想读法学院、商学院的同学更是对GPA极为重视。

哈佛大学学业繁重是不争的事实。普林斯顿大学的一些住宿学院会在学生准备考试期间每晚10点加一次夜宵，晚上10点的夜宵吃完后，学生奋战到清晨是家常便饭。众所周知，计算机专业及文科专业的学业繁重程度超出想象，读心理学和文学等文科专业，有时一周要读完一本书，并且写出书评。

除了学业繁重，学科难度高也是留学生感到压力大的原因之一。著名的加州大学伯克利分校以其学业繁重、学科难度高著称，尤其是其数学专业，更是在学科难度上名列前茅。进入大学前，也许你是某个精英中学的大学霸，是所在城市的第一名，但你的自信与骄傲也许很快会被一次数学考试打击得荡然无存。

所以，身在祖国的父母在远方的孩子压力重重、抑郁难过时一定要给予最大的温暖和支撑，赋予他们再次起跑的力量。

与留学生涯如影随形的正是这一重又一重的压力。正如本次调查数据（见图4-10）所显示的，一半以上的学生（52.6%）和家长（58%）认为留学过程中面临较大的课业压力，仅有10.2%的学生和8.9%的家长认为面临的课业压力较小。

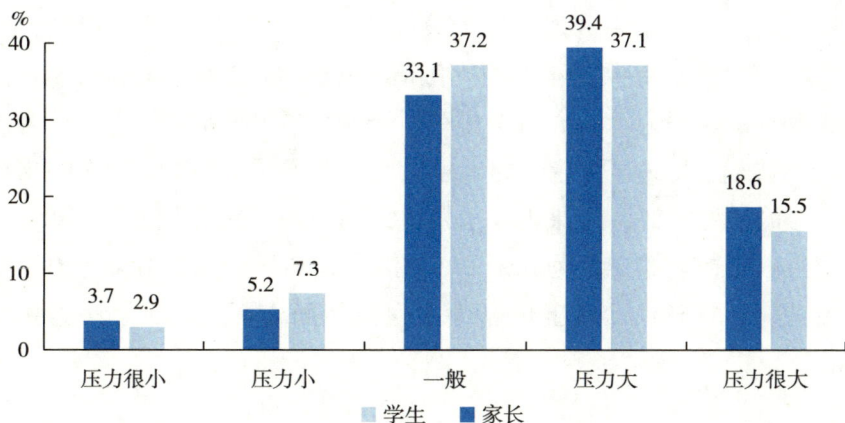

图4—10　留学时的课业压力程度

　　无论哪个国家，课业压力大是一个共性的问题。但英美加澳四国的留学生对课业压力的感知略有差异（见图4-11）。英美两国较为类似，分别有72%和75%的留学生在课业方面感到有压力或者非常有压力。而加拿大留学生中有80%的学生感到较大的课业压力，在四国中所占比例最高。在澳大利亚的留学生中仅有68%的学生在课业方面感到有压力，且有32%的学生感觉在这方面并没有压力。整体来看，澳大利亚的留学生感受到来自课业方面的压力最小，其他三国均相对较高。

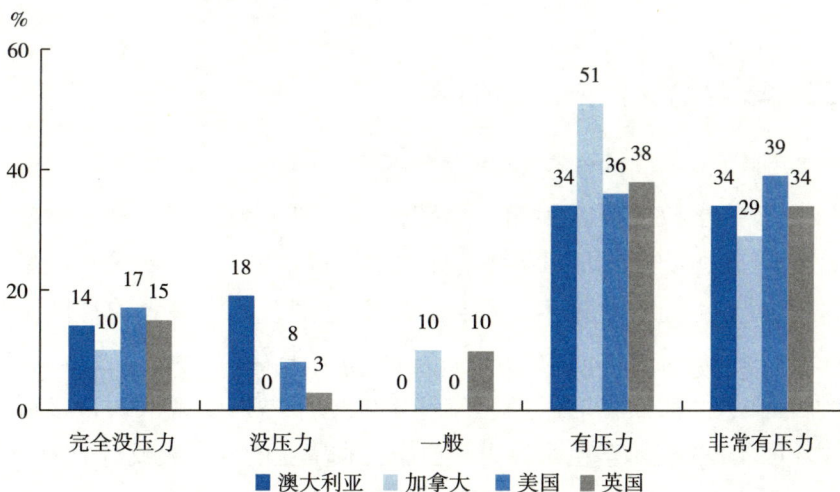

图4-11　不同国家留学生的课业压力程度

从不同专业留学生的课业压力分布图（见图4-12）可以看到，艺术专业的学生中感到有课业压力的比例最小（54%），其余46%的学生认为该专业没有课业压力。社会科学和医科专业均有75%左右的学生认为课业压力大。79%的人文学科专业的学生认为该专业课业压力大。STEM等理工科专业的学生全部认为课业有压力，比例最高。商科专业认为课业压力大的学生占比排名第二，为86%。一直以来，商科和理工科都是出国留学热门专业，选择这两个专业的留学生也自然面临更大的竞争压力和学习压力。

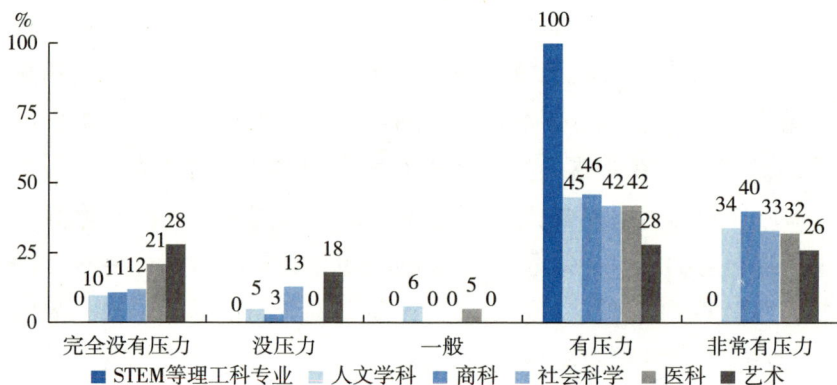

图4-12　不同专业留学生的课业压力程度

二、毕业论文让人压力倍增

一般来说，不同的学校对毕业有不同的要求。有些学校会要求写毕业论文；有些学校会要求参加一个综合考试或一个项目；有些学校只要求修完学分，达到一定成绩要求即可。只有少数的学校要求本科生写毕业论文，硕士生同一学校不同项目也会有差别，压力最大的是博士生。

从学生和家长群体的反馈（见图4-13）来看，一半以上（51.8%）的留学生表示目前面临的来自论文和毕业的压力大或者很大，接近一半（49.7%）的家长表示学生面临的来自论文和毕业的压力大或者很大，仅有10%左右的学生和家长认为这方面压力小或者很小。

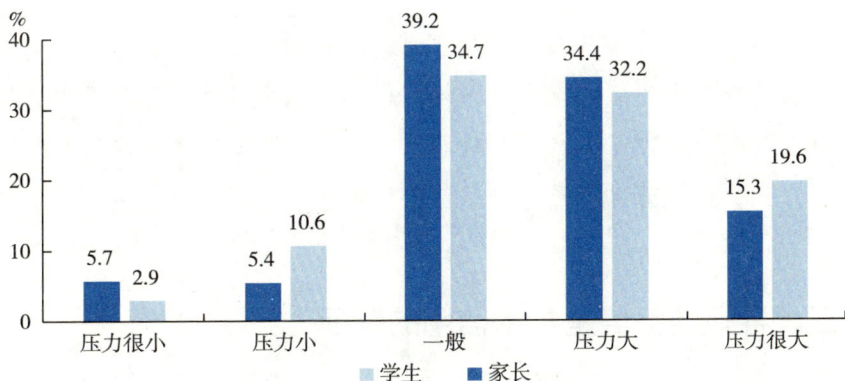

图4—13 论文和毕业压力程度

【学生视角】David：就读于加州大学伯克利分校

　　进入加州大学伯克利分校（UCB）的时候，我是自信满满的。UCB是个令人向往的学校，校史中光辉的名字灿若星辰，看到这些名字，年轻气盛的我充满着各种憧憬。

　　我申请大学的时候选择的是化学工程专业，一个学期后，我感到对化学工程的兴趣不是很大，所以想在数学方向作些尝试。我对数学的自信来自我高中数学成绩一直是A，在申请大学前的SAT考试中数学也是满分。虽然UCB是出名的课业繁重、考试难的学校，但我不以为然。

　　于是我选了两门数学课，看上去难度并不大。大一期末考试成绩出来后，两门科目不及格，全部是数学课程。看到成绩的那一刻，我的心像被紧紧揪住，有那么几秒，我甚至无法呼吸。这两门课，我付出得最多，也的确非常认真地完成每一次作业，认真地听了每一次课。从小到大，我从来没有过不及格，这次考试对我打击不小。

　　连续好几天，垂头丧气的我没有任何勇气跟同学聊天。有一天我给妈妈打电话时哭了，这是我第一次为了成绩哭。我的确很着急也很沮丧，并开始质疑自己的能力。我很感谢当时妈妈没有责怪我，只是让我想想怎么补救GPA。后来不及格的课按通过不计入GPA政策处理。

不过这次失败也让我重新反思自己的兴趣与潜力。放假后我向不少学长请教自己的问题及专业兴趣，得到了许多鼓励和帮助及中肯的建议。最终我选择了大数据分析领域的专业，既可以满足我对数学的兴趣，也不像纯理论数学或应用数学那么难。

三、导师推荐信是学术信用的保证

众所周知，欧美国家采用推荐信制度，充分显示出人际关系的重要性。读书升学要推荐信，申请奖学金、申请实习机会，哪怕是在校园内打工，都需要推荐信，最常见的是自己的授课老师写推荐信。尤其是博士毕业生如果拿不到导师的推荐信，是一件极为严重的事情，很难在学术领域坚持下去，因为自己导师的推荐信是学术信用的一个保证。所以，无论在哪个国家，师生关系都是非常重要的人际关系。

在此次调查中，我们发现在学生的压力中，除了课业压力，还存在与导师沟通的压力。好在留学期间与导师沟通并没有给学生造成太大的困扰（见图4-14）。

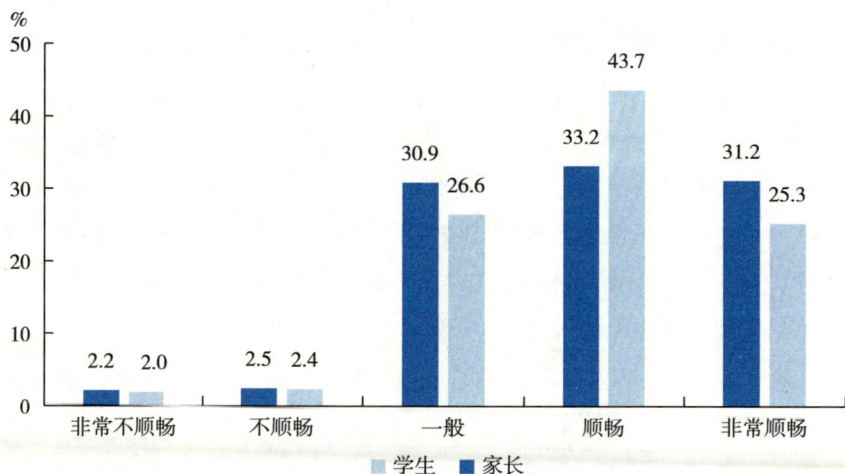

图4-14　与导师沟通的顺畅程度

由于不同国家的语言和不同大学的教学方式存在差异，不同国家的留学生与导师沟通的顺畅度也有所不同。从此次调查数据（见图4-15）可以看到，英、美、加、澳四国中，加拿大留学生与导师的沟通最为轻松顺畅，81%的留学生认为和导师的沟通顺畅或非常顺畅；其次为澳大利亚，73%的留学生认为和导师沟通顺畅或非常顺畅；相比之下，有更多英美留学生认为和导师的沟通存在一定的障碍，认为和导师沟通不顺畅或非常不顺畅的分别占比29%和27%。

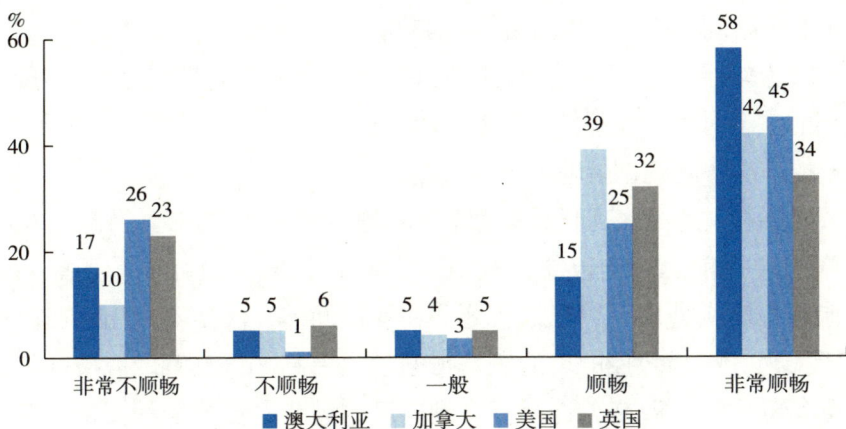

图4-15 不同国家留学生与导师沟通的顺畅程度

教授对于学生来说是不可多得的宝贵资源。获得一封有价值的推荐信、参加一个高精尖领域的实验项目、了解一个升学方向的重要信息……这些都是良好的师生关系能为学生带来的重要收获。在几十人的大课上，单单依靠课堂的时间，教授很难对某一个学生有很深的印象。因此，想要与教授建立良好的关系，少不了在课下与教授面对面直接交流，或者邮件请教。

学生与教授面对面沟通的方式有很多，如答疑时间、研究项目，甚至平时主动预约谈话。在答疑时间，学生在问完有关课堂或作业的问题之后，也可以与教授交流有关其研究领域的其他问题。在研究项目中，学生将有更多与教授直接交流的机会。这些方式都可以使教授加深对学生的了解。此外，学生可以主动与教授联系，在工作时间积极与教授交谈。这里需要注意的是，请勿在节假日打扰他们，这也是尊重文化的礼貌行为。

很多学生对与教授一对一沟通充满疑虑，不知道谈话的具体方式与内容。普林斯顿大学一名神经科学专业的学生在校园博客上给出了如下建议，供学生们参考：

- 提前主动向教授介绍自己。
- 通常情况下，教授并不容易将学生的名字和长相对应起来。因此，除了发邮件和教授预约面谈以外，学生还可以在课余时间向教授介绍自己，让教授对自己有一定的印象。
- 明确时间安排，为教授提供足够选择。
- 因为教授的时间安排通常比较紧，所以在预约时，学生应尽量留出两三周的空余时间，在邮件里注明，供教授选择。
- 提前准备问题，展现自己的兴趣。
- 学生往往会邀请自己感兴趣领域的教授进行交流。因此，在准备时，学生应提前思考自己想问的专业性问题，同时做好被教授提问的准备，向教授真实地展示自己的长处。在教授面前，学生不用担心自己的问题过于浅薄，因为教授的目的正是帮助学生提高。认真听取教授的建议，在实际行动中有所改变，让教授看到自己的进步，更能给教授留下深刻的印象。这样，在邀请教授为自己写推荐信时，教授也会有内容可写。
- 以上交流实现的前提是学生这门课的成绩较好。

良好的师生关系往往不是一两天就能建立起来的，学生需要长期主动与教授沟通，通过自身学习的提高，给教授留下深刻的印象。在这样的关系中，学生收获的不仅是学业的帮助，更有人生的智慧，有时甚至是一生的忘年挚友。

四、良好的同学关系令大学生活更美好

除了师生关系，学生往往也需要和同级同学以及学长建立起良好的关系。宿舍的室友、选相同课程的课友、加入同一社团的同伴、完成同一个项目的伙伴，学生可以从校园生活的方方面面找到与自己志趣相投的朋友。

对于新生而言，同级的朋友往往是交换信息的重要渠道。由于初来乍到，所有人都在适应全新的大学生活，难免错漏一些关于学业、活动上

的重要信息。此时，朋友的一句提醒，就可以避免很多不必要的麻烦。同时，长期稳固的友谊既让校园生活多了一份陪伴，也能帮助学生渡过看起来难以攻克的难关。

学长身为过来人，对新生起着至关重要的引导作用。他们不仅在选课时能分享切身的经验和体会，还可以在学术上给出中肯的建议和指导。麻省理工学院的多门学科专门开设了导师项目，邀请高年级的学生出任低年级学生的导师，解答学生课堂内外的疑问。迎新会中的向导（Orientation Leader，OL）、社团活动中的高年级成员、课堂中的本科教师助理，都可以以学长的身份为新生提供宝贵的经验。

【家长视角】高女士：女儿就读于麻省理工学院

生活在《水浒传》的世界，却保持一颗《红楼梦》的心

女儿在麻省理工学院（MIT）读书已经一年多了，虽然这期间因新冠肺炎疫情的影响，大一春季学期至今一直在家上网课，但被麻省理工学院录取的信息至今在家长中传播，我也时常在单位电梯里被同事半真诚半开玩笑地说"一录成名"。回想2018年10月30日女儿在上海读书，孩子提交美国大学本科早申的前夕，我和爱人在家庭微信群里问女儿到底申请哪所学校，女儿回：MIT。我问：MIT是哪里。后来我们学校的老师都嘲笑我这个文学老师只关心诗词歌赋。

说实话，我们家对美国学校了解很少，女儿走国际教育这条路并非精心设计，而是误打误撞。女儿初三时，上海复旦附中WLSA国际课程班（WLSA上海学校）到女儿学校选拔全额奖学金学生，女儿最初报名表也没填，后经学校再动员，才选择考一考试试，结果被选中。对于这一选择，我们家没有太多的纠结，主要看女儿的心意，当时她已是初三，做事特别有主见，学习也很独立，我作为妈妈，已经对她的生活退位到听她安排的阶段。女儿最终选择了一条有点冒险的道路，就像她在申请文书中提到的，她从小就喜欢不走寻常路的花木兰和《千与千寻》里的千寻。我一直认为从心所愿、不断挑战自我的

成长是最好的成长，支持孩子去看真实广阔的世界，是一位妈妈应该做的。

女儿高一在石家庄外国语学校就读，体制内的教育为孩子培养了良好的学习习惯，并打下了深厚的学术基础；高二、高三入读的WLSA上海学校，旨在培养中国学生在全球化背景下能力及素养的全面提升，使学生极具国际视野同时深植中国情怀。女儿在高中毕业典礼上的发言，以电影《一八九四·甲午大混战》中刘步蟾留学英国所言做结语："此去西洋，深知中国自强之计，舍此无所他求。背负国家之未来，取尽洋人之科学。赴七万里长途，别祖国父母之邦，奋然无悔。"蒙田说："一个有使命感的生命是人类最伟大的作品！理想和目标，可以赋予我们生命持续的意义，让我们的经历不再是支离破碎的片段，而是连接成一个有机的整体，一串美丽的珠环。"

当孩子在更广阔的世界游走时，随之而来的不仅仅是他人的艳羡，更多的是一个个问题。女儿在夏威夷考SAT时遇到了25年未遇的大飓风，虽然最终飓风未登陆，但考试取消；录取后签证问题；上学后又遇百年未遇的疫情，回家日夜颠倒上网课。记得MIT一位校友曾说，解决了一个问题是为了遇见更大的问题。这句话用在我们家的生活上再准确不过了。作为妈妈，焦虑吗？当然有，焦虑是一种真实。但我想作为理性的成年人，我们能透过情绪看到所有的经历都是孩子成长的阶梯。疫情期间女儿在家上网课，日夜颠倒，还遇到邻居装修，我为乱了套的生活焦虑，但和女儿讨论疫情中有多少人丢掉了生命，医护人员为救别人日夜不休地工作，我们的困难又算什么。平心静气后，我发现疫情中女儿在家开始有更多的时间和姥姥聊天、做家务，家人的交流更多更深入。这是最坏的日子，这是最好的生活。

成人的过程就是经历很多事甚至磨难后，你依然是你。成长就是见天地、见众生，才能最终见自我。看过更广阔真实的世界后，因去过山顶不去羡慕任何人，因经历过低谷也不看低任何人。生活其实是最好的教育，我作为妈妈好像一直在顺着生活走，做好当下事，珍惜眼前人，过着喜怒哀乐平凡的生活。作为妈妈，我告诉孩子得"生活在《水浒传》的世界，却保持一颗《红楼梦》的心；虽遇到些《西游记》的妖魔鬼怪，但坚信结交到《三国演义》里的桃园兄弟"。那天，半夜散步（因为孩子日夜颠倒，我俩的散步都在晚上10点左右），我和女儿细数这一路成长遇到的良师益友，月光洒满冬夜，分外明亮。

五、留学期间心理健康很重要

（一）充足的休息与高效的时间管理是关键

充足的休息是高效学习的前提。达特茅斯学院在官网上指出，当学生经常有睡眠问题时，学习能力和记忆力会下降，运动能力和免疫力也会有所损伤。这种状态会极大地降低学生的学习效率。因此，学生如果想要以较好的精神状态面对课业，就一定要保证充足的睡眠与休息。

导致学生睡眠缺失的主要原因是，白天无法按时完成大量学习与生活上的任务，必须占用睡眠时间。解决这个问题最重要的就是提高效率，加强时间管理。对此，包括耶鲁大学、达特茅斯学院、俄亥俄州立大学在内的很多学校都在官网上给出了切实可行的建议，整合如下：

- 设立长期、短期目标，明确优先级。
- 选择时间管理工具（记事本/周计划），制订计划。
- 按照计划完成目标，如有突发事件，根据优先级适当调整。
- 留出弹性时间给突发重要事项。
- 利用小时间、碎时间，如等车、排队的时间进行复习。
- 认准优先级，学会推迟或放弃不重要的琐事。
- 反复加深对目标的印象，拒绝拖延。
- 从长远角度更宏观、更整体地制订计划。
- 专心完成眼前事，不过分纠结还没有发生的事。
- 必要时寻求专业帮助。

更高效的时间管理能保证学生的休息，也能在一定程度上缓解学生的心理压力，维持心理健康。

（二）合理分配课业，避免压力"超载"

选课是每个留学生必须面对的课题。为了拿到毕业证书，学生需要学完所学专业要求的课程，修满学分。有些学生喜欢将大量高难度课程集中到一两个学期学完，以提早达到毕业要求，结束本科学业。然而，这样的做法有时会对学生的GPA和心理状态产生负面影响，反而适得其反。

当学生需要同时处理多个高难度任务时，难免会出现时间不够用、精神过度紧张、压力过大等问题。进入焦虑状态的学生，处理任务的效率会极大降低，进入恶性循环。在这种状态下，学生往往没有办法拿到自己满意的GPA。如果情况严重，学生的心理健康也很有可能受到影响。因此，学生在选课时，应特别注意平衡各个学期的任务量，避免给自己造成过大的压力。

（三）学会调节压力，保持心理健康

有时，学生无法通过自我调节的方式来缓解压力，陷入焦虑状态，此时就需要积极寻求他人的帮助，借助外界力量调整自身状态。

大部分学校都会开设心理咨询室，以保障学生的精神健康。很多学生对心理咨询存在一定误解，认为一定要出现具体病症后才能去心理咨询室咨询。然而，大部分情况下，心理咨询的主要目的是发现隐患，提早预防，或者仅仅是帮助学生疏导情绪、调整状态。

学校也为学生提供了保障心理健康的一系列服务。在入学前，学生会被要求完成心理健康相关的课程，了解学校的心理健康资源，掌握有关心理健康的一系列常识。此外，包括剑桥大学在内的很多学校在官网上列出了许多在日常生活中维护心理健康的方法，帮助学生保持良好的心理状态。麻省理工学院的心理健康服务官网指出：只要学生对自己的状态比较担心，就可以随时向其寻求帮助。

每个大学都设有专业的心理健康办公室，并鼓励学生有心理问题或压力过大时寻求帮助，学生可以提前预约学校的心理医生进行专业疏导与治疗。同时，如果学生很担心自己的同学或朋友，也可以与该办公室取得联系。学生可以通过官网了解心理健康服务的电话与具体办公地点，必要时积极寻求帮助。

麻省理工学院的心理健康办公室将以下情况列为学生可能需要考虑求助的状况：

- 你发现因为情绪原因，很难集中注意力学习和工作。
- 你有失眠或过度睡眠的问题。
- 你不再享受过去期待的活动。
- 你因一段关系而感到压力。
- 你因酒精、药物、事物、性或其他问题而感到焦虑。
- 你经常感到孤独或容易被激怒。
- 与朋友和家人交流这些问题并没有用。
- 你很担心自己的同学或朋友。
- 你和你的同学或朋友正在面对一段痛苦的经历。

很多学生会担心因心理问题寻求帮助是示弱的表现，认为这是自己的问题，也许自己再努力一些就好了，但这种想法有时反而会加剧问题，需要及时纠正。麻省理工学院的心理咨询工作人员表示，能及时发现自己的情绪问题并寻求帮助，是一种值得认可的能力。向专业人员寻求帮助，才能更有效率地制订计划并解决问题。

但需提醒的是，在向心理咨询师表述自己的心理状态时，需如实客观，切勿过于夸张地表述。

【学生视角】Zoe 同学：就读于麻省理工学院机械工程专业

对于出国留学，我觉得最大的好处就是开阔眼界，见多识广。你会见到很多不同背景的人，接触很多你从来没有见过的事情，同理心会增强。在这个前提下再去处理一些事情，会更加从容，对于一些突发事件也会处理得更加有条理。

【未来充满各种可能性】

我其实不是一个喜欢做太多未来规划的人，因为我更喜欢变化和新奇，而且未来几年的社会环境，以及自己的社交圈和心态都会发生变化。现阶段，我对很多事情刚步入初步了解阶段，各种技能也只学了一点，还没有形成一套比较成熟的体系。所以，我打算在大一到大三阶段打磨自己的能力并总结学习方法，形成一些作品，在这个基础上，在大四或者研究生阶段再确定自己的发展方向，顺着自己选择的这个方向继续提高自己的能力。

【稳定心态，不要急于求成】

我一直很想说：放稳心态，不要急于求成，要以一个长远的目光来看自己做的事。很多人在申请季或者其他比较重要的时刻可能心情焦虑，总觉得自己有一件事情没做好就彻底失败了。这种心态会在一定程度上阻碍个人发展。如果我们尽最大的努力去做一件事情，哪怕没有做好，我觉得也不用过多地苛责自己，或者动不动就绝望焦虑。

更多时候，如果某一个地方没有做好，或者没有取得自己满意的结果，后期都是可以通过努力去改善的。只要你知道自己想要什么，然后朝着目标继续努力，总是会有好结果的。所以，不要急于一时，得失心不要那么重，心态放稳，没有什么事情是没有办法弥补的。

【找回阅读的乐趣】

现在感觉大家看书都看得不多了，有了手机和各种电子产品，平时看短文章可能比较多，而没有耐心去看一整本著作，除非是为了学习。但我觉得如果有空的话，一定要把自己最喜欢的书翻出来读一读，找回阅读的乐趣，找回自己。阅读能使人保持一个愉悦的心理状态，还能给人各种各样不同的收获。

（四）平衡GPA与课外活动的方法

课程与活动，是校园生活中主要占用时间的两大部分。在新学期开始时，学生面对新奇的课程与活动，经常会心血来潮为自己选择过多的任务。随着时间的推移，这些课程与活动的任务量也在逐渐增大。这时，学生平衡起来便会有些吃力，找不到学习和生活的重心。那么，在规划时，学生该怎样避免这种情况呢？

1. 了解自身能力，合理规划时间。在为自己挑选课程与活动时，学生应了解自己一周可以用来处理这些任务的总时间。然后，根据每项任务的预期时间，合理估算自己是否有足够的时间和精力做这些任务。如果学生把自己逼得太紧，在每项活动中的体验与收获便会大打折扣。因此，对自己的时间和精力有充分的了解，再据此合理规划一周的任务量，可以帮助学生有效平衡课程与活动。

2. 学会取舍，及时"止损"。学期伊始，学生对自己的兴趣还没有形成清晰的认识，不愿错过各种新奇的体验，于是通常会参加较多的新奇社团。这样的求知欲与好奇心值得鼓励，然而，在活动进行了一段时间后，学生就应该对自己想做什么、能做什么有更清楚的认识。此时，对于那些不感兴趣又耗费时间的活动，大可直接放弃，为其他活动留出充分的时间与精力。一般情况下，学校的课程和社团也会给学生一个"犹豫期"，为学生设定一个最终确认时间，在此之前，学生都可以根据自身需求，添加或放弃该课程或活动。

3. 合理选课，保持良好GPA。大学里学生都有学术顾问（Academic Advisor），对学生选课进行指导，学生可以多与他们沟通。更为有效的办法是向学长寻求帮助，以了解各门学科的难易程度，平衡好自己的学业，避免压力过大导致的一系列问题。

一般来说，在选择课程时应坚持难易结合、做好平衡的原则。大一多涉猎通识课程以了解自己的真实兴趣，大二可多涉猎专业课程。大三期间，因为高阶课程是申请硕士生和博士生重点考查的课程，必须下功夫拿到较高的GPA。同时，在此阶段，如果是在硕士或博士阶段跨学科的同学，要在了解硕士和博士入学要求的前提下，增加选修专业匹配的先修课程。所以大三是时间紧张、课程难度大的一年；也是取得GPA极为重要的一年。

高效学习小贴士：

　　　　高效的时间管理与充足的休息时间

　　　　合理分配课业，难易有选择

　　　　让心灵有呼吸空间，保持心理健康

　　　　平衡GPA与课外活动，有所取舍

　　　　建立良好的师生关系与同学关系

　　【本章结语】丰富多彩的大学生活对于留学生而言同样充满了挑战。在日常生活和学习中，留学生需要平衡课外活动与学术研究。与此同时，留学生还需要格外注意保持身心健康，顺利完成学业。本章主要介绍了适应留学生活的方法、海外大学的校园文化、平衡课业与生活的方法、海外院校的资源和自我保护的途径。掌握了这些信息后，学生还需要对自己的学习生活有清晰的规划，这样才能真正享受校园时光，为自己丰富的海外经历画上圆满的句号。

第五章

毕业季：我们是未来的栋梁

如今中国留学生的留学目的与过去发生了本质的变化，留学后的人生选择呈现多样化趋势。

留学后，我们何去何从？这是一个百年之问。从中国历史上第一批留学生远渡重洋，到民国时期大批归来的学子如群星璀璨曾经照亮了一个时代，到钱学森、邓稼先、郭永怀这些"两弹一星"功勋在中外条件差距极大的情况下，放弃世界顶尖大学教授之职，克服重重困难决绝地回到中国，投身于中国国防科技事业，再到20世纪90年代以后越来越多的青年才俊归国投身各个行业，每个时代都有着不同的选择。也有大批学子留在国外生活工作，取得成就，安居乐业。

今天的中国，不再是百年前的中国，也不是40多年前刚刚改革开放的中国；今天的留学生，也非昨日之留学生。今天的他们，有着更多的人生选择，这是国家迅速发展壮大后的选择自由。可以说，今天的留学生有着更自由的选择、更广阔的天地、更自信的态度，留学后，他们的未来可期。

根据此次调查（见图5-1），在考虑出国毕业后的去向时，除去40%左右处于观望状态的学生和家长之外，一半以上的学生（51%）和家长（55%）都倾向于毕业之后归国发展。相比学生群体（31%），更多的家长（36%）希望学生在国外工作一段时间后再回国。

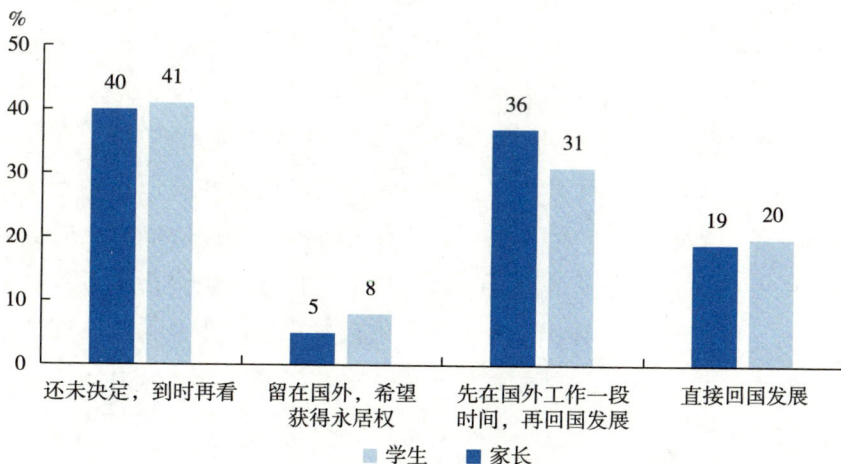

图5-1 留学后的毕业打算

走出校门的学子无非有三个主要选择：继续深造、留在国外工作、归国发展。下面，我们就重点为想留在国外工作和归国发展的同学分享有价值的信息。

【专家观点】周芳：上海纽约大学中方招生办助理主任，纽约大学校友

我是2012年本科毕业后赴纽约大学（以下简称纽大）留学的。我本科专业是英语，毕业后不想直接就业，还想继续深造，于是就申请了纽大，就读于Steinhardt学院（Steinhardt School of Culture, Education, and Human Development）的语言教育专业。毕业后我就直接到上海纽约大学工作了。

【留学对我个人的影响】

1.留学对我在文化的接纳程度以及对环境的适应程度上有很大影响。当时我特意选择了大城市，纽约这个大熔炉有各色人等，文化多元，融合度也高，每个人几乎都是异乡人。

纽大给学生提供的机会很多，从课程观摩到自己去教学生。这在留学经历中是特别重要的。实习观摩专业人士的工作，是一种能力锻炼，而且要与不同的人沟通，没有人帮你，都得自己做，有时候是一种不小的挑战。

2.适应能力有很大提高。有一首歌叫《纽约，纽约》（New York, New York），歌词中有一句：如果我能到达那里，我能去任何地方（If I can make it there, I'll make it anywhere）。我觉得描述得特别到位。有一个寒假，我选修的一门课要到海外学习，我去了多米尼加。这个小国与海地相邻，讲西班牙语，我此前从未听说过这个地方。而我其实不会讲西班牙语，这种沉浸式的体验对我的锻炼是特别深刻的。

3.学术能力有了明显提升。其实学业上的适应是有个过程的，从传统教育体制转变为纽大讨论型授课模式，课下小组的同学们要一起

完成一个项目，对论文的要求也比较高。虽然我是学英语出身，但也要有个适应过程。一两个学期下来，我的写作水平和速度提升很快。当时我们的老师很认真，一字一句甚至标点符号都改。有时我们早上五六点会收到老师的邮件。

【留学经历对职场生涯的影响】

在纽大的留学经历可以说开启了我的职场生涯。我在纽大的美国语言中心（American Language Institute）上过高阶写作课程，观摩了许多老师的课，又跟着我的导师教课，毕业之后还跟我的导师做了暑期项目。毕业回国前，我想在北京找工作，但我的导师告诉我，上海纽大也要开设一个类似语言中心的机构，职位一发布出来，我的导师就通知我了。现在回头看，其实我在中国的工作，就是我在纽大学习水到渠成的一种结果，每一步都是有关联的，只是前面做好了充分的积累。我到上海纽大后就到了这个语言中心工作，后来又调到了招生办。

【给家长与学子的建言】

抓住一切机会，人生有多种选择。但留学经历过去了，永远不会再回，要抓住在学校的一切时间与机会，尽可能体验在学校的时光，无论将来在异国他乡还是中国，都会很有帮助。

第一节 继续深造与职业规划

本科毕业后选择继续深造的同学在留学生中并不鲜见，几乎所有的同学都会在本科毕业后选择读硕士，还有一小部分热爱研究并想有进一步发展的同学选择读博士。选择继续深造，除了目标明确的同学外，也有一部分本科时并未想清楚毕业后做什么的同学，继续读研便成为一个理想的过渡阶段。

一、职业规划是继续深造的前提

读硕还是读博？相信许多学子时常为之感到迷茫，尤其是GPA很高、在大学几年又有着充实的实习与科研积累的同学。其实，当我们面对这种困惑时，大可不必焦虑。读硕还是读博，主要取决于以下几点。

（一）探究职业规划

硕士研究生教育是一种与未来职业密切相关的教育，所以在美国，有部分硕士生项目是在大学的继续教育学院中，而且晚上上课，这是因为重返学院读硕士研究生项目的多是上班族。绝大多数的美国学生不会选择本科毕业后就读硕士研究生项目（Master Program），他们往往选择直接就业，或者因热爱科研而直接申请博士生项目（Phd. Program）。但这并不意味着美国人不读硕士研究生，他们往往是在参加工作几年后，重新就读硕士生项目。一是因个人事业发展良好，所在公司为其承担部分学费或直接付学费奖励其去读硕士研究生，毕业后根据公司协议进行服务。二是因个人事业发展遇到瓶颈，重新回到校园，一边读书一边寻找机会。比如2008年金融危机时期，许多人重返校园，作为失业过渡，以期危机过后重新择业。在英国，硕士研究生项目只有短短一年，也是一种职业教育，与中国的硕士研究生教育有着很大区别。所以，在英美这些国家，本科、硕士、博士三类申请中，硕士研究生项目最容易。

因此，读硕还是读博关键点在于职业规划是什么，即在未来5年，你的目标是进行工作积累，并在工作中更加了解本学科，在本领域进行职业和人脉的积累，以期未来在此领域或相关领域有长足的发展，提高自己职业化水平，走职业化道路；还是在高校或科研机构工作，所以愿意花5年甚至更多的时间进行深入研究。

如果是前者，读硕士是足够的。如果是后者，特别是想在科研领域、高校、研究机构中有所发展的话，就可以直接选择读博士。

对于有选择障碍的学生，这里有两个解决方案可以参考：

第一，直接选择读硕，在读硕的过程中考察自己是否有读博的热情和潜质，如果有，则加强科研实习，加强与相关专业教授联系，争取直接连读博士。这也适合本科阶段在学术领域准备不够充分的学生。

第二，选择硕士与博士双申请。这个方案的优点是不用纠结到底申请什么。缺点也很明显，就是收到录取后依旧要作选择，同时由于博士研究生申请的难度与硕士研究生不在一个水平，二者同申的结果就是，本科阶段必须要按博士研究生申请的难度来准备，否则不可能被录取。换言之，按博士研究生申请的难度进行准备，博士和硕士都能申请；按硕士研究生的申请难度进行准备，只能申请硕士研究生。

综上所述，先想好自己的职业规划，是选择继续深造的第一步，也是极为重要的一步。

（二）倾听内心声音

当我们面临选择时，切勿被外界因素迷惑。人生的重要抉择，需要聆听自己的心声。可以列一个表，用排除法找到自己内心真正的动机。我们求学的动机很多，想赚更多的钱，想发现更大的世界，想找到自己最有热情的领域，想找到真正激发自我潜力的学科……当你排除杂音，安静地聆听自己的心声时，也许就找到了真正的方向。留学不仅仅是学习知识的过程，在某种意义上，更大的挑战来自一次次独立作决定后的自我认识与觉醒，它是一个发现与寻找自我的过程。在此阶段，强烈建议家长放手，不要再过多干涉孩子的选择与自由，更不要用当下的评价标准为孩子选择人生。

（三）思考自己对专业领域的热情

对于读硕还是读博这个问题，本书对20多位学者进行访谈的结果出奇地一致：读博是一条比较艰辛的道路，不是所有人都适合读博。至少要满足以下几个条件：

- 对所研究的领域有着极大的热情，热情是科研最基本也是必备的条件。
- 学科知识扎实，跨学科能力强，学习能力与潜力强。
- 坐得住冷板凳，耗得起时间。科研是时间的积累，也是知识的积累。
- 有很强的责任感与使命感。
- 既有独立完成科研的水平，又有团队合作的精神。

【校友分享】Z同学：哈佛大学博士后，毕业于麻省理工学院本科

我本科就读于麻省理工学院（MIT），大四一入学就有各种招聘会（Career Fair）。华尔街许多金融公司、波士顿的高科技公司都到我们学校招聘。因为我学的是理工科，数理基础非常好，我抱着好奇的心理应聘了一家著名的金融公司，没想到很快就被录取了，起薪还挺高。当时我的老师说："你一个本科毕业生的工资跟我干了一辈子差别也不大。"

我拿到录取通知后兴奋了两天，但很快就把这件事放下了。因为当年出国时，我获得过奥林匹克竞赛金奖，原本可以保送北京大学或清华大学。但我来到MIT，最大的动机是想在科研上有所进展，换句话说，我想对自己的学科有所贡献，所以本科知识远远不够。

我很清晰地知道自己想要什么，所以没有征求任何人的意见。我对自己的人生规划就是读博士，做两期博士后，在大学找个教职，继续作科研。除了自己的理工背景，我对哲学、佛学都很感兴趣，所以我喜欢沉浸在自己的世界中。作研究其实也是沉浸在另一个世界，发现科学之美，当你发现它的美，你会无法自拔，这无法用语言描绘。

我知道即使读了博士，做了博士后，进了大学，经历了漫长的学习与积累，可能我的工资还不如我本科毕业去金融公司拿的多。但是，我在学习研究过程中获得的快乐可能此生用多少金钱也无法换来。所以，任何事都有取舍，不能用单一标准来评价，最重要的是听从自己的内心。

后来我顺利进入了哈佛大学读博士，现在是第二期博士后了。我从来没有后悔过自己的选择，因为我的人生规划从一开始就无比清晰。

继续深造的基调确定后，下一步就是如何能够继续深造？何时准备？如何准备？

二、继续深造早准备早受益

无论读硕还是读博，都需要提前准备。那么继续深造需要准备什么？

（一）GPA

GPA是个升学"魔咒"，无论去哪个国家，申请哪个阶段的学位，这个"魔咒"都如影随形，因为GPA在申请硕士研究生和博士研究生时是一个基本的要素。

（二）托福/雅思（国际生）

有些硕士研究生和博士研究生项目对单科成绩会有要求，美国的博士生项目大多有奖学金，学生入学后就有当助教的任务，所以口语单项成绩成为必要条件。切勿到最后考了一个很高的托福成绩却忽略了单项成绩。基本上，能进入理想的硕士研究生项目，托福100+、雅思6.5+是最基本的要求。如果是TOP30的项目，110+是个理想的托福分数。

（三）GRE/GMAT/LSAT

GRE是硕士研究生和博士研究生入学考试。因为只有少数专业如会计、MBA等项目推荐使用GMAT，法学院入学需要LSAT，所以GRE基本上是所有硕士生和博士生入学申请中通用的考试。GRE考试成绩5年内有效，所以作为硕士生和博士生项目的必要考试（无论是国际生还是非国际生），需早些作计划并考出理想成绩。建议大三之前考出来，否则到了大三下半学期和大四就非常被动。任何标准化考试，都是冲刺型考试，冲刺型考试最适合短时间集中学习，学习完马上考试。这种考试不适合拉长战线准备，一是占用时间，二是一旦战线拉长，其实很难考出最佳成绩。所以，对于此项考试，最佳方案是大三之前一次性考出成绩，把时间留给更重要的实习与科研。

（四）实习与科研

许多大三才开始准备的学生，往往会遭遇这样一连串的问题：你有几段与专业相关的实习经历？你有几段与专业相关的科研经历？申请博士生项目的学生还会遇到：你参加过几次学术会议？你在学术期刊发表过几篇文章？

除了硬件的GPA、GRE、托福这些标准化考试，真正能让学生脱颖而出的就是上面一系列的问题。专业相关的实习与科研经历，能充分表现申请者对此学科领域的兴趣及其潜力，特别是硕士研究生申请更加看重大学期间的实习经历，因为硕士研究生的培养方向与职业密切相关。

而博士研究生的申请，如果了解英美等国博士生培养的目标，就非常理解为什么他们选拔学生需要前面一系列的问题。博士生项目是为了培养研究型学术人才，美国的大学基本上由导师提供奖学金（除了极少数的校长奖学金不受限制），入学后博士生要与导师共同学习工作5~8年（根据专业不同，时间有长短）。当导师从自己申请的宝贵的基金中拿出奖学金培养一个博士生时，无论经济上还是精神上，他都付出了巨大努力。所以学生有学术能力和潜力、有独立完成工作的能力和对研究的热情无比重要。这种能力与学生参与学术活动的频率、学生的学术研究成果息息相关。

众所周知，无论是实习、科研活动，还是学术论文，都要经历漫长的时间。一个与专业相关的严肃的实习周期往往在3~6个月，而科研活动则更长。博士生跟随校内老师做科研项目并取得科研成果，往往需要1年左右的时间。有了科研成果再投国际会议，又需要很长的时间。如果学术成果发表，从投稿到发表，最短也需要6个月的周期。

虽然美国的大学都是大二下半学期决定专业，但事实上，一入学就有绝大部分学生知道自己要读什么专业，即便没有决定，经过一年的学习，也基本会有感兴趣的专业。不妨先从感兴趣的专业开始，不要浪费寒暑假，尽早做好准备。

三、大学四年时间安排与规划路径

1. 大一开始作全方位规划，一切规划的前提是确保GPA优秀。

2. 大一与大二期间，利用假期通过GRE考试。

3. 大三与大四进入高阶课程，在选课上，一定注意选择与即将申请的硕士生或博士生项目专业高度相关的课程。这需要学生在学校官网上进行详细认真的研究，切勿将一切工作交给家长或者留学顾问。

4. 高阶课程中，尤其是理工科专业，会有许多大作业，也就是我们说的校内项目，这些作业必须高度重视，它们在某种程度上可以弥补科研实习的不足。

5. 大一到大四共有三个暑假和三个寒假，要充分利用每个假期。暑假比较长，最适合深度实习与科研，但通常情况下，大一由于知识结构单薄，很难找到含金量高的实习，所以建议在这个假期全力通过英语标准化考试。从大二开始，每个暑假都要投入深度实习或科研中。关于深度科研，需要提醒的是，最佳方案是在大学期间申请本校科研，一是因为时间有保证，二是因为与老师沟通方便，三是因为本校科研导师提供的推荐信更加可信。每年大学都会有各种科研机会，比如密歇根大学安娜堡分校几乎所有实验室都向本科生开放，学生会有很多选择。大学期间，需要尽早关注这些信息，争取在校内找到理想的科研机会。

6. 大三时的特殊任务：这一年对于申请博士生项目的学生尤为关键，所以要在认真研究各校导师的基础上，选择与自己感兴趣专业相关的学校和教授，并通过参加学术会议、申请实习机会等方式与教授建立联系，充分展现自我。这也是我们通常说的建立人脉（Network），让未来的导师充分了解学生。

硕士生/博士生申请小贴士：

职业规划决定未来选择

排除杂音，聆听自己的心声，找到真正的动机

从大一起开始进行整体规划

大三前通过托福、GRE考试

深度实习与科研，一个都不能少

第二节　海外工作要申请合法签证

除了选择继续深造，也有不少学生选择在国外就业。在国外如何找工作？在国外就业怎么解决身份问题？国外就业的前景如何？

一、校外工作许可（OPT）

（一）OPT的定义

留在国外，最首要的问题就是身份问题，在美国刚毕业的学生最常见的就是申请校外工作许可（Optional Practical Training，OPT）。OPT是美国移民局授予F-1签证学生的校外工作许可，也是一种临时工作许可而非签证。申请OPT首先由学校批准，然后由美国国土安全局批准，最终获得OPT资格。持OPT的学生有工作许可，可以为任何公司服务，但工作必须与所学专业相关。持有OPT期间可以在美国停留。如果留学生在毕业后60天内仍未申请到OPT，就必须离开美国。持F-1签证的学生不可以在美国全职工作，申请OPT拿到美国移民局发放的雇佣核准文件（Employment Authorization Document，EAD）后才可以全职工作。获得EAD时间一般为2个月，越早申请，获得EAD核准越快。持有OPT期间，留学生仍然保留F-1签证学生身份，实习期间如果与单位签订了正式的雇佣合同，F-1签证学生身份则转换为H-1B签证工作身份。

F-1签证的学生有两种类型的OPT：学业完成前和学业完成后。毕业前的OPT允许国际学生在学习期间找兼职，在假期等休息时间做全职。而毕业后的OPT允许学生找实习或者全职工作，这也是大多数国际学生的选择。因为OPT的时长有限，如果上学期间用完了，毕业后就必须立即离开美国境内。这显然不是一个最合理的选择，所以建议学生不要在上学期间申请并使用OPT。

OPT是学生身份到工作身份的过渡阶段，也就是说国际学生可以得到一定时间的缓冲期合法留在美国找工作、积累工作经验。OPT并不是一种签证类型，留学生的学生身份并没有改变。所以就读期间，学生应随时与就读学校的国际生办公室工作人员保持联系，及时了解政策变化。

（二）申请OPT的条件

1. 申请人必须持有效的F-1签证，申请时间为毕业前的90天到毕业后的60天，毕业60天之后，将失去申请OPT的机会。

2. 必须在美国完成至少两个学期全日制学习，至少在美国学习超过9个月。

3. 从美国高等院校毕业，拿到本科学士及以上学位。

4. OPT从事的工作必须与学生的专业背景相关，否则将被视为非法工作。

（三）OPT的时效

1. 普通专业OPT的时效是12个月。

2. 科学、技术、工程、数学（Science，Technology，Engineering，Mathematics，STEM）相关专业OPT时效为12个月+24个月，共计36个月，具体包括以下领域：计算机科学应用、生命科学、数学、工程、军事技术、工程技术、物理科学等。

3. OPT开始工作的时间不得晚于毕业后的60天。

4. OPT期间累计失业时间不能超过90天（有OPT延期的话，累计失业时间不能超过120天）。

（四）申请次数的限制

在本科、硕士、博士等不同的学习阶段都有一次申请OPT的机会，但是同级的学位只能申请一次。

（五）申请OPT的流程

美国移民局官网有详细的申请说明与步骤。F-1签证学生申请OPT有一个固定的时间窗口，持有F-1签证的学生应于不早于毕业前90天至不晚于毕业后60天的时间内提交OPT申请。在提交OPT申请材料前，先要联系学校国际生办公室，由学校指定的负责人（DSO）来推荐申请，更新学生的I-20，并在SEVIS系统里进行标注。这时学校也会检查学生的表格和证件。需要携带以下材料：

● I-765表格，在美国移民局官网搜索即可。注意表格中第16项，如果是第一次申请12个月的OPT，填写（c）（3）（B）。STEM专业申请OPT延期时填写（c）（3）（C）。

● G-1145表格，请在美国移民局官网查找。

- 国际生办公室的OPT表格会要求填写学生想要开始OPT的日期。
- 更新的I-20复印件。
- 以往所有的I-20复印件。
- 护照信息页和签证页复印件。
- I-94打印件。
- 以前EAD卡的复印件。
- 两张30天内拍摄的白底签证照片。
- 支票或汇票（Money Order），收款人为"US Department of Homeland Security"。

　　准备好所有材料，密封于信封内寄送到所在州的移民局。寄送2~3周后会收到移民局寄来的收据信，上面有案件号码可以用来查询申请进度。移民局还有官方APP，手机上也可以随时查看申请情况。平均受理时间为3个月左右。如果美国公民及移民服务局（USCIS）在90天内未处理，学生可以去当地的USCIS办公室，提供从服务中心（Service Center）获得的收据，他们会先给一个240天的临时工作许可证。

二、H-1B签证

（一）H-1B签证的定义

　　H-1B是发给外籍专业人士在美国的短期工作签证，全称为Specialty Occupations/Temporary Worker Visas（H-1B），即特殊专业人士/临时工作人员签证。美国移民局每年4月1日开始接受H-1B申请，申请获得批准后，10月1日开始生效。如果国际生在OPT的有效期内在美国找到了正式工作，一般都可以顺利申请H-1B签证，在美国合法工作。

　　H-1B签证会给予那些获得了学士以上学位的专业人士，与OPT一样，必须从事与毕业学位专业相关的工作。H-1B是美国最主要的工作签证，持H-1B签证的人可以在美国工作3年后再延长3年，一共6年。

（二）申请H-1B签证的基本条件

　　1. 必须具有合法身份（F-1签证或者OPT）。

　　2. 具有大学学士或以上学位，或在本专业领域具备足够年限的工作经验。

3. 被申请人必须受雇于与其学位密切相关的专门行业。

4. H-1B签证申请人的工资一般要求不低于相同行业在该地区的普遍工资。

绝大部分的学生都是通过OPT实习机会合法顺利地将学生签证转成工作签证的。所以，学生签证转为工作签证需要三步：首先，申请OPT实习工作许可证；其次，在公司实习工作；最后，由公司或雇主为其申请转成工作签证。

工作签证申请小贴士：

OPT申请时间为毕业前90天到毕业后60天，切勿错过

本科、硕士、博士阶段可各申请一次OPT

OPT最好不要在大学期间使用

实习必须与专业相关

第三节　在国外找到理想工作

留学后，不少学生选择留在国外工作，也有许多留学生希望在国外工作一两年积累海外工作经验后再回到国内。无论是哪种情况，找到工作才是硬道理。近年来，国际生在英美找到理想的工作并不容易，尤其是在英国这样的非移民国家更是如此。相对于欧洲国家，美国相对包容一些，工作机会也相对多一些。对于中国学生来说，文商科这种对语言和文化背景要求较高的学科，找工作并不容易。计算机、金融工程以及会计统计、工程类专业之所以是热门专业，是因为这几大类专业在就业市场上需求量大，比较容易找到工作。留在国外，如何找工作？通过什么渠道找工作？这是本节将要分享的内容。

一、避免无意中错失良机

找实习和工作的最佳时机都是每年9月。作为留学生，对于美国的职场

不会太熟悉，有时往往无意间错失良机，比如就读大学提供的各种机会。

（一）学校的职业服务中心是个资源宝库

学校与外界有着非常密切的联系，特别是学校有着极为丰富的校友资源。学校的职业服务中心介绍的公司多为与学校联系紧密的公司，它们会直接把空缺职位提供给学校。尤其名校这类资源非常多，比如麻省理工学院、密歇根大学安娜堡分校、加州大学伯克利分校，因其校友资源丰富，校友的公司便成为学校职业服务中心的首选。所以在这里，学生可以得到非常充分的就业信息。职业服务中心还向学生提供免费修改简历和就业咨询等服务，同时经常举办各种讲座为学生讲授面试技巧以及面试礼仪。

求职前都需要写简历和求职信（Cover Letter），它们貌似简单，但其实差别极大，尤其是求职信更是千差万别。学校的职业服务中心基本上都提供指导和修改的服务，所以写好简历和求职信后要及时找到职业服务中心进行修改和提升。

（二）充分利用招聘会的机会

美国大学的招聘会也就是中国常说的校园招聘会，这是每年的一大盛事，许多学生直接在校园招聘会上拿到工作录取通知，所以招聘会是不能错过的机会。每年两次主要的校园招聘为冬季招聘和夏季招聘。年末岁初，公司的年度财务预算出台后，都会制订专门的员工招聘计划。各公司HR人员也不辞辛苦，在这个时候到校园招聘会，选拔优秀人才。

职业服务中心会把要来参加校园招聘会的公司名称以及这些公司要招募的职位发布在官网上。求职者分享时间非常有限，所以提前做好研究，选择自己感兴趣的公司与职位是必要的。确保在1分钟内陈述自己的优势，给招聘人员留下深刻印象。除了毕业季的学生，许多低年级学生也会正装参加，锻炼和积累经验，同时寻求暑期实习机会。

（三）校友返校日不容忽视

每年5月的毕业季，都是大学的一场盛事。除了毕业生父母来参加毕业典礼，更重要的是这也是校友返校时间，许多优秀的校友都会来到学校。为了迎接校友返校，学校都会花许多心思，校友们也会慷慨解囊。比如普林斯顿大学5月底6月初的返校节——年度校友聚会（Princeton Res）为期4天，其间会有颇为壮观的校友游行活动，还会有校友—教员论坛（Alumni-Faculty Forums），这是校友聚会中一个具有40多年历史的传统项目。除此之外，每晚校园的露天酒会学生可买票进入，这是与校友们直接沟通的机会。有些学生每天都会参加，也有人在聊天中找到了自己的实习工作。因为普林斯顿具有独特的饮食俱乐部（Eating Club）文化，所以学生常调侃说找工作时，他们只说自己是哪个饮食俱乐部的，比说自己是普林斯顿哪个院系的更有利。

二、美国式社交网络——推荐信制度

留学后，尤其是在找工作的过程中，学生会发现，原来美国也是个人际关系（Networking）无处不在的地方。从小到大，一个人的一生都被推荐信制度紧紧地与自己的导师、上司关联在一起，无论是申请奖学金还是升学的每个阶段，从高中到大学，从学士到硕士，从硕士到博士，再到暑期实习、申请工作、换工作，哪怕是在校内宿舍做兼职，都需要导师或上司的推荐信。甚至纽约、波士顿的一些高品质公寓，不是有钱就能住进去的，也需要推荐信。所以推荐信制度将个体与学校的导师、工作的上司紧密地联系在了一起。当然，推荐信制度同时也具有信用备书的价值。

美国许多工作机会是通过内部推荐的，这当然是对内部员工的信用肯定，因为内部员工更了解什么样的人适合本公司。如果推荐的人被录取，许多公司还会奖励进行推荐的内部员工。想要获得一份好工作，需要从很早就开始着手准备，因为打造和维系良好的社交网络与人际关系，需要时间的积淀和信用的考验。

进入职场前，学生们通常会在大三进行为期2~3个月的实习，有相当一部分学生最后拿到的工作录取通知就来自大三实习的单位。所以美国学生极为看重大三的实习，因为这是他们步入职场的第一步。实习是一个极为考验新人的阶段。你是否充满热情地工作？你的工作效率、工作能力是否突出？你是否非常遵守公司规则并适应公司文化？最重要的是，你是否得到上司与同事的推荐与认可？这些都将成为顺利步入职场的关键点。所以大三的实习，往往是被公司录取的"敲门砖"。

与校友及导师的良好关系也是顺利进入职场的关键。构建良好人际关系是一个基本素养，也是职场中的基本能力。在学术界，如果博士生无法得到导师的推荐，在学界就很难得到发展。在公司也是如此，如果你的学长能够及时将招聘信息分享给你，并进行内部推荐，往往有事半功倍之效。所以有人将人际关系在求职重要性中排在了第二位，即实习经历>人际关系>专业知识>GPA>其他，这种排序仁者见仁，智者见智，但在美国职场中人际关系的重要性是不可否认的。

三、美国九大著名求职网站

表5-1　美国九大著名求职网站

序号	网站名	网址	功能特点
1	Linkedin	https：//www.linkedin.com/	全美最大求职社交网，许多招聘人员都会来这里寻找新员工
2	Monster	https：//www.monster.com/	最全面的求职网站之一，提供写履历的数据、职场的经验与技巧
3	Indeed	https：//www.indeed.com/	专门找工作的专业搜索引擎
4	Glassdoor	https：//www.glassdoor.com/	可以看到员工对就职公司的工作评价
5	Simply Hired	http：//www.simplyhired.com/	迅速搜集并且排列出正在招聘员工的职位
6	Career Builder	http：//www.careerbuilder.com/	会提供面试、写履历、就业市场现状等参考信息
7	Idealist	http：//www.idealist.org/	美国最大的寻找非营利职位的求职网站
8	Internships	http：//www.internships.com/	最大的实习招聘网站
9	USA Jobs	https：//www.usajobs.gov/	找联邦政府工作的专业网站

求职小贴士：

学校的职业服务中心与招聘会是宝藏

校友返校日也是校友信息与机会分享日

大三实习单位往往是未来的工作单位

校友的内部推荐比"投"简历更有效

第四节 国外工作丰富人生阅历

虽然越来越多的学子选择回国工作，但依然有不少学子选择在国外工作。为什么要在国外工作？此次调查显示，国外"更适合专业发展"仍然是留学生作出该选择的首要因素（见图5-2），而专业与国内企业的市场需求不匹配、在技能上短期内无法显示出明显竞争优势也一直是阻碍留学生回国就业的重要因素。事实上，更高的薪资和良好的工作环境一直是国外企业吸引留学生的主要原因，也有一部分学生希望先在国外积累一定的工作经验，待回国就业时让自己在竞争者中脱颖而出。

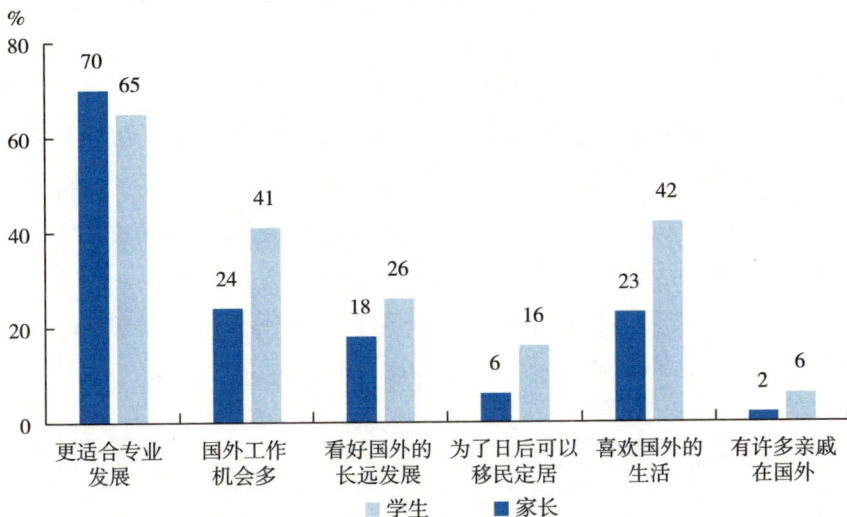

图5-2 选择毕业后留在国外发展的原因

对于学生来讲，"喜欢国外的生活"也是其在作出是否留在国外选择时的重要考量。许多留学生在国外求学的过程中逐渐适应了国外的生活节奏，尤其是部分高中及以下阶段就选择出国的低龄留学生，他们已经适应了国外的思维方式和生活习惯，回国对他们而言意味着要再次适应各种变化，这也是许多留学生选择在国外就业的主要原因之一。

此外，相比国内，"国外工作机会多"也是留学生选择留在国外的原因之一。事实上，近年来随着国外高校的"扩招"和国内的留学热潮，海归逐渐失去了精英的标签。目前在国内市场上，留学生的身份作为应聘的"敲门砖"，并不能带来留学生期待的薪资上的明显差异，使留学生难以在国内找到符合期望的理想工作。同时，从就业城市来说，北上广深这类一线城市仍然是海归的主流选择，经济发展迅速的一线城市无疑意味着更为广阔的求职平台和更大的发展空间，对具有国际视野的专业人才也有着更加旺盛的需求。但这些一线城市同样是国内名校毕业生目光瞄准的对象，这种供过于求的竞争局势加剧了就业压力。

第五节 国内发展潜力吸引留学生回国

2019年3月27日教育部官网发布《2018年度我国出国留学人员情况统计》，其中的数据反映了中国出国留学市场的最新动态。教育部数据显示，截至2018年底，我国出国留学人员总数为66.21万人，各类留学回国人员总数为51.94万人。与2017年度的统计数据相比较，出国留学人数增加5.37万人，增长8.83%；留学回国人数增加3.85万人，增长8.00%。从2015年度开始，留学归国人员数量增速开始反超当年出国人员数量增速。那么是什么吸引越来越多的学子归国？归国发展有哪些机会？

一、选择回国的原因

为什么要回国？这是一个百年之问。毕业于耶鲁大学、建造了京张铁路的詹天佑，从巴黎回国担任广东黄埔军校政治部主任的周恩来，从宾夕法尼亚大学学成归国的梁思成夫妇，终于登上"克利夫兰总统号"轮船归国的钱学森，以及陆续回国的邓稼先、郭永怀，辞职退籍到清华大学创建"姚班""智班"的图灵奖获得者姚期智，可能都想过这个问题。"面壁十年图破壁，难酬蹈海亦英雄。"这个百年之问背后的抉择并不轻松。

今天的学子，同样的问题，答案是轻松的。快速发展的中国，带来的不仅仅是经济发展，更多的是提供了自由选择与自主发展机会。对绝大多数年轻人而言，回国更多的是因为中国巨大的发展潜力与机会，以及安全稳定的社会环境，这些都有利于他们自身的发展。

　　本次调查显示，对于决定回国发展的学生和家长群体来说，国内社会更安全稳定是其考虑的首要因素，调查中74%的学生和81%的家长将其列为回国发展的首要理由（见图5-3）。这与目前全球特殊的公共健康安全问题有着十分密切的关系。除了安全因素之外，国内社会的发展前景、家庭生活环境、国内事业的发展机会等也是海外留学的学生和家长群体共同考虑的重要因素。其中，62%的学生看好国内社会的长远发展。近年来，我国经济的平稳高速发展为留学生创造了更多的工作机会，新兴产业迅速崛起，国内发展前景甚至超过国外。同时，近年来我国人才机制的改善使归国留学生能够充分发挥所长，这也推动了国内对海外人才强大的"人才磁铁"效应的形成。随着"80后""90后"逐渐走上社会舞台，他们也开始主动担起家庭责任与社会责任，不少海外学子表示，想要把自己所学的知识和理念融入祖国的发展。

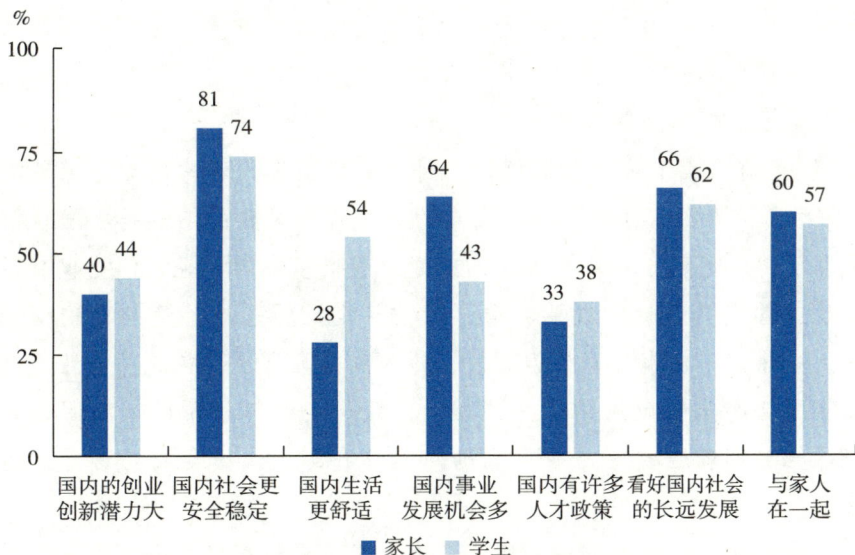

图5-3　选择毕业后回国发展的原因

此外，值得注意的是，在是否归国发展的抉择上，学生群体（54%）对于国内外生活的舒适度因素的关心度高于家长群体（28%），而家长群体（64%）对于国内事业发展机会的关心度普遍高于学生群体（43%）。可见，学生群体更加关注对国内外文化环境和生活习惯的适应情况，而家长群体则更加关心学生未来的职业发展前景。对于海外留学生来讲，虽然数年的留学生活让他们渐渐适应了国外的生活节奏，但却很难产生归属感。2019年全球化智库（CCG）与智联招聘发布的《2019中国海归就业创业调查报告》显示，"方便与家人、朋友团聚"仍然是留学生选择回国发展的首要原因，国内的亲情、友情仍然是海外留学生的重要羁绊。同时，中外文化差异给留学生融入国外生活带来不小的挑战，且这种挑战会一直延续到未来的工作和生活中。

【专家观点】黄教授：博士毕业于剑桥大学，深圳市"孔雀计划"海外高层次人才

我从美国回国前，在一家医院做中心主任。回国是我一直以来的梦想，已经"折磨"我近十年了。看到身边每年都有一批朋友辞职回国，我总是感到不安。我已经有了两个孩子，家人在美国学习生活工作20年了，想彻底割离并非易事。

4年前，我下决心辞职回国，进入一所顶级大学作研究，并获得了深圳市 "孔雀计划"海外高层次人才称号。我的感觉是中国目前的环境特别宽松，对海外人才的鼓励政策很多，对年轻人创业也有很多政策性支持。这种创业环境，目前从全世界来看，都是比较少见的。另外，深圳市政府极为高效，这令我非常意外，在深圳创业，基本上不会有来自政府的壁垒，相反，政府会迅速地帮助解决问题。中国社会的安全稳定是个巨大的隐性福利，让人体会到安居乐业的幸福。

我现在也在做些创业的事情。医疗卫生大健康产业会是未来十年的发展重点，我可能会在此领域做些努力，希望能够成功。真心希望更多的年轻人回来，国内的发展环境、人才政策都非常好。不要道听途说，去真正地了解一下，勿错过中国发展的时代机遇。

二、各地对海归人才的政策

对于海归人才，各地有专门的面向高校和研究机构的地方性人才计划与人才政策。除此之外，全国各地都出台了相应的海归创业人才引进与奖励措施，表5-2为各部分省份对于创业型海归实施的部分人才计划和相关政策，以及急需人才的行业与领域。

表5-2　部分省份对创业型海归的人才政策和人才需求领域

省份	人才政策	人才需求领域
北京	政府提供10万元企业开办费。 提供短期周转性住所。 可购买免税车一辆。 办理北京落户。 授予北京市"特聘专家"称号并给予100万元奖励。	在新一代信息技术、生物医药、新能源、节能环保、新能源汽车、新材料、高端装备制造、航空航天等战略性新兴产业和科技服务、信息服务、文化创意等现代服务业领域，引进和聚集一批战略科学家、科技创新人才和产业领军人才。
天津	创新长期人才项目：100万元扶持资金。 创新短期人才项目：50万元扶持资金。 创业人才项目：300万元扶持资金。 提供两居室或三居室住房一套。 愿意自费购买住房的，由用人单位给予一定补贴。 创业最低注册资金为1万美元。	航空航天、石油化工、新能源、电子信息、汽车及装备制造、现代冶金、生物医药、食品加工、海洋科技、节能环保等产业，重点引进能够突破关键技术、发展高新技术产业、带动新兴学科和新兴产业发展的国际一流科学家和创新创业领军人才，以及金融、文化、教育、社会工作、社会科学等领域业绩突出、知名度高的人才。
上海	上海市常住户口。 可购买一辆免税车。 浦江人才计划：最高50万元政府资助资金。 浦东创业：15万元创业资金。	围绕现代服务业、战略性新兴产业和高新技术产业等重点领域，引进国际金融、国际航运、战略性新兴产业、高新技术产业化、文化创意等22个产业的人才。

续表

省份	人才政策	人才需求领域
重庆	高层次人才最高安家补助可达200万元。 可购买一辆免税车。 子女教育补贴。 高新技术企业自投产年度起免征所得税2年。 创业者可获得最高50万元贴息支持。	通信设备、集成电路、节能与新能源汽车、坏保装备、轨道交通装备、生物医药、新材料、风电装备、光源设备、仪器仪表10个产业的人才需求。
河北	一次性住房补贴：博士15万元、硕士10万元、学士5万元。 顶尖人才：给予每人1000万元科研经费补贴、200万元安家费。 最高1000万元贷款贴息补助。 可购买一辆免税车。	在海外著名高校、科研院所、跨国公司、金融机构任职，熟悉相关领域业务和国际规则，有丰富实践经验的专家学者和经营管理人才；在钢铁、装备制造、石油化工、食品、医药、建材建筑、纺织服装、电子信息、现代物流、旅游等产业和新兴技术领域掌握关键技术，拥有重大科研成果的创新人才；在现代产业技术领域拥有专有技术或发明专利，且其成果国际先进、能够填补国内空白、具有市场潜力和产业化前景，具有较强经营管理能力的高层次创业人才。
山西	免房租费3年。 优秀人才：一次性生活补助10万元、科研经费5万元。 10万元创业启动资金。 可购买一辆免税车。	在国际某一学科或技术领域的学术技术带头人；拥有技术含量较高且市场开发前景广阔的专利、发明或专有技术的人员；现代装备制造业、现代煤化工、新型材料工业、特色食品工业、会展、科技咨询、研发设计、信息服务、商贸等产业发展急需的高级专业技术人员和管理人员。
内蒙古	"千人计划"：3年免收100平方米以内的房租优惠（博士以上学历）。 高新区：5万~10万元项目启动资金扶持。 可购买一辆免税车。	重点发展能源工业、化学工业、冶金工业、装备制造业、农畜产品加工业、高新技术产业等六大工业。未来，将重点围绕清洁能源输出基地、现代煤化工生产示范基地、绿色农畜产品生产加工输出、有色金属生产加工和现代装备制造基地建设及相关产业，根据自治区产业升级、科技创新、学科建设、社会发展等对人才的需求，吸引和凝聚高层次领军人才和创新创业团队。

续表

省份	人才政策	人才需求领域
吉林	引进高端人才，一次性资助50万元。 提供不少于200平方米的工作场所和不少于150平方米的住房公寓，3年内免收租金。 免征所得税2年。 可购买一辆免税车。	引进汽车、石油化工、农产品加工、医药、生物技术、电子信息、新材料、新能源、装备制造、轻工纺织等重点产业领域从事技术研发和成果转化的高层次创新人才；拥有自主知识产权和发明专利，技术成果国际先进，填补国内空白或引领相关产业发展，具有市场潜力，能够进行产业化生产，投资创（领）办科技型企业的高层次创业人才。
江西	创业者：60万元购房补助。 可购买一辆免税车。 高层次人才：每月最高5000元补贴。	光伏、风能核能及节能、新能源汽车及动力电池、航空制造、半导体及绿色照明、金属新材料、非金属新材料、生物和新医药、绿色食品、文化创意等战略性新兴产业人才。
河南	最高可获1亿元项目产业化扶持资金资助。 博士学位人才：每人10万元首次购房补贴。 由企业注册所在地负责提供不低于300平方米的生产用房。 200平方米的办公用房。 100平方米的人才公寓，5年内免租金。 可购买一辆免税车。	围绕装备、汽车、食品、有色金属、钢铁、化工、纺织、轻工等工业主导产业和电子信息、生物医药、新材料、新能源等高新技术产业以及金融投资、现代物流、文化旅游等重点领域，依托重点创新项目、重点学科和重点实验室、重点企业和商业金融机构、各类园区等，引进一批能够突破关键技术、发展高新产业、带动新兴学科的领军人才及创新创业团队。
广西	给予符合条件的高层次人才和团队最高1000万元科研补助。 对符合条件的海外高层次人才给予最高100万元的岗位津贴。 最高200万元的住房补贴。 可购买一辆免税车。	食品、汽车、石化、电力、有色金属、冶金、机械、建材、造纸与木材加工、电子信息、医药制造、纺织服装与皮革、生物、修造船及海洋工程装备14个千亿元产业及相关学科，新材料、新能源、节能与环保、海洋产业4个新兴产业及相关学科，交通运输、现代物流、金融服务、信息服务、商务服务等现代生产性服务业及相关学科的优秀人才。
海南	一次性拨给100万元创新创业启动经费。 可购买一辆免税车。	重点引进和培养以旅游业为龙头的现代服务业人才、热带现代农业人才、南海资源开发人才、高素质教育人才、高素质医疗卫生人才、高素质宣传文化人才、琼属华人华侨人才，以及高层次创新创业型人才。

续表

省份	人才政策	人才需求领域
贵州	引进的高层次人才按层次可分别享受15万元、60万元、100万元的购房补贴。 每月享受相应的人才津贴。 可购买一辆免税车。 专项科研经费500万元（分5年，每年100万元）。	能源产业、原材料工业、装备制造业、新兴产业、民族制药、特色食品和旅游商品等特色优势产业以及现代农业服务业七大重点产业，未来将在重点产业、重点领域、重点工程、重点学科引进一批掌握关键技术和技能、熟悉相关领域规则的领军人才和创新团队。
云南	机关事业单位按财政供给渠道由同级财政分别给予15万元、10万元、7万元的购房补贴。 可购买一辆免税车。	科技、经济、金融等领域，烟草、矿产、能源、生物、旅游等支柱产业，以及花卉、民族民间文化等特色优势产业，引进能够突破关键技术、发展高新产业、带动新兴学科的海外高层次人才。
甘肃	博士生：每人每月发放津贴1200元。 可购买一辆免税车。 在甘肃工作超过6个月的，一次性发放安家补助1万元。	围绕冶金、医药、机电、建材和煤炭五大支柱产业，引进并有重点地支持海外高层次科技人才创新创业。
宁夏	高新区财政按资格分别一次性补助20万元或100万元。 可购买一辆免税车。 为创业人员提供别墅写字楼。	扶持海内外高层次科技人才团队与省内企业共同研发和转化具有自主知识产权、能够形成产业规模、具有广阔市场前景和可观预期效益的重大科技创新创业项目，孵化和培育一批高成长性的高新技术企业，将重点引进新能源、节能环保、新材料、生物医药、高端装备制造业、农产品精深加工等领域的科技人才和项目。
新疆	创业初期，首期出资5万元以上。 可购买一辆免税车。 为留学归国人员在创业园内提供60平方米办公用房。	石油天然气工业、煤炭工业、现代煤化工产业、矿产资源勘探开发、现代农牧产品加工业、纺织工业和钢铁、建材、化工、轻工业等特色优势产业，以及新能源产业、新材料产业、生物产业、先进装备制造业、电子信息产业等战略性新兴产业等领域的优秀人才。

表5-3为部分城市的人才引进政策，很多时候与省级政策相互叠加，让优秀的海外人才能享受到更多的福利。

表5-3　部分城市对创业型海归的人才政策和人才需求领域

城市	人才政策	人才需求领域
沈阳	给予500万~1000万元项目资金支持。 可购买一辆免税车。 给予不超过20万元的一次性创业资助。 博士学位（或博士后）并在沈阳市领办软件企业的高级人才，一次性提供20万元创业资助。 凡通过CMM2级以上（含2级）认定的软件企业，每过一级一次性奖励50万元。 被认定为杰出创新人才：最高奖励额不超过30万元。 高端人才：一次性给予20万~50万元安家补助。	聚焦先进装备制造业、高新技术产业、现代服务业等重点发展领域，突出培养造就创新型科技人才，引进急需紧缺的海外创新团队和行业领军人才。
大连	减免15%的所得税。 可购买一辆免税车。 租房：第一年免50平方米租金、第二年免25平方米租金。	引进一批熟悉国际国内市场、具有国际运作能力和能够发展现代产业的创新型领军人才，大力开发经济社会发展重点领域急需的专门人才和国际化人才。
哈尔滨	最高10万元的无偿资助。 可购买一辆免税车。 第一年40平方米免费办公室，第二年按实际租金的60%收费，第三年按实际租金的80%收费。	引进高端、紧缺性专门人才，重点是加强装备制造业、战略性新兴产业、现代服务业等相关专业人才的开发。
南京	最高1000万元科研成果产业化配套资金。 可购买一辆免税车。 最高200万元住房补助。	培养电子信息、石化、汽车、钢铁四大支柱产业，风电与光伏装备、电力自动化与智能电网、通信、节能环保、生物医药、新材料、轨道交通、航空航天八个战略性新兴产业，软件和服务外包、金融业、现代物流、信息服务、旅游会展、文化创意、商务服务、商务流通八个现代高端服务业等重点产业和教育、文化、医疗卫生等社会发展领域急需的紧缺人才。

续表

城市	人才政策	人才需求领域
苏州	给予50万～250万元的安家补贴。 根据创业项目的规模和进度，给予100万～400万元的科研经费资助。 提供不少于100平方米的工作场所，并免除3年租金。 可购买一辆免税车。	新能源、新材料、金融和现代服务业等重点优势产业和战略性新兴产业方面引进和培养紧缺专业人才10万名，具有博士学位的高层次专业人才1000名，具有硕士学位和研究生学历的高层次专业人才1万名；在电子信息、装备制造、纺织服装、冶金、轻工和石化六大优势主导产业面向国际竞争引进人才。
无锡	购房补贴：50万元。 可购买一辆免税车。 对于科技创业人才，除提供100万～500万元配套资金外，3年免费提供不少于100平方米工作场所、100平方米住房公寓。 在无锡购房还提供100万元安家补贴，并给予税收优惠。	以培育发展新传感网、新能源、新材料、生物医药、环保、软件和服务外包等产业为导向，重点引进一批能够突破关键技术、发展高新产业、区域发展急需和紧缺的科技领军型创业人才和创新人才。
杭州	对高层次留学回国人员来杭创办企业的，提供100万元以上500万元以下的资助资金。 可购买一辆免税车。 入选"521人才计划"的，提供80万元安家补助，并提供一套不低于120平方米的人才专项住房。 给予创业者最高500万元银行贷款的全额贴息。	引进高层次人才、高水平创新团队、高技能实用人才，重点引进电子信息、生物医药、机械制造、食品饮料四大主导产业以及汽车及零部件、新能源、新材料、物联网四大新兴产业的高端人才。
宁波	给予100万～500万元创业启动资金。 可购买一辆免税车。 团队扶持：每个海外人才数在3人（含）以上的海外人才创业团队，每增加1人，增加扶持资金10万元，最高增加50万元。 个人所得税地方留成部分，由高新区财政按一定标准予以补贴，补贴期限为5年。 高新技术成果作价入股时，暂免征个人所得税。 给予两年期300万元贷款额度以内的贷款贴息补助。	重点引进新材料、新一代信息技术、新能源、新装备、海洋高技术、节能环保、生命健康、创意设计等重点产业，生产性服务业及金融管理、现代物流、国际商贸（包括知识产权保护）等现代服务业，文艺创作、文化创意、文化经营、现代传媒等文化产业，以及重大创新项目、重点学科、重点实验室等重大研发平台紧缺急需的高层次创业创新领军人才。

续表

城市	人才政策	人才需求领域
合肥	顶尖人才每人补助200万元。 可购买一辆免税车。 对于近两年从海外来皖、具有丰富的海外科研工作经验的高层次创新创业人才，省财政给予个人50万元生活补助，市财政给予50万元配套资助。	围绕电子信息、新能源、新能源汽车、新材料、节能环保、高端装备制造、生物、公共安全等战略性新兴产业，家用电器、汽车及零部件、装备制造、化工、冶金、纺织服装、食品和农产品加工等优势产业，现代物流、商务会展、商贸旅游等现代服务业，以科技领军人才、国际化人才、优秀企业家和高技能人才为重点，面向海内外引进掌握国际领先技术、引领战略性新兴产业发展的领军人才。
厦门	新引进的海外高层次人才可获得最高500万元创业扶持资金。 可购买一辆免税车。 获得博士学位：可申请购买一套不低于三类标准三室一厅优惠价住房。 获得硕士学位：可申请购买一套不低于二类标准两室一厅的优惠价住房。	围绕电子信息、机械制造等支柱产业，光电、生物医药、新材料、新能源等新兴产业，金融服务、文化创意、信息服务等现代服务业和传统优势产业的技术改造升级等重点领域，大力引进促进产业发展的领军型创新、创业人才。
武汉	2年内免征所得税。 第三年至第五年减按7.5%征收所得税。 5年后减按15%征收所得税。 可购买一辆免税车。 择优给予5万~100万元不等的住房补贴。	引进新一代信息技术、节能环保、新能源、生物医药、高端装备制造、新材料、新能源汽车、石油化工、钢铁等产业急需的创新创业人才及团队。
长沙	2年共计10万元人才补贴。 可购买一辆免税车。 享受"零门槛"落户政策。 按照每年博士5万元/人、硕士1万元/人、学士6000元/人的标准申请"留学归国人员租房和生活补贴"，发放期限为2年。	引进海外人才的重点是高端制造、新材料、生物医药、文化创意、信息网络、工程机械、科技研发和信息服务、现代农业等产业经济发展急需的应用型和关键性的高端技术人才、高层管理人才和高级金融人才（"三高"人才），特别是由高端人才率领的创新专业研发和管理团队。
广州	创业培训补贴每人最高2500元。 一次性创业资助5000元。 小额担保贷款贴息，个人最高20万元。 可购买一辆免税车。 留学人员的项目向科委申报，一次性给予10万元的启动资金补助。	将重点打造汽车、石化、高端装备、数控、造船、精品钢铁等具有国际竞争力的先进制造业基地，重点吸引科研创新团队、领军人才、优秀中青年人才和海外高层次留学人员来广州创业发展。

续表

城市	人才政策	人才需求领域
深圳	生活补贴：本科15000元/人，硕士25000元/人，博士30000元/人。 可购买一辆免税车。 办理本地户口。 未成年子女入托儿所、入中小学就读免费，优先申请，并可以报考市、区重点中学的高中部。 可到各公立医院就诊并享受各大医院提供的方便。 可申请租用市、区政府提供的安居房和留学生公寓。 纳入"孔雀计划"的海外高层次人才：享受160万~300万元的奖励补贴，享受居留和出入境、落户、子女入学、配偶就业、医疗保险等方面的待遇政策。 对于引进的世界一流团队给予最高8000万元的专项资助，并在创业启动、项目研发、政策配套、成果转化等方面支持海外高层次人才创新创业。	新一代信息技术、互联网、基因工程、干细胞、新能源、新材料、新能源汽车、节能环保等重点领域掌握产业核心技术、关键技术，力争引进50个以上海外高层次人才团队、1000名以上海外高层次人才和10000名以上国内高层次人才。

注：根据"海归之家"（http：//www.lxzjedu.com/html/20190919347.html）内容整理，各省市政策会有变化并出台新的人才计划，具体政策以各省市官网为准。

三、备受关注的落户政策

在海归的政策中，有一项是许多家长与学生所关注的，即落户政策。我国公派或者自费出国留学1年，具备以下条件之一者可申请办理留学人员引进，办理北京市或者其他地区（具体条件需要看各个城市的政策）的户口：

- 在国外取得硕士及以上学位。
- 出国前已办理解除公职手续。

- 出国留学1年以上（因英国硕士时间短，所以学生多选择在英国呆够12个月再回国）。
- 申请在北京落户的需要在国外取得硕士或者以上学位，并且学业结束回国2年内，按要求把所有申请材料递交至教育部留学服务中心受理。
- 申请到其他省会城市落户的需要大学本科及以上学历。

【校友分享】朱子龙：毕业于帝国理工学院，"凤凰计划"海外高层次人才

【留学实现了自我塑造】

从浅显的角度讲，留学实现了自我塑造，而且没有浪费时间，每一门学科都是自己特别愿意学而且都能学得不错的，留学生活非常充实。而且在这个过程中自己爱动脑筋，哪怕错了也没关系，所以学习很自由，极大地提升了能力和兴趣。对我的留学生涯，我是非常满意的。

从深层的角度讲，毕业后的职场表现许多是源于见识，留学让我见多识广、大开眼界，所以有时才能做到处乱不惊。我在美国读书时经历了奥巴马大选、波士顿马拉松事件，在英国时经历了英国"脱欧"事件。这些经历让我见识了许多，而且有很强的参与感和带入感。

在国内，工作后很开放自由，有很大的自主探索空间与机会。而国外恰好相反，是上大学时很开放自由，工作后反而约束很多，开放与自由度小，机会相对少。从这一点讲，我觉得无论是留学生涯还是回国后的职场生涯，我的个人诉求非常统一。

【留学对职场的影响】

最大的影响是职业生涯中的沟通能力与团队交流能力，我感觉自己在这方面比较突出。留学时需要大量与人沟通交流，所以我变得不畏惧与人交流，乐于分享个人感受。国外教育尊重个人的感受与情绪，对我而言，不羞于表达自己的想法，在工作中是很重要的一个素质。跟不同的人沟通交流，如何达成一致，这点很重要。这是一个软

实力，也是最核心的实力之一。

另一个影响是见识的问题。见多识广，视野更为开阔，格局更高，工作中面对人与事就会相对从容很多。

还有一个影响是生活能力、适应能力大大提高。我记得我到了波士顿后，晚上打开通信录，电话的联系人只有我母亲一个人，还是她在美国的临时电话。去留学，不仅仅是上学，也是重新开始一段人生。但现在想来留学的魅力就在于此。我后来去英国也是如此，所以回国时心态特别好。现在回望，我觉得这是美好的经历，人生没有几次这样让你不断重新开始的机会。尤其是工作后，资源和积累基本上就会固定在一个城市，人生由此固定下来了，心态也会随之变化。

【回国实现自我价值】

从英国毕业后我在香港工作了1年，然后又到优客工场做了投融资副总裁，但我心中有个梦想，就是我现在做的事。我现在做的工作是沉浸式国风消费：一方面，倡导国风，打造清、明、唐实景，给予受众实景体验与换装体验；另一方面，强调在地文化，主要是成都蜀汉文化、西安大唐文化、北京明清文化，与当地文化背景相结合。

许多人问我，为什么留学这么多年却做这些？我想是因为中国文化要用年轻人喜欢的方式来推广。未出国前对国外会有很多憧憬，但了解国外文化后再回望自己的文化，反而觉得更美、更有魅力。在国外时间越长，这种感受越强烈。我团队中许多年轻海归都有同感。我觉得主要是经济快速发展后，我们的祖国强大了，必然文化自信。

中国是世界第二大经济体，我国又拥有悠久深厚的文化积淀与传承，所以文化自信、文化输出是必然的。

四、回国后首先需要适应职场

（一）"水土不服"的深层次原因

经常有人说回国工作会"水土不服"，真的是"水土不服"吗？对于大多数留学生而言，在国外并没有真正的全职工作，所以谈不上什么真实的比较。很大程度上，这个所谓的"水土不服"，是从大学校园一步跨入职场后的不适应。

无论在哪个国家工作，都需要度过职场适应期。作为新人，从头做起，从头学起，多听多看多学多做，是职场通用准则。

（二）抓住机遇，面对挑战

当今中国，机遇与挑战共存。许多海归抓住机会，成为时代弄潮儿，这需要眼界、格局和勇气。未来5~10年，哪些会是人才最缺乏的领域？从《中国制造2025》来看，主要集中在以下十个领域：

- 新一代信息技术产业；
- 高档数控机床和机器人；
- 航空航天装备；
- 海洋工程装备及高技术船舶；
- 先进轨道交通装备；
- 节能与新能源汽车；
- 电力装备；
- 农机装备；
- 新材料；
- 生物医药及高性能医疗器械。

如果你恰好对这十大领域有所准备或者感兴趣，可以认真研究事业发展的可行性，抓住发展机遇，奋力一搏。在其中，与此领域相关的教育行业也是发展的方向。医疗卫生大健康领域的重要性进一步提高。这些都是值得关注的领域。

（三）未雨绸缪，早作打算

回国工作，需要未雨绸缪，不建议回国后再找工作，至少要在毕业前1

年开始找工作。海外留学生通过什么渠道申请国内的工作？

越来越多的国内高校与公司开始参与海外校招，甚至会在美国东海岸和西海岸巡回举办招聘活动，也会在美国高校（如MIT）网络论坛（BBS）上的显著位置发布招聘信息，与此同时，还会向一些大学的中国学生学者联合会发布招聘信息及现场招聘活动的信息。留学海外的学生可以关注这些渠道，现场招聘时也可以进一步沟通了解。

另外，国内也有许多猎头公司，相关的招聘网站都是有效渠道。也可以在校友群内多咨询，或者直接到心仪单位的官网查询或咨询人力资源部门。

对于要进入学界的博士生以及博士后，除了这些渠道以外，还可以关注各高校及研究机构发布的招聘信息，及时与它们联系，并根据申请条件提交资料。高校通常会提前1年进行人才编制的申报，所以申请务必要提前，这与在美国申请大学是一样的。

面对国内快速变化的求职环境，不了解国情和行业情况，在海投无音信后不进行积极有效的沟通，是导致求职失败的主要原因。进入职场前有一个重要环节：无论你是提交了申请，还是现场与招聘者进行了交谈，一定要跟进。

国内有各种各样的人才计划，建议进入学界的留学生认真研究并与用人单位进行协商来争取人才计划，获得研究启动基金。除了学界，针对进入企业界的留学生也会有各种鼓励创新创业的人才政策，建议提前申报，争取获得人才计划的支持。

在北京、上海、深圳等城市，都有租金非常便宜、地段非常热门的留学生创业园和留学生创业大厦等支持海归工作的园区。例如，深圳市的留学生创业大厦位于环境优越的深圳市南山区，政府在租金等各方面给予了很大的优惠，当地政府服务高效，各种措施积极到位，可以说，深圳是海归们的创业乐园。同时，这种情形在北京、上海、杭州等地都比较普遍。

回国发展，投身中国快速发展变革的大时代，已成为留学生毕业选择的大趋势，相信越来越多的海归会投身中国发展的快车道，与祖国共同发展进步！

┌─ 回国就业小贴士：─────────────────────┐

　　　认真研究，人才政策勿错过

　　　未雨绸缪，提前做好归国计划

　　　抓住机遇，认真研究发展领域

　　　一定要跟进

└──────────────────────────────┘

　　【本章结语】留学后会面临许多选择。留在国外如何择业？如何做好职业规划？选择回国后，如何未雨绸缪提前做好归国计划？国家有哪些针对海归的优惠和扶持政策？中国未来在哪些领域急需人才？有哪些渠道可以择业？回国后的机会有哪些？本章对以上问题进行了一一阐述。远航是为了更美好的归来，这已是众多留学生的共识。中国稳定安全的社会大环境，以及鼓励创业创新的氛围，吸引着越来越多的学子学成归来，投入社会发展的大潮。

第六章

中信银行留学金融服务，
全方位留学方案管家

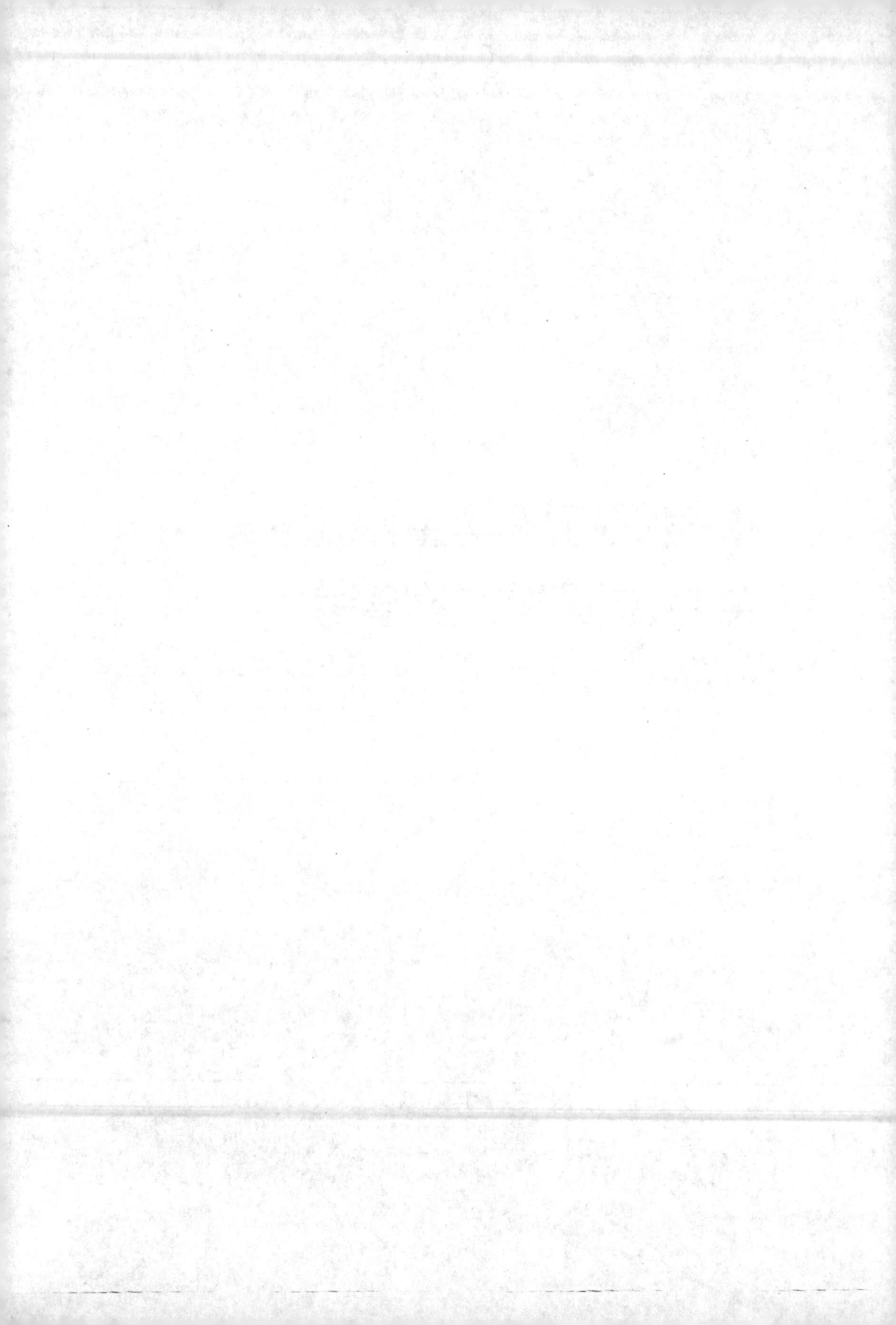

从留学决策到踏出国门，再到学成归来，几乎每个家庭都要往来银行数次。但对于绝大多数家庭而言，如何处理这些业务更省心，很难找到标准答案。实际上，提前了解留学全过程需要用到的金融服务就像选择学校一样必要。出国金融服务不仅可以帮助申请者更加便捷地走上留学之路，还可以通过专业顾问的合理规划，实现留学资金效能的最大化。

第一节　留学金融服务清单

从开始考虑留学的那一刻起，每个留学家庭都意识到可能要花费几倍甚至几十倍在国内受教育的支出。但具体要怎么把这些钱花出去、怎么安排可以做到成本最小、怎么平衡好家庭财富稳健增长和留学费用支出等，常常让很多家庭困扰。做好全方位的准备会让留学之路走得更加稳健。

表6-1列出了出国留学过程中可能需要的金融服务。不难看出，出国金融服务贯穿整个留学过程，留学过程中的许多活动都与金融服务密不可分。

表6-1　留学过程中涉及的金融服务

留学阶段	涉及项目	金融服务类型
学校申请阶段	留学贷款	个人消费贷款
	学校申请费	外币借记卡消费、信用卡消费、银行电汇、汇票等
	标准化考试报名费（如托福、SAT、GMAT等）	外币借记卡消费、信用卡消费
	标准化考试成绩送分费	
	国际快递费用	外币借记卡消费、信用卡消费
	入学押金（Deposit）	外币借记卡消费、信用卡消费、银行电汇、汇票等
	资产证明（留学美国需在学校申请阶段提交）	存款证明
签证准备阶段	签证费用交纳	银行柜台或网银支付
	存款证明（除美国外，其他国家在签证阶段提交）	存款证明
	学生和交流访问学者信息系统（SEVIS）服务费（仅美国）	外币借记卡消费、信用卡消费

续表

留学阶段	涉及项目	金融服务类型
留学中	学费	借记卡消费、信用卡消费、银行电汇、汇票等
	生活费	购汇、银行电汇、借记卡消费、信用卡消费等
	取现	借记卡取现、信用卡取现
	消费	借记卡消费、信用卡消费、网银支付
留学后	实习	借记卡办理
	贷款	贷款、存款证明等
	留学剩余资金兑回	结汇等

图6-1显示了中信银行《2019出国留学蓝皮书》调研的受访者在留学过程中使用的金融业务类型。热门服务是存款证明服务，79%的受访者表示使用到了这一业务；提出使用过结售汇业务的受访者也达到了67%；信用卡也是常用的出国金融服务，达到43%；需要海外账户的受访者紧随其后，达到了36%。那么，这些金融服务如何帮助留学家庭？在使用金融服务的过程中，留学家庭又要注意哪些问题呢？这些业务哪些需要提前办理，哪些可以等到出国前一个月再办理，等等，这就是本章接下来要讨论的问题。

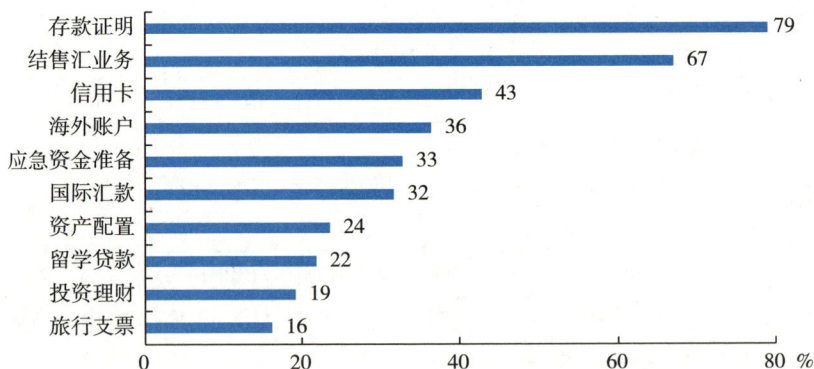

图6-1　留学过程中使用的金融业务

（数据来源：中信银行《2019出国留学蓝皮书》调研，共采集4075份样本）

要出国　找中信

出国金融是中信银行零售银行特色单品业务，推出至今已有 20

余年。中信银行是美国、英国、澳大利亚、新加坡等9国使馆签证业务的权威合作金融机构，形成了外币负债、跨境结算、签证、资信证明、全球资产配置的五大类产品体系，累计服务出国客户超过 2000万人次。

"出国金融小程序"二维码

第二节　留学前：兵马未动　粮草先行

一、留学规划阶段

留学规划阶段是留学的前奏，可能源于一次家庭会议的讨论，或者由于某次海外游学的经历，又或者因为某个朋友的建议。当一个家庭作出让孩子去陌生世界探险的准备后，最直接的问题是要准备多少钱、什么时候准备好。根据现有的留学签证体系，最早需要在留学申请前半年就准备好能够覆盖留学阶段学费和生活费的资金，用于申请或签证。

在留学规划阶段，可以将拟留学使用的资金放在单独的银行账户内，购买低风险的定期存款或较低风险的理财产品，保证留学"储备金"稳健增长。

【留学专属借记卡】

借记卡不仅有储蓄的功能，还有投资理财的功能。2018年，中信银行联合中国少年儿童基金会推出了专门针对留学生的借记卡——护航卡。

中信银行护航卡
中信银行作为"护航计划"爱心编队成员，肩负起社会责任，响

应中国少年儿童基金会的号召，推出"护航计划"联名借记卡和信用卡，在满足留学家庭境外消费、境外取现、学费汇划等核心需求的同时，整合了境外刷卡返现、个人结售汇点差优惠、跨境汇款优惠、免货币转换费、航班延误险、签证优惠服务、留学官方权威资讯、社会实践实习活动等权益，为留学家庭提供专业的出国金融服务，用心护航留学之路。

特色1：专享跨境汇款优惠，手续费享受5折优惠（最低20元，最高125元，不含邮电费）。

特色2：专享结售汇点差优惠，办理美元、英镑、澳大利亚元、加拿大元结售汇业务，可享受30个基点的点差优惠（购汇5万美元，约可省下往返京沪的高铁票价）。

特色3：专享账户费用减免，免收开户工本费、账户管理费，免每月前3笔人民币跨行同城存取款手续费，免收人民币同行本/异地存取款、转账手续费等。

了解更多"护航计划"借记卡权益请扫码

二、留学申请阶段

留学申请阶段，留学家庭需要支付各类标准化考试费用、学校申请费、入学押金等，是留学家庭开始接触出国金融服务的阶段。日常生活中常常用到的境内支付渠道多半无法满足留学相关支付需求。

（一）标准化考试费用、学校申请费支付

这个阶段的标准化考试（如托福、SAT、GMAT等）费用、学校申请费可能需要多次支付，可以考虑办理一张有优惠活动的外币银行卡。结合外币卡的消费返现活动，可以省出不少的费用。

【考试报名费打折"秘籍"】

中信银行万事达外币借记卡以美元为结算币种，同时支持12个币种的储蓄和外币理财，可直接在境外标有MasterCard标识的POS机、ATM和网上商户刷卡消费、取现，目前已支持全球210个国家和地区的5300万家商户。

中信银行万事达外币借记卡——超省钱！

中信银行携手万事达卡重磅首发外币借记卡，甄选超值金融优惠及高端出行权益。

◆ **金融权益**

免首年年费

免收每月前3笔境外ATM取现手续费及余额查询费

免境外消费交易外币转换费

享跨境汇款手续费5折优惠

享可在柜台购买13个币种的外币理财产品

享以美元为结算币种，可直接在境外标有MasterCard标识的POS机、ATM上刷卡消费或取现

◆ **非金融权益**

用中信银行万事达卡海淘购物、交学费，有机会兑换6晚免费酒店住宿、最高11万航空里程国内至欧美航线商务舱

首次境外消费满10美元，有机会兑换万事达定制咖啡杯及SEESAW免费券

每月消费10美元可享五星级酒店免费健身

万事达外币借记卡卡样

了解更多权益请扫码

（二）学校申请或签证申请需资产证明

由于多数留学国家要求留学生提供资产证明，资产证明在众多出国金融服务中使用人数比例最高。资产证明能够证明申请学生或其家庭有足够的资金支付其在海外留学所必需的学习、生活等费用。一般情况下，我国银行提供的资产证明主要为存款证明。

1. 存款证明。个人存款证明业务是指银行为存款人出具证明，证明存款人在当前某个时点的存款余额或某个时期的存款发生额，以及证明存款人在该行有在以后某个时点前不可动用的存款余额，即在存款证明开具的时间段内，该笔资金自动被冻结且无法使用。

不同留学国家对申请者要求的存款证明数额以及开具时长有不同的规定，具体如下。

◆ 美国留学

美国大使馆对于存款证明的期限没有严格的规定，一般建议存期在6个月以上，可以父母或者直系亲属的名字开立证明，但需要证明申请人与存款证明开具人的关系。存款冻结日期根据不同学校要求决定，大部分要求解冻日期在签证之后、正式开学之前。与其他国家不同，美国高校要求申请者在申请时就提供存款证明。若申请者同时申请5所高校，则需要向5所高校分别提供存款证明，这种情况仅需提供一笔资金，并向银行提出开立所申学校数量的存款证明份数即可。存款证明金额至少需要满足申请者在美国就读期间的学费和生活费总额。

◆ 英国留学

英国政府于2020年10月5日正式开通了新学生签证系统。在新学生签证系统下，申请人需要获得70分才能取得签证，学生除了录取通知书和英语能力达标证明外，还需要证明有足够经济能力支撑在英国的学习。建议前往英国的留学生准备好金额不低于在英国就读的学费和生活费的存款证明，以防被大使馆抽查。

◆ 其他热门留学国家和地区

其他热门留学国家和地区的存款证明要求可以参考表6-2。

表6-2 热门留学国家和地区存款证明要求

国家和地区	学校申请阶段	签证申请阶段	存期
美国	40万~50万元人民币	高中80万~120万元人民币，本科50万~100万元人民币，研究生35万~50万元人民币	建议6个月（学校另有规定的除外）
英国	无	不强制要求，建议提供，以备抽查 30万~50万元人民币	28天起，建议3个月以覆盖签证申请周期
加拿大	无	80万~100万元人民币	1年，金额能够覆盖至学业结束，要求提供6个月以上的存款流水
澳大利亚	无	小学90万元人民币以上，中学45万~60万元人民币，本科45万元人民币，研究生30万元人民币	建议3个月
新西兰	无	35万~100万元人民币	要求提供6个月以上的存款流水，避免一次性大额存入
中国香港	无	建议20万元人民币	建议3个月以上
欧洲其他国家	无	建议20万元人民币	建议6个月以上
亚洲其他国家和地区	10万~20万元人民币	无	建议6个月以上

【中英双语+PDF版存款证明更方便】

中信银行可为留学家庭提供中英文双语对照的存款证明，在大使馆具有较高的认可度。

申请人可凭本人（学生或家长）在中信银行的储蓄定期、活期存款在柜台申请开具存款证明，部分地区支持手机银行线上申请纸质存款证明并邮寄到家，或直接开具PDF格式电子版存款证明。从存款证明开具当日起至证明期满这段时间，银行对该客户的账户实施冻结，到期自动解除，账户恢复使用。存款证明可用于在申请签证和学校时，将个人信用转化成银行信用，提高签证申请人的信用水平。

存款证明小知识

1. 在银行的所有资产都可以开存款证明吗？

随着银行业务的不断发展，除了传统的银行存款产品外，银行还推出理财和代理销售的基金、保险、贵金属等产品。根据境外留学机构的要求，存款证明需为一段时间内资金价值不会发生变动的资产，也就是说，只有本外币存款（如定期存款、大额存单）才能够满足这一要求。

2. 开立存款证明的资金还能动用吗？

存款证明开立期间，资金需要冻结，客户是不能再使用这部分资金进行转账汇款、支付、投资理财的。冻结期限根据学校要求，一般为3~6个月，到期后自动解冻，资金恢复可以使用的状态。

3. 存款证明只能去银行网点开吗？

中信银行提供在线存款证明办理业务，客户可通过电子银行线上申请开立电子版存款证明，开立完成后打印即可。除此之外，部分地区还支持手机银行线上申请纸质存款证明，并邮寄到家。

4. 签证通过后存款证明可以提前解冻吗？

存款证明可以提前解冻，但是必须交还所有开出的存款证明文件，并携带身份证前往银行柜台办理；如开立PDF格式电子版存款证明，一般不可以提前解冻。

存款证明二维码

2. 加拿大GIC账户。担保投资证（Guaranteed Investment Certificate, GIC）是银行开具的担保本金的投资证明。自2011年5月3日起，加拿大驻华大使馆颁布了为具备良好英语水平的学习许可申请人简化资金文件的留学新政策，符合条件的申请人可递交由加拿大经认可的金融机构出具的有效担保投资证（GIC）以取代原本资金担保所需相关文件。

加拿大已有多家银行是大使馆认可的出具GIC的金融机构。留学家庭可在部分境内中资银行申请预先开立加拿大银行GIC账户，开户后将加拿大元提前汇至境外账户，同时将预开户手续费汇入加拿大银行的境内指定手续费收款账户，加拿大银行会在收到手续费和加拿大元保证金之后出具GIC。

（三）签证办理一站式服务

1. 美国签证。在热门留学目的地中，美国学生签证的办理流程相对复杂，且拒签率高，建议预留充分办理时间。提前办理可以为拒签等异常情况预留充分处理时间。美国大使馆自1998年起独家授权中信银行提供代收赴美签证费和护照传递服务，在中信银行办理美国签证是赴美留学生的必经之路。截至2020年，中信银行已为超过2200万名申请人提供美国签证服务。

【美国签证代缴费、护照传递一站办理】

中信银行受美国大使馆授权，为申请人提供网点柜台、官网、手机银行等多种缴费渠道。申请人凭缴费参考号使用现金或银行卡可在全国1400余个网点就近办理，也可通过线上渠道便捷缴费。

如果申请人曾经获得过美国签证，且失效时间不超过1年，此次申请签证的类型与上次一致，那么申请人可能符合美签"免面谈"的条件，只需将申请材料递交至中信银行网点，由中信银行为申请人将材料传递至美国大使馆签证处，审批完成后由中信银行专职信使到大使馆领取。"免面谈"服务免去了申请人往返奔波大使馆之苦，节约了申请人大量时间和差旅成本。

如果申请人不符合"免面谈"条件，仍需前往美国大使馆面签，签证处会在签证审批完毕后，将全部护照交给中信银行专职信使，中信银行负责将护照传递至申请人指定的领取网点，申请人凭有效身份证件及相关材料即可领取护照。中信银行遍布全国的1400余个网点均可为申请人提供护照传递服务，方便申请人就近领取护照。

对于已经拿到10年期旅游签证的留学家长，在赴美前还有一件重要的事情，那就是签证更新电子系统（EVUS）在线签证信息登记。从2016年11月29日开始，根据美国国土安全部的要求，持有10年有效B1/B2、B1、B2签证的中国公民必须登录EVUS在线登记个人信息，才能顺利入境美国（见图6-2）。

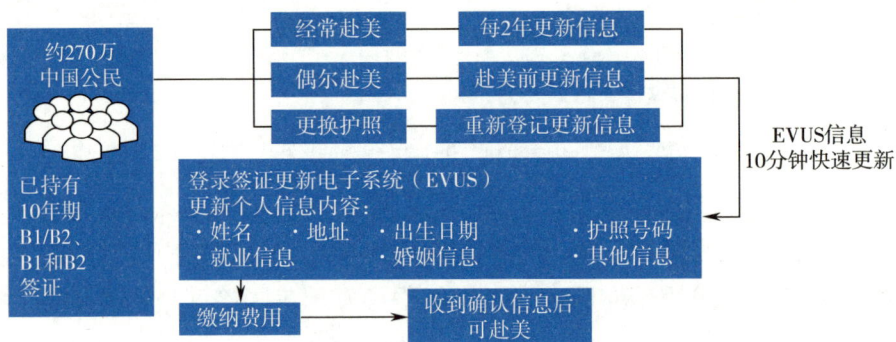

图6-2　EVUS登记信息更新

温馨提示

只要持有中国因私护照和美国10年签证（特指B1/B2、B1、B2三种类型），就必须使用EVUS系统，并且每2年更新一次。若签证或护照二者中有任何一者过期，EVUS登记信息便失效。那么签证持有人必须在前往美国前再次登录更新个人信息。EVUS生效后，中国旅客若未能至少每2年对其信息进行一次更新，或者未在获得新护照前更新信息，将无法使用10年期签证。

中信银行率先获得美国国土安全部授权使用EVUS商标并联合推广。登记EVUS需要用英文填写五大类76项内容。为了帮助中国公民顺利完成登记，中信银行创新性地开发了EVUS中文填表系统，帮助英文水平有限的赴美公民准确完成EVUS信息登记。只要准确填写信息，10分钟即可完成登记并取得回执。

申请办理EVUS登记二维码

2. 英国签证。相比美国签证，英国签证的办理流程更简单，拒签率也更低。办理前，需要确保资产证明、有效期内的护照等签证材料准备齐全，以防出现签证材料不全被拒问题。

【英国签证办理可以不用跑大使馆】

自2018年起，中信银行与英国大使馆合作推广英国"如意签"移动签证服务，即大使馆为中信银行贵宾客户提供上门采集指纹和接受申请材料的移动签证服务。上门地点可以是中信银行网点，也可以是申请人指定的地点。申请人可联系中信银行网点提出申请，由中信银行联系大使馆和签证中心提供上门服务。该服务具有预约灵活、上门服务、人数不限、省时省力等特点，尤其是15个英国签证中心以外城市的申请人，无须长途跋涉到其他城市去申请签证，节省了大量时间和资金成本。

3. 其他国家签证。除美国、英国外，很多留学生还会选择澳大利亚、新西兰等英语国家。这些国家学生签证拒签率不高。在准备好足够资产证明的情况下，拒签概率较低。

【办签证也可以不找中介】

中信银行与美国大使馆自1998年起开展合作，获美国、英国、新加坡、以色列、澳大利亚等多国大使馆权威授权，有着丰富的签证经验。中信银行"全球签"业内首创线上签证平台，为客户提供覆盖70余个热门国家和地区的签证咨询、翻译、填表、预约、代送、协助购买保险、预订酒店机票、面签指导等服务。留学生家长再也不用因为沟通障碍和各国签证复杂的办理流程对海外探望子女望而却步，可以放心地享受说走就走的旅行。

"全球签" 二维码

第三节　留学中：好的金融产品
让留学生活事半功倍

经历了留学的大量准备工作后，留学生终于要离开家庭、走出国门，去探索父母辈可能都不熟悉的某个国家或地区。这个阶段涉及最多的业务是汇出学费、生活费，以及国际信用卡刷卡消费。

一、留学启程阶段

拿到心仪学校的录取通知书，通过签证审批，异国学习生活近在咫尺。为了让日后的留学生活更便捷，很多学生选择在启程前办好国外银行账户、缴纳学费、办理在国外可以使用的信用卡。

（一）开立海外银行账户

为了方便留学学费和生活费缴纳，很多留学家庭选择在留学生出国前就为留学生办好国外银行的借记卡。在国内预先开好留学目的国的银行账户，能帮助留学生减少陌生感，实现便捷的全球支付。

【美国、加拿大、澳大利亚、中国香港的借记卡家门口就能办】

中信银行提供代理开户见证服务，由中信银行负责代理收集、审查、传递客户开户申请文件，由境外合作银行负责个人账户开立及境外银行服务。客户不出国门即可开立境外账户，优势如图6-3所示。

| 优先开立账户，正常情况下于48小时内开立境外银行账户 | 即时电汇，通过中信银行汇款至境外银行，最快可于当日到账 | 获得境外银行的优先服务，满足客户日常理财以及跨国银行需求 | 一对一中文服务，为客户在境外生活提供信息 |

图6-3　中信银行代开海外账户服务优势

目前中信银行已经与澳大利亚联邦银行、加拿大皇家银行、美国华美银行、中信银行（国际）合作，为客户开立澳大利亚、加拿大、美国和中国香港账户。

（二）购买外汇

外币兑换业务是留学生在留学中接触最频繁的金融业务之一，包括个人购汇、个人结汇以及外汇买卖。留学生最常用的业务是个人购汇业务，也就是将人民币兑换成外汇的业务。绝大多数海外高校不支持用人民币支付学费，因此家长必须先用人民币存款购汇，兑换成留学目的国的法定货币。同时，推荐使用护航卡借记卡购汇，办理美元、英镑、加拿大元、澳大利亚元购汇可享受30个基点的点差优惠。

【购汇没有地点限制】

中信银行柜台、网上银行、手机银行、投资平台APP均可办理个人购汇、结汇和外汇买卖业务。中信银行"信汇投资"APP除提供各类个人外汇业务外，还可实时查询外汇牌价及汇率走势。"双币宝"产品可以帮助留学非美国国家的家庭实现以理想的汇率换取留学国家货币并保证资金收益。

结售汇二维码

"双币宝"

"双币宝"产品是创新性的个人外汇期权产品。客户可按照预期的价格实现货币间的转换，如未达到预期汇率，还可获得外币理财收益，实现兑换、投资两不误。

（三）汇出学费和生活费

留学生在外求学的过程中，境外汇款是必须用到的金融服务。一般来说，留学生家长1年给留学生汇两次学费，生活费的汇款次数因家庭而异，基本按照月、季度、半年的周期汇款。银行提供的国际汇款业务一般包含电汇、国际速汇以及创新汇款产品。

1. 电汇。电汇是跨境汇款最基本和最常用的方式，指客户到银行柜台，或通过网上银行、手机银行等电子渠道，准确、完整地填写电汇单后，将外币汇到学校指定账户。境外电汇需要填写的信息全部为英文，常见必备信息包括所在学校的账户名称、账号、开户行名称、开户行地址、SWIFT代码等。

总体来说，电汇具有方便安全、到账较快、费用便宜等优势，但其也存在一定的局限性，使用电汇方式汇款需要提前开立国外账户。

【一次填单，汇款进度全流程可视化】

留学生家庭在中信银行的网上银行和手机银行办理电汇，只需填写一次汇款单。在保护客户信息安全的前提下，填写一次汇款单后，以后汇款时，系统将自动把联系人信息调出，客户只需核对，无须再手工填写境外银行名称、地址、SWIFT代码、收款人名称、账号等信息。同时，汇往主流留学国家的跨境汇款已支持汇款进度查询。

跨境汇款二维码

电汇小知识

目前多数银行都提供柜台、网上银行（一般需要U盾）、手机银行等多渠道汇款服务。境内个人客户仅凭身份证，每年在所有银行柜台、网上银行、手机银行等渠道便利化购汇额度为等值5万美元。超过5万美元的，需要持汇款真实性证明材料到柜台进行购付汇。对于所需学费较高的留学家庭而言，可持有效留学签证、留学真实性用途材料（如录取通知书、学费缴费通知单等），到银行柜台汇款。虽然提供的材料较多，但可不占用便利化购汇额度。

电汇汇款的到账时间一般为1~5个工作日，如汇款信息标准且不需要人工介入，最快数分钟即可到账。在进度查询方面，目前多数银行仅支持柜面查询，中信银行"信e汇"支持客户自主通过手机银行渠道查询汇款进度（部分汇款不适用），微信通知汇款到账金额及时间，可以节约客户奔波柜台的时间，也提高了查询的准确性和及时性。

汇款费用方面，银行电汇的手续费一般在0.1%左右（一般会设置手续费最低值和最高值），另有80~150元的邮电费（根据不同国家和地区有所区别），除此以外，还包括清算账户行手续费和收款行手续费等。中信银行"护航计划"联名借记卡持卡人汇款以及通过"留学汇"产品汇款可享受跨境汇款手续费5折优惠（不含邮电费）。

2. 学费支付新渠道。近年来，国内出现了一些专门用于支付留学学费的产品，无须留学家庭办理购汇再汇出，只要点选海外高校、填写学费金额等，就可以将学费轻松汇往学校。该产品的劣势是并不是每个海外高校都支持，同时不支持提前购汇锁定汇率波动风险。

【中信银行"留学汇"——线上办理，不占额度不排队】

为了让跨境汇款业务变得更加便捷、高效，中信银行不断优化汇款方式，推出了创新型汇款产品——"留学汇"。其优势主要包含以下几个方面：

● 额度便利：不占用个人便利化购汇额度，支持全额到账，缴大额学费更省心。

- 操作简单：线上填信息，全程中文指引，无须提前购汇，汇款更轻松。

- 查询方便：受理进度短信提醒，随时随地手机银行自助查询。

- 优惠权益：办理护航白金卡，享跨境汇款手续费5折优惠。

3. 国际速汇。如果留学生在国外有紧急小额资金需求，家长可以选择国际速汇业务。目前，国内主流的国际速汇业务有两种：速汇金（MoneyGram）和西联汇款（Western Union）。国际速汇与电汇相比速度更快，无须预先开立境外银行账户，但同时具有大额汇款费用高、币种少、仅支持个人对个人等缺点（见表6-3）。

表6-3　电汇与国际速汇的比较

项目	电汇	速汇金	西联汇款
手续费	较低	较高	较高
是否需要海外账户	是	否	否
到账时间	1~5个工作日	10分钟左右	10分钟左右

跨境汇款建议选正规金融机构

从留学费用的支付渠道看，主要包括银行类金融机构和提供学费支付服务的第三方支付机构。考虑到留学费用金额较大，建议客户首选银行类金融机构作为主要办理渠道。

在学费支付方面，银行可为客户提供跨境电汇、票汇、国际速汇等服务。国际速汇一般适用于个人对个人的跨境汇款，且受理金额相对较低，而票汇存在纸质票据丢失的风险，因此，最推荐使用的是跨境电汇产品。

在办理跨境电汇时，有一些细节值得注意：一是对于欧元、英镑等币种，校方可能同时提供了收款银行账号和IBAN号，建议汇款时直接将IBAN号填入收款方的收款账号，否则可能因人工处理而发生较高的扣费甚至被退汇；二是全额到账服务并非适用于所有国家和地区，所以建议在使用该服务前事先咨询银行客服；三是目前已有多家银行推出了跨境汇款状态查询服务，能够帮助客户动态掌握每一个汇款环节。中信银行推出手机银行跨境汇款服务品牌"信e汇"，加速汇款到账，免费通过微信、短信推送汇款状态信息，有效呵护资金安全。

（四）办理国际信用卡

外币信用卡是留学过程中最常用的金融服务。缴纳申请费、考试费、国际快递费甚至日后的海外生活都会用到外币信用卡。根据发卡组织的不同，各家银行目前常见的外币信用卡类型有万事达卡（MasterCard）、维萨卡（Visa）、大来卡（Diners Club）、JCB卡（Japan Credit Bureau）和美国运通卡（American Express）。其中以万事达卡和维萨卡最为常见，在绝大多数的商家都可以正常使用。而大来卡、JCB卡以及美国运通卡的使用范围略小于前两种，可能会遇上商家不支持该发卡机构的情况。

外币信用卡申请后7~20个工作日可以完成。如果家长有连续社保缴纳记录和可查询的学历信息，一般银行不会再要求提供资产证明、在职证明、收入证明等材料。家长在办理外币信用卡的同时可以为留学生申请附属卡，方便日后出国使用。因欧美发达国家商家合规意识较强，建议留学生不要使用父母的信用卡，以防发生不必要的法律纠纷。

【初中留学生一样能办附属卡】

中信银行提供美签渠道办理特殊政策，留学生家长可凭申请表、身份证、赴美签证页复印件和DS-160确认页等简单材料申请信用卡，附属卡年龄下调至15岁，并适当提升客户信用卡额度，以满足出国留学家庭的需求。除此之外，"护航计划"联名信用卡附属卡年龄最低为14周岁。即便初中出国，家长也能为孩子办理信用卡。同时，如果孩子年龄较小或担心孩子过度使用信用卡透支额，可办理外币借记卡。中信银行万事达借记卡可以在全世界210个国家的万事达商户交易。

【境外刷卡消费也省钱】

国际卡组织和中信银行与境外商户合作，为留学生海外消费提供众多便利和优惠，是留学生消费、省钱的好帮手。表6-4列出了中信银行多币种信用卡权益。

表6-4　中信银行多币种信用卡权益

信用卡境外权益	特色权益		
留学生信用卡	VISA Signature 全币通信用卡	万事达 钛金信用卡	美国运通 白金信用卡
安全关怀： ·境外失卡零风险（Visa卡专享） ·网上跨境交易零风险 ·境内外交易实时短信通知 ·航空意外伤害保险（白金卡专享） 出行关怀： ·航班延误保险 生活关怀： ·子女15岁即可办理附属卡（一般为16岁），父母可灵活调控子女的附属卡额度 ·父母、子女同步账单通知 ·学习费用消费分期	·境外消费返现 ·免1.5%境外货币转换费 ·境外消费三倍积分 ·境外WiFi特权 ·境外酒店优惠 ·海淘退货免运费险 ·航空意外伤害保险 ·航班延误保险 ·盗刷保障险	·境外门店及海淘消费返现 ·美国指定品牌消费返现20% ·全球快速退税 ·免1.5%境外货币转换费 ·境外消费3倍积分 ·喜达屋酒店独家优惠 ·精选国际购物中心优惠 ·航空意外伤害保险 ·航班延误保险 ·盗刷保障险	·免1.5%境外货币转换费 ·全年境外交易六倍积分 ·白金尊贵卡权益 ·全球顶级餐厅、酒店预订 ·TopCashback网站专属返现礼遇

注：信用卡权益具体以银行最新活动细则为准。

境外信用卡紧急服务

1.发现信用卡被盗刷怎么办？被盗刷的资金可以追回吗？

发现信用卡账单出现非本人交易（或与实际交易情况不相符）的记账，在规定时间范围（交易日起60天）内可向发卡银行提出争议，由发卡行通过卡组织（如银联、Visa、MasterCard、JCB、AE等）向收单行提出调阅交易凭证的请求，以便了解交易的相关情况。

调阅的交易凭证包括但不限于：签购单影像件、取现流水单据影像件、商户情况说明、与交易有关的截屏/电邮或其他与交易相关的资料。

调单处理范畴：调单只针对信用卡交易是否成功、交易金额是否正确、有无重复入账以及商户是否按照卡组织规定进行收单操作进行核实，不针对签名笔迹、持卡人是否在现场等情况进行调查。

2.什么情况下会提示信用卡被锁？发现信用卡被锁后如何解锁？

信用卡被锁的原因有很多，如密码多次输入错误，可联系客服或通过自助渠道解锁。

3.若进行大额消费时剩余额度不够，应该怎么做？是否可以临时提升额度？

可以尝试向银行申请临时提升额度。中信银行有海外专属额度服务，为了满足客户在境外的用卡需求，为优质客户提供海外专属额度（以下简称海外额度），客户通过客服或回复短信激活该额度后，即可实现在海外指定地区消费。

银行系统会根据客户的用卡情况，自动审核生成海外额度，是否有海外额度及额度大小会根据客户的用卡情况有所变化。海外额度激活后，符合条件的交易，优先使用海外额度，再使用自身额度。

海外额度激活实时生效，有效期为1个月，有效期内未使用将自动失效。海外额度仅在海外指定地区进行刷卡消费类交易时生效，提现、预授权、非刷卡交易等无法使用海外额度。海外额度激活成功与否，都会有短信提醒。在境外使用海外额度时无短信通知。

二、海外就读阶段

坐上国际航班那一刻，留学生涯就开始了。因为各国金融监管体系不同，留学生一定要重视各国的法律体系、社会制度、文化环境，切莫因为无心之举被留学目的国认定为从事跨境洗钱等非法活动。

（一）携带外币现钞

欧美等发达国家仍旧广泛使用现金，所以身上带些外币现钞必不可少。但为了打击跨境洗钱，各国都规定了入境可携带的现钞限额，超过限额的部分必须申报。虽然各国都是随机抽查,但不能心存侥幸,一定要遵守各国的现金携带规定,以避免不必要的麻烦。各国和地区外币携带管制条件见表6-5。

表6-5　各国和地区外币携带管制条件

国家和地区	携带币值	备注
中国台湾	携带现金出入境以6万新台币为限 携带外币入境不予限制	超过限额应在入境或出境前事先向"中央银行"申请核准,持凭证查验放行
美国	不超过1万美元现金、旅行支票或者其他货币等	如不申报,当事人可面临最高50万美元的罚款及10年以上有期徒刑
加拿大	不超过1万加拿大元的现金或等值货币	超过金额需如实申报
澳大利亚	不超过1万澳大利亚元或等值外币	超出限额需向海关申报
德国	不超过1万欧元	
法国	不超过7600欧元	
韩国	不超过1万美元或等值货币	超出限额出入境都需向海关申报
日本	不超过100万日元现金或等值货币	填写申告书
英国	不超过1万欧元	超出部分须提交申请
阿联酋	不超过5000美元	
泰国	至少携带2万泰铢	

温馨提示

　　根据国家政策规定,携带超过5000美元或等值外币出境,海关将对"外币携带证"进行核验。如果携带等值5000美元以上1万美元(含)以下金额的外币现钞出境,可以到中信银行网点申请开立"外币携带证",出境时,海关凭加盖银行印章的"外币携带证"验放。如果携带金额超过等值1万美元的外币现钞出境,需要到外汇管理局开具"外汇携带证明",海关凭加盖外汇管理局印章的证明文件验放。

（二）境外取现

部分留学生因担心携带现钞丢失，选择到达留学目的国机场后用银行卡在ATM上取现。银联、维萨、万事达等卡组织发行的借记卡和信用卡均可在国外消费和取现，但取现手续费和限额有所不同。

借记卡境外取现因各个卡组织不同而收费标准及限额各异。以银联卡和维萨卡为例，银联卡境外取现每笔手续费15元；维萨卡每笔取现手续费按照取现金额的1%收取，最低2美元。同时，个人持境内银行卡（含借记卡与信用卡）在境外取现，每日每卡取款限额为等值1万元人民币，每年取款限额为等值10万元人民币。

信用卡境外取现按取现金额的3%收取手续费，最低收费为3美元或30港元或3欧元，同时按照每日万分之三至万分之五的比率收取利息。信用卡境外取现单日或年度限额与借记卡相同。

旅美生活服务

作为美国使馆在中国境内唯一授权办理赴美签证业务的机构，中信银行承载了赴美"必经前站"的责任与使命。为了给中国公民赴美提供安全保障，同时为赴美人群提供全方位生活、学习等实用指导和服务，中信银行与中国驻美国大使馆、外交部领事保护中心共同推出"中国赴美公民全方位领事保护公共服务"，包括《中国驻美国大使馆领区手册》、领事"随手拍"系列视频、旅美生活服务平台、24小时呼叫热线四大安心保障，为我国赴美客户打造全方位的旅美生活安全服务。

旅美生活服务平台二维码

第四节 留学后：善用金融服务
让归来之路更顺利

一、假期归来阶段

当留学生走出国门，踏上海外求学的道路时，除了丰富多彩的学习生活，还会迎接新的挑战。面对这些挑战，丰富的金融产品和增值服务能够为留学生的海外学习生活解决问题、增添便利。

【在世界500强企业实习】

留学生在归国期间还可以参加中信银行"英才实习营"，丰富实践的同时还能结识志同道合的同龄人，让自己的留学生涯更加精彩纷呈。

"英才实习营"是面向出国留学生及有实习需求的学生提供的暑假及寒假短期实习项目，丰富学生实习经历，充实学生假期生活；全程提供丰富多彩的轮岗体验，还有业界大咖、专业导师交流辅导，提升学生金融知识、提高学生社交能力；更有超高含金量的双语实习证书，有效提升学生背景，助力其境内外高校及工作申请。

二、学成归来阶段

《2018年中国海归就业创业调查报告》显示，党的十八大以来，已有231.36万人学成归国，占改革开放以来回国总人数的73.87%，同时"90后"已成为新生代海归的主体，占比高达55%。在中信银行《2019出国留学蓝皮书》调研报告中，受访者表示选择回国发展一方面是为了方便与家人团聚，更容易获得亲戚、朋友等社会网络的支持，另一方面是更看好国内发展潜力。而选择留在国外发展的受访者大多在国外找到了满意的工作，或者已经完全融入国外的生活环境，建立了自己的交际圈。

（一）创业者融资

越来越多的海归选择创业，融资困难是目前海归创业者遇到的难题。

"巧妇难为无米之炊"，纵使留学归国人员具备先进的知识和素养，拥有国际视野及跨文化沟通能力等优势，如不能获得足够的资金支持，成功也绝非易事。

【创业启动金没那么难获得】

从留学生家庭的周期性需求出发，中信银行创新贷款方式，缓解留学生家庭融资压力。留学家庭以核心房产为抵押，可以向银行申请综合授信额度，额度项下贷款金额可用于消费用途和经营用途，其中消费用途包括合规购买本次综合授信抵押房产（包括住房和商用房，其中住房授信额度为房屋价值的70%、商用房为60%）、购车、装修、教育、医疗、旅游、日常消费等。

个人房产抵押综合授信额度的授信期限最长不超过30年，授信到期日不得晚于抵押房产对应的土地使用权到期日。除了常规的等额本息和等额本金还款方式，中信银行还推出多种创新还款方式，有效降低了客户还款压力，提高了资金使用率。

（二）留学剩余外汇的管理

留学生学成归国后，留学家庭手中一般都会持有部分结余外汇。留学家庭根据自身需要，可选择结汇或继续持有。

1. 结汇——把握时机，多结多得。个人结汇业务是指以外汇购买人民币业务。由于国内各家银行结汇汇率不同，留学家庭在不同银行结汇的成本各异。建议留学家庭在选择结汇银行时多方比较，并关注外汇市场，把握最佳结汇时机。

2. 持有外币——储蓄投资两相宜。如果留学生归国后，留学家庭仍有后续出国需求，或希望多币种投资规避风险，建议可以在一定时间内继续持有部分外币。

【结汇和外币理财也有窍门】

中信银行结汇汇率位于同业最优梯队，并不定期开展点差优惠活动，多结多得；每周发布外汇市场分析报告，帮助留学家庭更好地了解外汇走势，把握结汇时机。

中信银行推出外币存款差异化利率定价，美元、澳大利亚元、港元等多币种专属外币理财，"信汇投资"APP实盘外汇买卖，提供多种投资选择，长期专注帮助客户增利。

中信银行出国金融产品：助力留学之路

出国金融业务是由中信银行首家推出，针对出国人员和来华外籍人士等提供的一整套安全、快捷、便利的多样化金融服务。中信银行深耕出国留学服务22年，针对客户的不同需求，提供出国留学、旅游探亲、商务出国、外籍人士四大系列一站式服务方案，业务范围包括签证、出国贷款、外汇结算、跨境汇款、资信证明等。同时，中信银行与优质资源跨界融合，围绕留学全周期提供专属增值服务，满足背景提升、海外安全、全球实习等需求，打造"线上+线下""金融+非金融"的出国金融服务生态圈。

"出国金融小程序"二维码

1998年3月
独家推出代收赴美非移民签证申请费业务
独家推出赴美代传递业务
首先推出速汇金业务
首先推出个人出国留学保函业务
推出赴德国代传递业务

2002年4月
首批推出个人购汇业务

2004年6月
独家推出赴意大利代传递业务
独家推出赴新加坡代传递业务

2004年12月
后续与中信旅游合作独家办理赴日本代传递业务

2005年1月
办理赴新西兰留学贷款及出具个人留学贷款资信证明业务
独家推出赴新西兰留学汇款专用业务

2008年1月
首家推出个人出境人员回国保函业务

2008年5月
首家推出出境旅游回国保函业务

2008年9月
推出预约开立中信银行（国际）账户业务

2013年5月
推出代开澳大利亚联邦银行账户业务

2014年6月
推出预约开立美国华美银行账户业务

2014年12月
推出预约开立加拿大皇家银行账户业务
推出预约开立加拿大皇家银行GIC账户业务

推出赴美国增值服务网上付费业务

2015年6月
推出"全球签"一站式签证办理服务

2015年10月
首届出国金融十佳顾问选拔诞生

2015年11月
全国首发《出国留学中介评价指数白皮书》

2016年1月
推出英国国际学生实习计划

2016年11月
推出EVUS登记服务
《出国留学蓝皮书》出版发布

2016年12月
推出"信汇投资"外汇贵金属投资专业APP

2017年4月
推出英国"如意签"签证上门服务

2017年11月
推出"外币薪金煲"业务

2018年4月
加入儿基会"护航计划"发布护航联名卡

2018年8月
推出法国"随行签"服务

2018年9月
推出"外币增利煲"业务

2018年10月
推出"信e汇"服务

2020年4月
推出"留学汇"业务

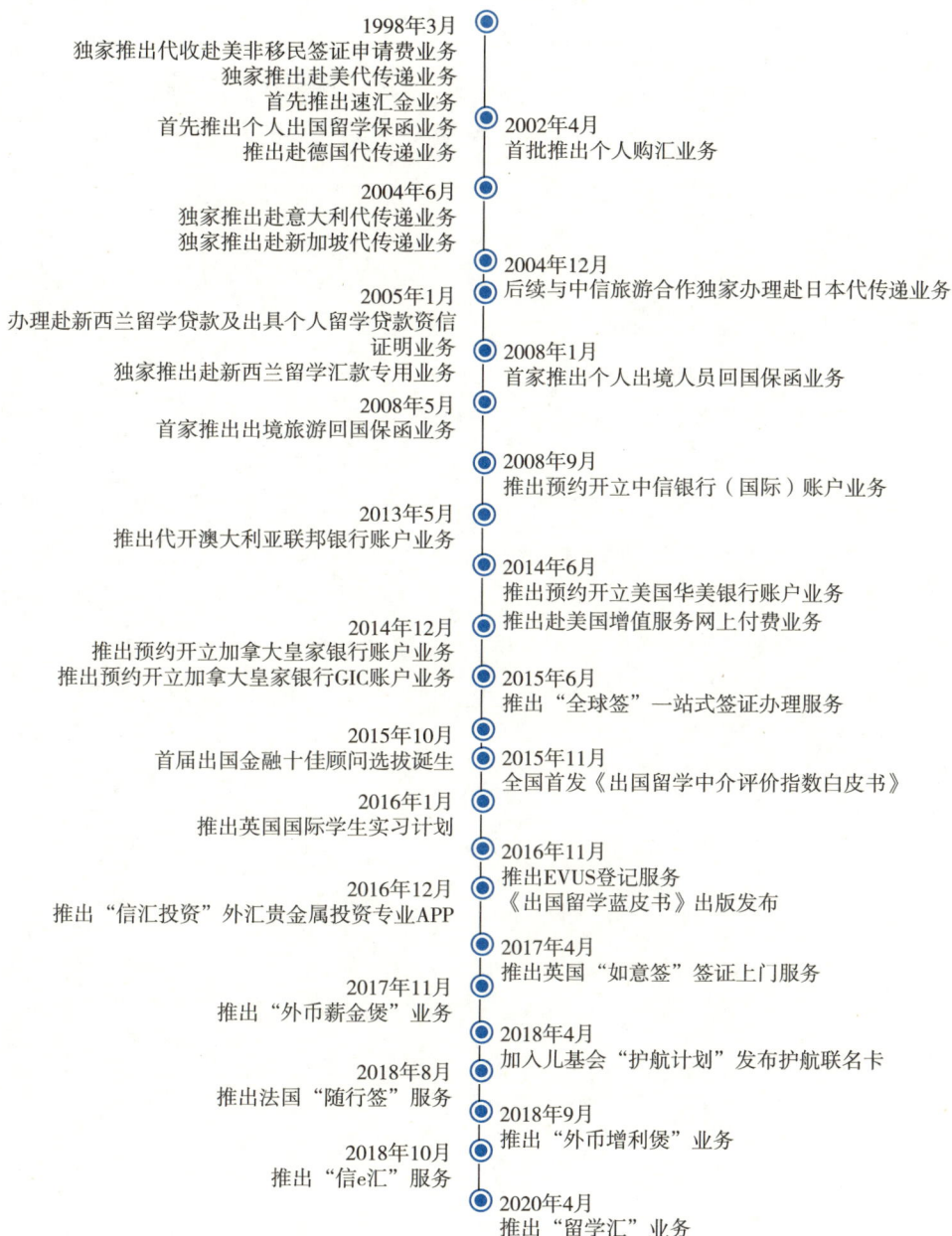

图6-4 中信银行出国金融业务发展历程

第七章

优秀的留学机构是留学成功的开始

随着留学人数逐年上升，留学市场蓬勃发展，准留学生对留学中介服务的需求成倍增长。2017年1月，国务院印发的《关于第三批取消中央指定地方实施行政许可事项的决定》明确要求，取消对"自费出国留学中介服务机构资格认定"，此后留学中介机构成倍增加，市场竞争越来越激烈，留学中介机构的业态更加多样化。为了赢得市场，不少留学中介机构不断拓展服务类型和内容，服务范围从最初的留学前准备延伸到留学中服务和留学后支持，实现了留学过程的全覆盖。

从整体来看，留学中介提供的最为核心的服务集中在留学前阶段。目前留学申请现状是学生和家长较缺乏相应的经验，不太熟悉申请流程和学校招生模式。有的留学家庭规划开始较早，已经有较为成熟的考虑和目标；有的留学家庭因为各种原因，临时决定进行留学准备。但是无论何时开始规划，留学家庭在进行留学准备时，通常都需要经验丰富的专业机构为其提供专业的升学指导与招生信息，为其做好专业的留学规划。如果缺乏合理的留学前期准备，后续留学申请结果就很可能会受到较大影响。

针对留学人群低龄化等特征，留学中介机构推出了全面甚至一条龙的留学服务，作为其核心业务的延展项目。例如，在收到录取通知书后，留学中介可以辅助申请人申请留学国家的签证，进行相应的签证培训，以确保顺利取得签证；有的还会为申请人提供国外的接机服务和住宿安排。此外，还有一些留学中介机构在国外成立了分支机构，当留学生在海外遇到学习、生活、社交以及未来工作规划等问题时，这些机构能够为他们提供相应的支持服务。对于大多数不了解国外情况的家庭来说，他们可以享受到留学中介机构提供的全面细致的一站式服务便利。

伴随中国改革开放的进程，留学中介逐步发展为规模庞大的专门服务行业。遍布全国各地的留学中介机构为申请者提供专业化及全流程的留学咨询和代办服务，甚至开始向留学中的生活服务、留学后的学业和工作服务等方向拓展。相比自主申请（DIY）的申请模式，留学中介机构在资源和专业上存在一定优势。例如，相比个人，留学中介机构有更加丰富和全面的信息资源，一些留学中介机构有一定的学校合作资源，录取率会更高；留学中介机构可以帮助学生及其家长扬长避短，提高效率，节省时间；留学中介机构为学生和家长提供了一个集合式的问题咨询平台，可以集中为学生及家庭答疑解惑，辅助他们更有效地作出决定。

第一节　留学机构①的现状与影响

申请出国留学的途径主要包括DIY、留学中介机构②代办和留学咨询机构③指导三种形式。近年来，随着互联网技术不断发展和广泛应用，留学信息不断透明化，留学人员会选择不同的适合自己的留学方式。2011年，中国教育国际交流协会发布的《中国国际教育发展调查报告》指出，有出国留学意向的学生在申请留学方式上较为多样化，28%的学生会选择全部委托留学中介机构办理，35%的学生会选择DIY+委托留学中介机构代理。综上所述，大约 63%的留学人员会选择中介服务。据相关数据分析，目前主流形式仍然是留学中介机构，这说明越来越多的人选择留学中介机构的服务方式出国留学，而选择DIY留学的人数越来越少。由此可以发现，出国留学中介服务是学生自费出国留学的主要渠道。

从此次学生问卷的调查结果（见图7-1）来看，41%的学生通过留学中介机构申请留学，29.4%的学生通过DIY的方式准备申请，寻找留学咨询机构和私人顾问的也占一定比例。然而，对比家长问卷的数据，大部分家长认为孩子需要留学中介机构（39.4%）或留学咨询机构（25.8%）帮助申请留学，仅有19.1%的家长选择DIY的方式让孩子申请留学，这也反映出家长认为留学申请的过程重要且难度较高，需要相关专业机构和老师的帮助。

---

① 留学中介机构、留学咨询机构、留学培训机构在本书中统称为留学机构。

② 具有中介资质，能与国外高等院校或其他教育机构直接签署有效的合作意向书或合作协议，即"招生代理协议"，可向校方和学生客户方两边收取佣金。

③ 利用专业知识与经验，为具有留学需求的客户作出专业的升学指导与规划，同时为留学申请中的选校、文书等具体事务进行专业的咨询指导服务，向学生客户方收取服务费用。

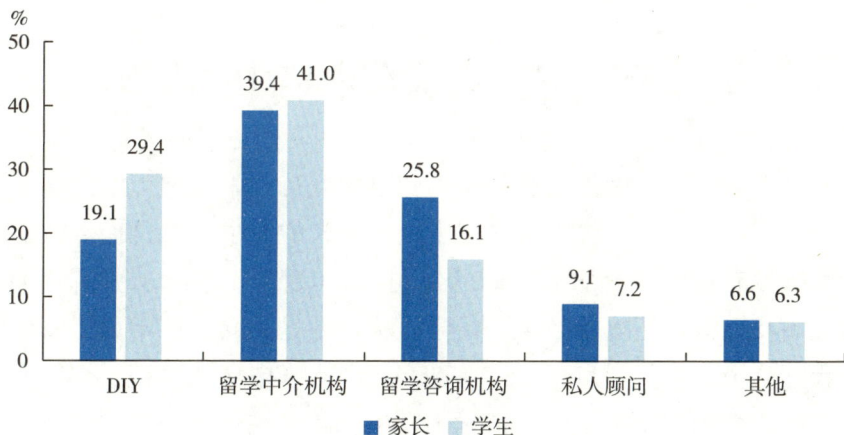

图7-1　申请留学的方式

通过对比分析初高中学生和本科生/研究生的数据（见图7-2）可以看到，两个群体在申请方式上有显著差异，43.0%的本科生/研究生选择DIY的方式申请留学，而只有24.3%的初高中学生选择这一方式；相反，30.9%的本科生/研究生选择通过留学中介机构来申请，而有39.1%的初高中学生选择留学中介机构；在私人顾问的选择上两个群体相差也较大，这可能是因为初高中学生年龄较小，没有独立准备标准化考试、规划自己留学申请的能力，而本科生/研究生已具有一定学习能力，获取信息的能力也较强，可以自主地安排自己的留学申请。

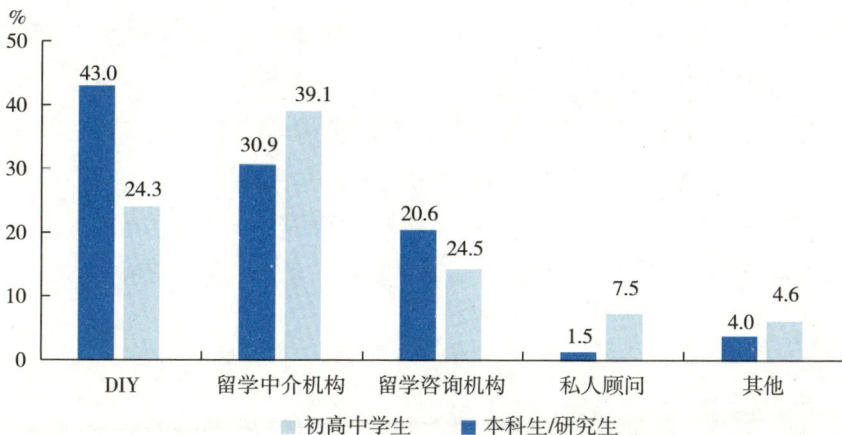

图7-2　不同阶段学生申请留学的方式

第二节　留学机构在申请中的作用

日益庞大的中国留学市场催生了留学中介行业，留学市场持续带动着留学中介行业的发展，也不断涌现出更多形式的留学服务机构。截至2016年，我国拥有留学中介服务资质的公司有500余家，实际从事留学中介服务的公司及机构远超这个数字。留学机构主要是针对那些申请自费出国留学的我国公民，提供信息和法律咨询、代办入学申请和签证、组织安全教育、帮助联络和安排等服务。留学中介机构的作用在于为广大有留学计划的国内学生和家长提供专业指导，减少时间成本；帮助选择学校，设计适合个人的留学方案。根据《中国留学中介市场深度评估与发展趋势研究报告》的数据，"2017—2018年留学中介行业规模分别为71.1亿元、78.37亿元，较上年度增长10.84%、10.22%"[1]，中国留学行业市场在未来将继续保持扩张的态势。从国内出国留学人员获取留学信息的途径上来看，高达57%的学生选择从留学服务机构获取专业的信息；从中国留学人员留学申请的求助渠道来看，高达60%的学生选择咨询留学服务机构，留学培训机构在留学行业消费者群体中的需求程度也非常高。

从此次调查的结果来看，提高申请成功率（66%）、不熟悉申请流程（68%）和节省精力（59%）的确是学生选择留学咨询/中介机构的主要原因，家长问卷的结果也较为一致（见图7-3）。近年来，留学中介机构竞争激烈，发展也十分迅速。留学中介机构为一些有留学意愿却不熟悉申请流程或是尚未达到申请条件的学生量身定制计划，选择性价比高、申请成功可能性高的院校，再配备老师进行专业指导，使申请留学的学生更有信心敲开理想院校的大门。从留学培训机构日常发布的相关案例和数据也可以发现，大部分学生客户在选择留学培训机构进行培训之后，会普遍感觉比未进行留学培训的学生在留学申请过程中节约了更多的时间、获得了更准确的信息。

---

[1] 中企顾问网.中国留学中介市场深度评估与发展趋势研究报告[EB/OL]. http://www.cction.com/report/202011/191583/.html.

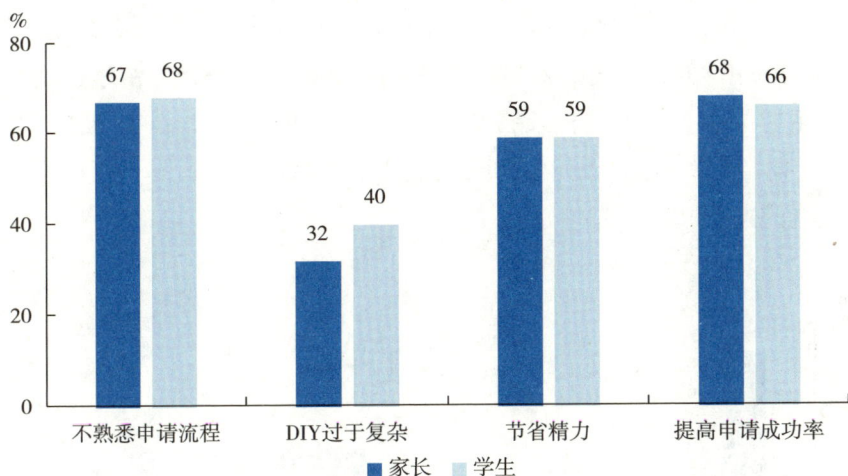

图7-3　选择留学咨询/中介机构的原因

对比学生问卷中本科生/研究生和初高中学生的数据（见图7-4）发现，两个群体在选择留学咨询/中介机构的原因上大致相同，都认为节省精力、不熟悉申请流程和提高申请成功率是主要原因。在初高中学生群体中，认为DIY过于复杂的比例也较高，这可能是因为初高中学生年龄尚小，而出国申请的流程又较为复杂，因而需要专业机构和老师的协助。

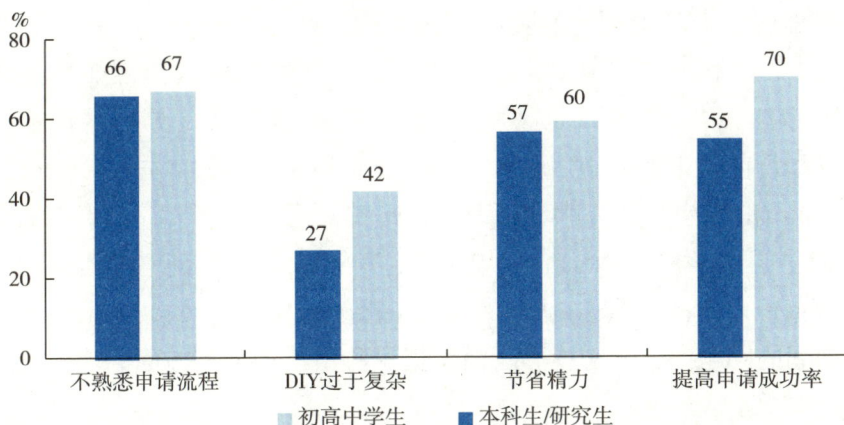

图7-4　不同学生阶段选择留学咨询/中介机构的原因（学生问卷）

此外，对比家长问卷中本科生/研究生和初高中学生的调查数据（见图7-5），初高中学生家长认为提高申请成功率是为孩子选择留学咨询/中介机构的主要原因，并且选择节省精力的比例（60%）比本科生/研究生家长（49%）高，而本科生/研究生的家长认为不熟悉申请流程是选择留学咨询/中介机构的主要原因（73%）。

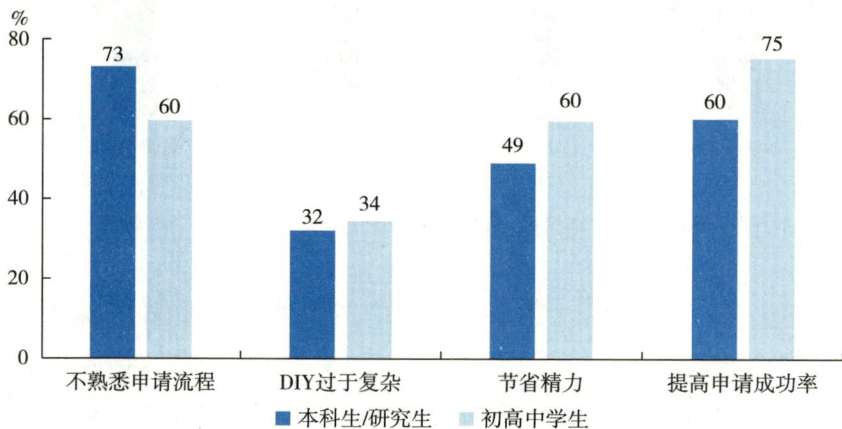

图7-5 不同学生阶段选择留学咨询/中介机构的原因（家长问卷）

意向留学人群在申请过程中的需求涵盖方方面面。《2019出国留学中介服务调查报告》的数据显示，对于留学中介机构提供的各服务环节的重视程度之中，顺利录取院校（19%）、规划背景提升（18%）、文书准备（14%）和选取学校（13%）是比较重要的部分，其余如签证培训准备（9%）、语言培训（8%）、申请材料提交及补充（7%）、前期咨询（6%）和行前培训及入学后服务（6%）也是被关注的服务方面。对研究生来说，20%的学生都认为顺利录取院校是其最看重的环节，对于文书准备（17%）、选取学校（16%）、规划背景提升（10%）、签证培训准备（9%）等环节也较为重视。①新东方《2020中国留学白皮书》的数据也显示，在申请期间的问题中，文书指导、面试指导和留学规划三方面的需求位居前

---

① 2019出国留学中介服务调查报告[EB/OL]. http://www.sohu.com/a/273607438-216975.

列，且背景提升、签证指导的需求逐年上升。在意向留学人群看来，国外
学术衔接课程和行前指导是重点需求项目，而有经验的留学人群则更加看
重留学前的就业指导。

从此次调查结果（见图7-6）可以看到，学生问卷中，78%的学生认为
需要获得文书指导的帮助，69%的学生需要面试指导。随着录取竞争日益
激烈，除了标准化考试成绩等硬实力之外，越来越多的家长和学生开始重
视软实力的提升。从新东方前途出国的数据也可看出，留学前主要聚焦于
在面试及背景提升方面助力学生增强整体竞争力，2017—2019年，选择面
试辅导类项目以及短期活动类背景提升项目的学生占比稳步上升。

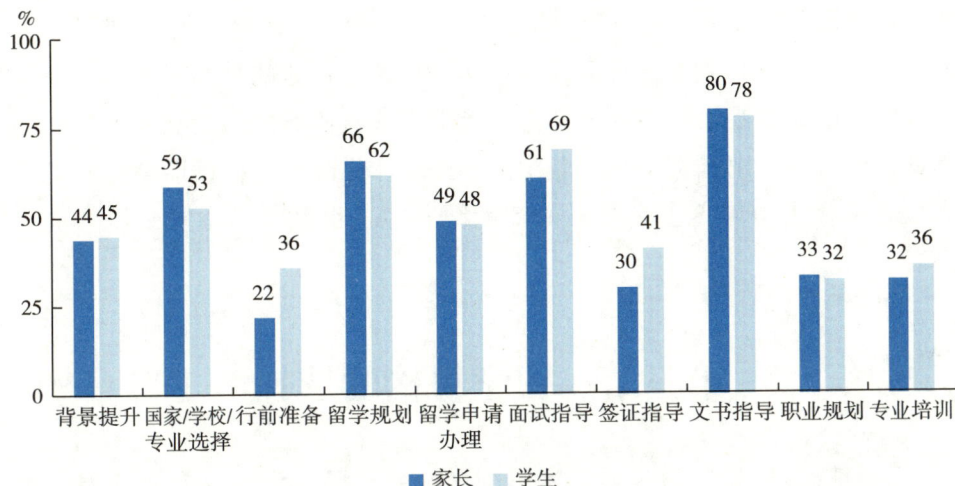

图7-6　留学申请中需要帮助的环节

此外，62%的学生需要机构或学校帮助进行留学规划，53%的学生需
要在留学国家、学校及专业的选择上获得帮助，因为有些学生留学目标不
清晰。从准备阶段来看，有很多学生只是初步确定了自己的留学意愿，但
对于专业选择、个人兴趣、就业发展等都很模糊，是挑选优势专业还是看
重院校整体排名，是短时高效拿文凭还是深入细致作研究，这一系列问题
都将影响学生努力的方向。其余环节如留学申请办理（48%）、背景提升
（45%）、签证指导（41%）、专业培训（36%）、行前准备（36%）和职业
规划（32%）也是学生需要获得帮助的。

家长问卷的数据表明，80%的家长认为文书指导是较重要的环节，超过60%的家长觉得留学规划和面试指导也是需要帮助的重要环节，国家/学校/专业选择（59%）、留学申请办理（49%）、专业培训（32%）方面的结果与学生问卷较为一致。但相比学生，家长对签证指导（30%）和行前准备（22%）的重视程度没有学生那么高，但更加看重职业规划（33%）的环节，这是因为在留学前学生往往比较在意眼前是否能更快融入留学生活，但从留学本身的目的出发，长远的个人职业发展或许更为重要。家长们经验较丰富，因此在留学的学习之外，也更关注孩子未来的职业前途。

近年来，国内经济发展迅猛、新兴产业不断崛起，越来越多的留学生毕业后选择回国发展。教育部留学统计数据显示，2018 年留学归国人员比 2017 年增长 8%，由此也导致海外留学"精英"标签的魅力不再，找工作更多的是依靠学生留学生涯里努力沉淀下来的真实竞争力而非一纸文凭。因此，针对学生出国留学和毕业工作进行整体生涯规划，帮助学生明确努力的方向，力争培养出高质量的新世纪人才，也是留学指导工作的重要内容。

第三节　留学机构的选择

留学机构是面向国内有意愿出国学习的市场主体，以向客户提供各类出国留学咨询与培训业务作为产品，以盈利为目标的市场组织。根据《2019出国留学中介服务调查报告》[①]，国内留学机构主要分为五大类：一是传统留学中介机构，有留学中介资质，成立时间久，经验丰富，规模较大，海外资源丰富；二是传统留学咨询机构，以咨询业务为主，根据学生情况给出专业的申请意见，善于帮助学生规划背景，提升竞争力，从而帮助学生申请名校；三是新型留学咨询机构，与传统留学咨询机构相比，具有海外导师、招生官申请资源的优势，也擅长帮助学生申请名校；四是留

---

① 2019出国留学中介服务调查报告[EB/OL]. http://www.sohu.com/a/273607438-216975.

学工作室，主要是由专业的留学咨询从业人员、海外留学归国人员或培训机构老师开办的小型留学机构，擅长某个特定领域（比如学术领域）和个性化定制的出国留学服务，以小众精英路线取胜，服务细致且个性化；五是互联网型留学机构，大部分是以往从事互联网留学论坛经营，转型后提供出国留学服务的机构，或是一些新兴的互联网留学平台，拥有比较广泛的客户基础，也具有一定信息资源储备，但其发展仍处于初期阶段。

留学机构与学生未来教育目标有着紧密的关联，具有独特性。如何选择优秀的留学机构，为自己的孩子进行完整的规划与申请，最后为孩子申请到理想学校，是每一个家庭在寻找留学机构时面临的难题。对于选择留学机构，我们有以下几个建议。

1. 留学顾问的个人素质、品德、教育背景很重要。留学机构的产品是向客户提供留学咨询与指导服务，因此要求从业人员具备专业的知识，从业要求较高。在此行业，很难想象没有在海外求学与教学经历和经验的人能真正地深入了解海外大学的风格与要求。因此，有必要对所选择机构的留学顾问的教育背景与从业经验作深入了解，并了解机构的资质。

2. 通过市场宣传看内核。在留学规划与申请日益个性化的今天，盲目地关注广告宣传往往会导致盲从。尤其是对学生活动规划有需求的家庭，更需深入了解其专业度与资源，因为充实的活动规划一是建立在规划顾问的专业度上，二是体现在机构资源的匹配度上。

3. 与自身需求的匹配度。目前留学机构非常多，服务价格从几万元到几十万元甚至上百万元不等。在选择留学机构时，要根据自身的需求来决定签约对象。例如，对孩子学习与发展有充分信心，有强烈意愿去顶级学校的家庭，就要考虑找规划与申请并重的机构签约，费用也相对高一些。而对于只有留学申请这一个需求的家庭，可能只需找一家负责申请的机构签约。近年来，个人工作室的形式非常流行，一些大的留学机构也与个人工作室签订合作协议。相比较而言，个人工作室更强调个性化规划与申请，通常走小众精英路线，价格也相对较高。

4. 口碑制胜的原则。无论广告做得多么精彩，可信度往往来自熟人推荐与服务口碑。所以在选择留学机构时，可以向身边的亲友多了解。目前留学的趋势不再是单一的只申请学校，越来越多的人意识到，留学是一个长期规划的过程，所以选择一个专业度高、资源丰富、认真负责的机构与顾问至关重要。

留学机构服务形式多样，服务内容及服务质量参差不齐，为留学家庭带来很大便利的同时，也带来一定的困扰，出国留学学生和家长在留学机构的选择上付出了更多的资金和时间成本。但根据消费者行为理论，消费者根据自己的意愿对可买商品进行排序比较，即一个人可以自由选择购买什么和不购买什么，其最终的选择由他的个人偏好决定。因此，消费者对某件商品的评价往往带有比较浓重的主观色彩。

从此次调查结果来看，学生问卷中36.3%的学生通过朋友推荐的渠道选择特定的留学机构，34.4%的学生通过自己获取的信息对比选择特定的留学机构，18.8%的学生通过老师推荐的方式选择特定的留学机构，而通过广告（2.5%）、讲座（5.2%）或其他（2.8%）方式选择的学生比例较小，其他的渠道主要是学校推荐或学校安排的形式，也有部分学生表明留学机构是由父母选择的。家长问卷的调查结果与学生问卷大致相同，45.5%的家长通过朋友推荐选择特定的留学机构，30.8%的家长通过自己收集信息比较后选择留学机构，14.3%的家长根据学校老师的推荐进行选择，通过广告（1.2%）、讲座（7.2%）或其他（1%）方式的占比很小（见图7-7）。《2019出国留学中介服务调查报告》的结果也显示，58%的受访者认为熟人介绍是选择留学中介主要考虑的因素。[①]可见，在选择中介时，熟人口碑仍旧是学生和家长首要关注的，留学机构只有保证服务质量，才能获得更好的口碑，从而通过口口相传获得更多的生源。

---

① 2019出国留学中介服务调查报告[EB/OL]. http://www.sohu.com/a/273607438-216975.

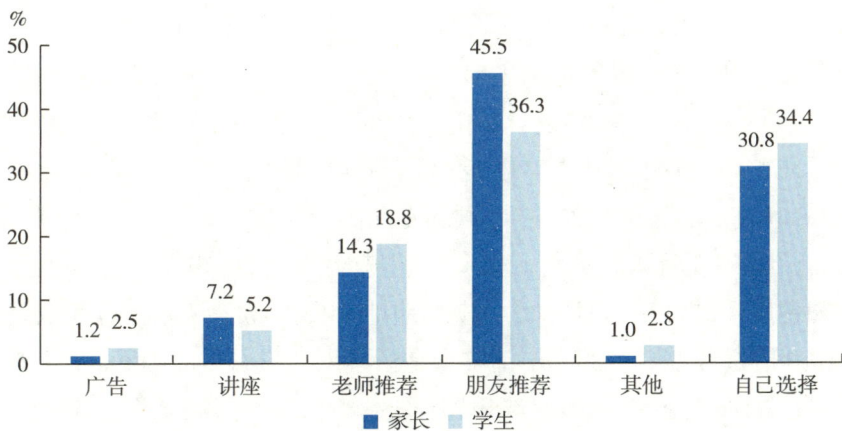

图7-7　选择留学机构的方式

第四节　成功率是评估留学机构的重要指标

一、选择留学机构考虑的因素

根据中国留学生协会对留学生的问卷调查，消费者往往具有理性的分析判断能力，在选择留学机构时学生和家长往往会综合考虑价格、企业品牌、口碑、可推荐学校、语言培训服务及留学后续服务等方面，综合各方信息进行谨慎评估和选择。对于留学生来说，对留学咨询相关产品的需求也并不单单是出国手续的办理，出国留学消费者越来越高的服务要求，也推动了留学服务市场的规范化。留学机构的消费行为是客户导向型的，客户选择留学机构看重的是其实力和信誉、是否正规操作、是否在国外学校有广泛的认可度、是否有成功的案例经验。由于市场需求巨大，留学机构数量日益增多，但是否有实力、是否诚信负责、是否有能力帮学生拿到录取通知，是留学人员在选择留学机构时最看重的因素。留学机构的咨询服务质量也是留学人员选择机构时必须考察的因素，包括中介的服务是否耐心细致、给出的方案是否结合学生自身情况、需要配合的流程是否提前告知等。此外，留学机构的成功率也是核心指标。

　　根据《2019出国留学中介服务调查报告》的结果，中介口碑（79%）、申请实力（70%）、服务费用（51%）和中介规模（48%）是留学人员评估中介时主要考量的几大因素。其中，中介口碑包含熟人介绍（58%）和好评度（35%）两方面，申请实力具体考量申请团队背景（28%）、申请成功率（23%）、成功案例（22%）、顾问专业实力（20%）、服务内容（18%）五方面，服务费用涵盖费用（32%）和退款政策（20%）两部分，中介规模包括知名度（27%）、资质（24%）和地址（12%）。[①]从以上各考量因素来看，中介的好评度、费用和申请实力是留学人员最看重的因素。

　　以往的调查显示，学生选择留学机构时，对录取结果、专业度、服务及文书质量、口碑、费用等因素更加看重，规模、知名度、成立时间等因素重要性不高，表明学生更加关注留学机构的综合申请实力和服务性价比。学生对自己所找的留学机构的综合评价结果也显示，留学机构的规模与综合申请实力、服务质量相关性不高，留学机构的专业度及文书质量与有无规划导师、海外导师直接相关。

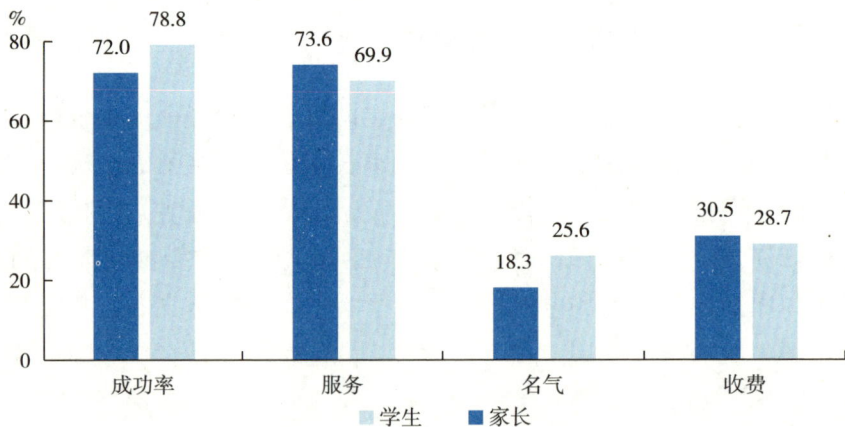

图7-8　评估留学机构的指标

---

① 2019出国留学中介服务调查报告[EB/OL]. http://www.sohu.com/a/273607438-216975.

从此次调查的结果（见图7-8）也可看到，学生问卷中78.8%的学生认为成功率是评估留学机构最重要的指标，其次是服务（69.6%），将收费（28.7%）和名气（25.6%）作为评估指标的学生比例与前两项相比明显较低。

家长问卷的结果与学生问卷较为相近，但也有些许差别。73.6%的家长认为留学机构的服务是评估的核心指标，比成功率（72%）更为重要。以往调查结果也显示，在选择留学机构的时候，超过一半的客户首先考虑的是签约后的服务质量和管理水平。可见，目前留学市场给客户的印象多半是承诺的服务和实际操作之间有所差距，签约之后的情况不能令客户满意。留学申请是个复杂的过程，牵涉到文书写作、材料申请、院校选择、后续签证、住宿安排等，每个环节都不能出问题。所以留学申请人员最在意是的是签约时承诺的服务一定能在后期兑现。此外，30.5%的家长将收费也纳入考量，因为留学机构的费用并不低廉，对家庭来说是留学申请中一笔不小的开支，合理的收费对家长来说也很重要。而只有18.3%的家长认为名气也是评估指标，可以看出家长更看重的是服务过程和实际结果，对于机构的名气和声望没有那么在意。就像一位留学家长说的："对于留学机构来说，谈成一单仅仅是企业一笔业务的成功，但对于学生来说，关系的可是一生。"

因此，留学中介行业作为一个注重服务和体验的行业，每一个还在选择留学机构中的消费者都是朝着能够顺利出国留学、顺利通过考核和实现考试目标去的，更注重留学机构提供的服务是否能够帮助自己实现理想。

二、留学咨询费用

目前，随着我国自费出国留学人数快速增长和留学机构逐步发展成熟，市场上对于留学机构的需求空前高涨。除了成功率，留学家庭也迫切需要了解可靠、优质的留学机构所需的费用。

从此次调查数据（见图7-9）可以看出，超过半数的家庭（52.6%）已经或计划在学生留学咨询申请上的费用控制在10万元及以下，已经或计划费用在10万~20万元的家庭占比为31.6%，8%的家庭已经或计划在留学机构上花费20万~30万元，已经或计划花费30万元及以上的家庭占比较小，仅为7.8%。此外，近年来我国留学更加大众化，普通家庭占比呈现逐年上升的趋势。对比多年来留学人群父母的职业背景，可以发现一般员工的比例逐年上升，甚至远超单位负责人/高管和中层领导家庭。可见，在多种因素的共同作用下，中国学生有了更加多元的留学选择，更多的中国普通家庭也具备了出国留学的条件。

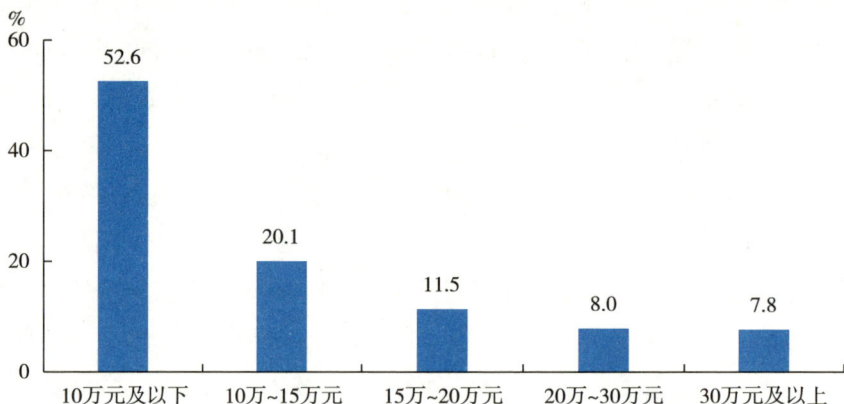

图7-9　家庭在留学机构上的费用（包括计划）

由于不同国家和地区对于申请流程及所需材料等方面的要求不同，留学机构根据不同国家和地区的申请要求提供的服务也有所差异，同时不同留学机构在不同国家和地区所掌握的资源也有所差异。一些留学机构专注于深耕某一个国家或地区，另一些留学机构则覆盖多个国家或地区。当前，选择去美国留学的学生人数最多，提供服务的留学机构也最多，加之申请流程烦琐，留学机构因此面临更大的挑战和更激烈的竞争。对于留学人群来说，选择不同的留学目的地在留学机构的费用上有所差异。

从英、美、加、澳四国的对比图（见图7-10）可以看到，整体来讲，留学群体中的大多数将在留学机构上的费用控制在15万元及以下，四国留学机构费用从高到低依次为美国、英国、加拿大、澳大利亚。其中，57.4%赴澳大利亚留学人群在留学机构上的费用在10万元及以下，而在20万元以上的占比仅为8.9%；前往加拿大的留学人群中，留学费用在10万元及以下的占53.5%，而在20万元以上的占比为17.9%；相比而言，美英的留学群体在留学机构上花费20万元以上的人群占比较大，分别为21.2%和25.6%，而控制在10万元及以下的占比较小，分别为35.2%和40.9%，总体来看，前往美国和英国留学前期在留学机构上的费用较大。

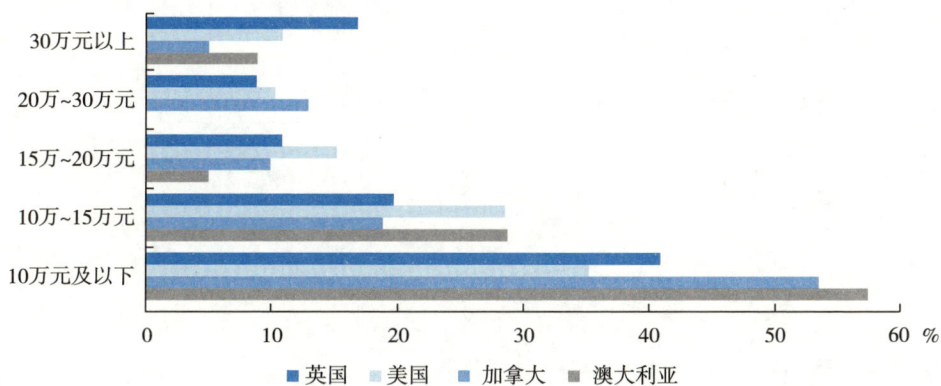

图7-10　不同国家留学机构费用

目前中国市场上的留学费用，根据服务性质的不同差别非常大。以北京地区为例，收费低的留学机构在10万元以内，但以规划咨询服务为主的留学机构，多在10万~30万元；如果提供VIP全方位服务，较为有名的大机构费用基本30万元起步，甚至上百万元。上海的收费水平基本类似。当然，收费不同，其服务内容和性质也有很大差别。所以不能简单地以收费标准来衡量和评估一个留学机构，而要在详细了解其服务内容、服务水平与服务效果的基础上作出理智选择。

【本章结语】在留学规划和申请过程中，应理性看待留学机构的作用。寻找留学机构服务的过程中，其服务内容与性质有很大差别，所以不能简单地以收费标准来衡量和评估留学机构，而要在详细了解其服务内容、服务水平与服务效果的基础上作出理智选择。

附　录

1. 2021年QS世界大学排名

世界排名	学校名称（中文）	学校名称（外文）	国家/地区
1	麻省理工学院	Massachusetts Institute of Technology（MIT）	美国
2	斯坦福大学	Stanford University	美国
3	哈佛大学	Harvard University	美国
4	加州理工学院	California Institute of Technology（Caltech）	美国
5	牛津大学	University of Oxford	英国
6	苏黎世联邦理工学院	Swiss Federal Institute of Technology Zurich	瑞士
7	剑桥大学	University of Cambridge	英国
8	帝国理工学院	Imperial College London	英国
9	芝加哥大学	University of Chicago	美国
10	伦敦大学学院	University College London（UCL）	英国
11	新加坡国立大学	National University of Singapore（NUS）	新加坡
12	普林斯顿大学	Princeton University	美国
13	南洋理工大学	Nanyang Technological University（NTU）	新加坡
14	洛桑联邦理工学院	Ecole Polytechnique Fédérale de Lausanne（EPFL）	瑞士
15	清华大学	Tsinghua University	中国
16	宾夕法尼亚大学	University of Pennsylvania	美国
17	耶鲁大学	Yale University	美国
18	康奈尔大学	Cornell University	美国
19	哥伦比亚大学	Columbia University	美国
20	爱丁堡大学	The University of Edinburgh	英国
21	密歇根大学安娜堡分校	University of Michigan，Ann Arbor	美国
22	香港大学	The University of Hong Kong	中国香港
23	北京大学	Peking University	中国
24	东京大学	The University of Tokyo	日本
25	约翰斯·霍普金斯大学	Johns Hopkins University	美国
25	多伦多大学	University of Toronto	加拿大
27	香港科技大学	The Hong Kong University of Science and Technology	中国香港
27	曼彻斯特大学	The University of Manchester	英国

续表

世界排名	学校名称（中文）	学校名称（外文）	国家/地区
29	西北大学	Northwestern University	美国
30	加州大学伯克利分校	University of California，Berkeley（UCB）	美国
31	澳洲国立大学	The Australian National University	澳大利亚
31	伦敦国王学院	King's College London	英国
31	麦吉尔大学	McGill University	加拿大
34	复旦大学	Fudan University	中国
35	纽约大学	New York University（NYU）	美国
36	加州大学洛杉矶分校	University of California，Los Angeles（UCLA）	美国
37	首尔国立大学	Seoul National University	韩国
38	京都大学	Kyoto University	日本
39	韩国高等科技学院	Korea Advanced Institute of Science and Technology（KAIST）	韩国
40	悉尼大学	The University of Sydney	澳大利亚
41	墨尔本大学	The University of Melbourne	澳大利亚
42	杜克大学	Duke University	美国
43	香港中文大学	The Chinese University of Hong Kong（CUHK）	中国香港
44	新南威尔士大学	University of New South Wales（UNSW Sydney）	澳大利亚
45	英属哥伦比亚大学	The University of British Columbia	加拿大
46	昆士兰大学	The University of Queensland	澳大利亚
47	上海交通大学	Shanghai Jiao Tong University	中国
48	香港城市大学	City University of Hong Kong	中国香港
49	伦敦政治经济学院	The London School of Economics and Political Science（LSE）	英国
50	慕尼黑工业大学	Technical University of Munich	德国
51	卡耐基梅隆大学	Carnegie Mellon University	美国
52	巴黎第九大学	Université Paris Dauphine	法国
53	浙江大学	Zhejiang University	中国

续表

世界排名	学校名称（中文）	学校名称（外文）	国家/地区
54	加州大学圣地亚哥分校	University of California，San Diego（UCSD）	美国
55	莫纳什大学	Monash University	澳大利亚
56	东京工业大学	Tokyo Institute of Technology（Tokyo Tech）	日本
57	代尔夫特理工大学	Delft University of Technology	荷兰
58	布里斯托大学	University of Bristol	英国
59	马来亚大学	Universiti Malaya（UM）	马来西亚
60	布朗大学	Brown University	美国
61	巴黎综合理工学院	Ecole Polytechnique	法国
61	阿姆斯特丹大学	University of Amsterdam	荷兰
62	华威大学	The University of Warwick	英国
63	慕尼黑大学	Ludwig–Maximilians–Universität München	德国
64	海德堡大学	Ruprecht–Karls–Universität Heidelberg	德国
65	威斯康星大学麦迪逊分校	University of Wisconsin，Madison	美国
66	台湾大学	Taiwan University	中国台湾
66	布宜诺斯艾利斯大学	Universidad de Buenos Aires（UBA）	阿根廷
69	高丽大学	Korea University	韩国
69	苏黎世大学	University of Zurich	瑞士
71	得克萨斯大学奥斯汀分校	The University of Texas，Austin	美国
72	大阪大学	Osaka University	日本
72	华盛顿大学	University of Washington	美国
74	莫斯科罗蒙诺索夫 国立大学	Lomonosov Moscow State University	俄罗斯
75	香港理工大学	The Hong Kong Polytechnic University	中国香港
76	哥本哈根大学	University of Copenhagen	丹麦
77	浦项科技大学	Pohang University of Science and Technology（POSTECH）	韩国
77	格拉斯哥大学	University of Glasgow	英国
79	东北大学（日本）	Tohoku University	日本
80	佐治亚理工学院	Georgia Institute of Technology	美国
81	奥克兰大学	The University of Auckland	新西兰

续表

世界排名	学校名称（中文）	学校名称（外文）	国家/地区
82	伊利诺伊大学厄巴纳—香槟分校	University of Illinois, Urbana-Champaign	美国
83	索邦大学	Sorbonne University	法国
84	鲁汶大学	KU Leuven	比利时
85	延世大学	Yonsei University	韩国
86	杜伦大学	Durham University	英国
87	伯明翰大学	University of Birmingham	英国
88	成均馆大学	Sungkyunkwan University（SKKU）	韩国
89	莱斯大学	Rice University	美国
90	南安普顿大学	University of Southampton	英国
91	利兹大学	University of Leeds	英国
92	西澳大利亚大学	The University of Western Australia	澳大利亚
93	谢菲尔德大学	The University of Sheffield	英国
93	中国科学技术大学	University of Science and Technology of China	中国
95	北卡罗来纳大学教堂山分校	University of North Carolina, Chapel Hill	美国
96	圣安德鲁斯大学	University of St Andrews	英国
97	隆德大学	Lund University	瑞典
98	瑞典皇家理工学院	KTH Royal Institute of Technology	瑞典
99	诺丁汉大学	University of Nottingham	英国
100	墨西哥国立自治大学	Universidad Nacional Autó noma de México （UNAM）	墨西哥

注：评估依据为学术声誉40%、全球雇主声誉10%、师生比例20%、单位教职的论文引用数20%、国际教职工比例5%、国际学生比例5%。

2. 2019—2021年USNEWS世界大学排名

2019年排名	2020年排名	2021年排名	学校名称（中文）	学校名称（外文）	国家/地区
1	1	1	哈佛大学	Harvard University	美国
2	2	2	麻省理工学院	Massachusetts Institute of Technology	美国
3	3	3	斯坦福大学	Stanford University	美国

续表

2019年排名	2020年排名	2021年排名	学校名称（中文）	学校名称（外文）	国家/地区
4	4	4	加州大学伯克利分校	University of California, Berkeley	美国
5	5	5	牛津大学	University of Oxford	英国
8	7	6	哥伦比亚大学	Columbia University	美国
6	6	7	加州理工学院	California Institute of Technology	美国
10	10	8	华盛顿大学	University of Washington	美国
7	9	9	剑桥大学	University of Cambridge	英国
12	11	10	约翰斯·霍普金斯大学	Johns Hopkins University	美国
9	8	11	普林斯顿大学	Princeton University	美国
11	12	11	耶鲁大学	Yale University	美国
13	14	13	加州大学洛杉矶分校	University of California, Los Angeles	美国
16	16	14	宾夕法尼亚大学	University of Pennsylvania	美国
15	15	15	加州大学旧金山分校	University of California, San Francisco	美国
14	13	15	芝加哥大学	University of Chicago	美国
18	17	17	密歇根大学安娜堡分校	University of Michigan, Ann Arbor	美国
20	18	17	多伦多大学	University of Toronto	加拿大
21	21	19	伦敦大学学院	University College London	英国
18	20	20	帝国理工学院	Imperial College London	英国
17	19	21	加州大学圣地亚哥分校	University of California, San Diego	美国
23	23	22	康奈尔大学	Cornell University	美国
22	22	23	杜克大学	Duke University	美国
24	24	24	西北大学	Northwestern University	美国
26	26	25	墨尔本大学	The University of Melbourne	澳大利亚
25	25	26	苏黎世联邦理工学院	Swiss Federal Institute of Technology Zurich	瑞士
31	27	27	悉尼大学	The University of Sydney	澳大利亚
50	36	28	清华大学	Tsinghua University	中国
28	28	29	纽约大学	New York University	美国
27	29	30	爱丁堡大学	The University of Edinburgh	英国

续表

2019年排名	2020年排名	2021年排名	学校名称（中文）	学校名称（外文）	国家/地区
29	30	31	英属哥伦比亚大学	The University of British Columbia	加拿大
38	34	32	新加坡国立大学	National University of Singapore	新加坡
32	31	33	圣路易斯华盛顿大学	Washington University in St. Louis	美国
39	37	34	伦敦国王学院	King's College London	英国
34	32	34	哥本哈根大学	University of Copenhagen	丹麦
32	33	36	北卡罗来纳大学教堂山分校	University of North Carolina, Chapel Hill	美国
42	42	36	昆士兰大学	The University of Queensland	澳大利亚
49	43	38	南洋理工大学	Nanyang Technological University	新加坡
36	34	38	得克萨斯大学奥斯汀分校	The University of Texas, Austin	美国
51	40	40	阿姆斯特丹大学	University of Amsterdam	荷兰
35	37	41	威斯康星大学麦迪逊分校	University of Wisconsin, Madison	美国
76	51	42	阿卜杜勒阿齐兹国王大学	King Abdulaziz University	沙特阿拉伯
30	37	43	索邦大学	Sorbonne University	法国
43	47	43	匹兹堡大学	University of Pittsburgh	美国
46	45	45	俄亥俄州立大学	The Ohio State University	美国
46	43	46	慕尼黑大学	University of Munich	德国
41	47	47	明尼苏达大学双城分校	University of Minnesota, Twin Cities	美国
57	56	48	鲁汶大学	KU Leuven	比利时
51	51	48	卡罗林斯卡学院	Karolinska Institute	瑞典
62	59	48	莫纳什大学	Monash University	澳大利亚
43	49	51	麦吉尔大学	McGill University	加拿大
68	59	51	北京大学	Peking University	中国
70	64	51	新南威尔士大学	University of New South Wales	澳大利亚

续表

2019年排名	2020年排名	2021年排名	学校名称（中文）	学校名称（外文）	国家/地区
54	56	54	海德堡大学	Heidelberg University	德国
56	55	54	乌得勒支大学	Utrecht University	荷兰
37	41	56	加州大学圣塔芭芭拉分校	University of California, Santa Barbara	美国
46	51	57	波士顿大学	Boston University	美国
40	45	58	洛桑联邦理工学院	Ecole Polytechnique Fédérale de Lausanne	瑞士
43	50	59	科罗拉多大学博尔德分校	University of Colorado, Boulder	美国
54	59	60	伊利诺伊大学厄巴纳—香槟分校	University of Illinois, Urbana–Champaign	美国
51	51	60	马里兰大学帕克分校	University of Maryland, College Park	美国
75	67	62	西奈山伊坎医学院	Icahn School of Medicine at Mount Sinai	美国
61	58	62	苏黎世大学	University of Zurich	瑞士
66	69	64	澳大利亚国立大学	The Australian National University	澳大利亚
59	64	64	曼彻斯特大学	University of Manchester	英国
69	62	66	佐治亚理工学院	Georgia Institute of Technology	美国
60	64	66	加州大学戴维斯分校	University of California, Davis	美国
71	74	68	伊拉斯姆斯大学	Erasmus University Rotterdam	荷兰
62	67	68	巴黎大学	Université de Paris	法国
62	69	70	南加州大学	University of Southern California	美国
73	71	71	埃默里大学	Emory University	美国
74	72	72	范德堡大学	Vanderbilt University	美国
102	80	73	阿德莱德大学	The University of Adelaide	澳大利亚
62	74	73	东京大学	The University of Tokyo	日本
71	72	75	宾州州立大学帕克分校	The Pennsylvania State University, University Park	美国
66	62	76	洛克菲勒大学	Rockefeller University	美国

续表

2019年排名	2020年排名	2021年排名	学校名称（中文）	学校名称（外文）	国家/地区
80	77	76	慕尼黑工业大学	Technical University of Munich	德国
78	78	78	加州大学尔湾分校	University of California, Irvine	美国
81	86	79	西澳大利亚大学	University of Western Australia	澳大利亚
86	82	80	阿姆斯特丹自由大学	VU University Amsterdam	荷兰
58	76	81	加州大学圣克鲁兹分校	University of California, Santa Cruz	美国
90	91	82	柏林洪堡大学	Humboldt-Universität zu Berlin	德国
103	100	83	香港大学	The University of Hong Kong	中国香港
85	79	83	瓦格宁根大学	Wageningen University and Research	荷兰
92	87	85	根特大学	Ghent University	比利时
86	89	86	莱顿大学	Leiden University	荷兰
77	81	86	布里斯托大学	University of Bristol	英国
95	89	86	格拉斯哥大学	University of Glasgow	英国
92	87	86	赫尔辛基大学	University of Helsinki	芬兰
96	98	90	巴塞罗那大学	University of Barcelona	西班牙
98	91	90	奥斯陆大学	University of Oslo	挪威
96	96	92	伯明翰大学	University of Birmingham	英国
101	96	92	格罗宁根大学	University of Groningen	荷兰
81	82	94	卡耐基梅隆大学	Carnegie Mellon University	美国
142	113	95	香港中文大学	The Chinese University of Hong Kong	中国香港
88	94	96	日内瓦大学	Université de Genéva	瑞士
81	85	97	亚利桑那大学	University of Arizona	美国
94	94	97	南安普顿大学	University of Southampton	英国
88	91	99	隆德大学	Lund University	瑞典
90	101	100	密歇根州立大学	Michigan State University	美国

3. 2021年《泰晤士报》（TIMES）英国大学综合排名

排名	学校名称（中文）	学校名称（英文）	教学质量（%）	学生体验（%）	研究质量（%）	入学标准	毕业生前景（%）	优秀学位获得率（%）	毕业率（%）	师生比（%）
1	剑桥大学	University of Cambridge	—	—	57.3	212	91.4	92.9	98.7	11.2
2	牛津大学	University of Oxford	—	—	53.1	203	90.6	94	98.1	10.3
3	圣安德鲁斯大学	University of St Andrews	86.7	86.3	40.4	211	81.9	90.6	95	11.2
4	伦敦政治经济学院	The London School of Economics and Political Science	77.3	74.3	52.8	170	92.5	92.2	97.2	11.9
5	帝国理工学院	Imperial College London	75.5	78.5	56.2	189	95.4	91.5	96.8	11.1
6	杜伦大学	Durham University	79	76.2	39	188	87	91.7	95.6	14.7
7	拉夫堡大学	Loughborough University	82.4	84.8	36.3	153	83.6	84.4	93.3	13.4
8	伦敦大学学院	University College London	75.4	75.7	51	175	86.1	88.9	94.6	10.4
9	巴斯大学	University of Bath	79.1	80.9	37.3	174	89.4	89	96.2	14.9
10	兰卡斯特大学	Lancaster University	79.4	77.8	39.1	150	81.9	79.6	93	12.5
11	华威大学	University of Warwick	78.6	77.9	44.6	171	85.2	86.7	94.9	13.8
12	埃克塞特大学	University of Exeter	78.4	79.3	38	163	83.3	86.7	94.6	15.2
13	布里斯托大学	University of Bristol	76.4	75	47.3	169	83.6	90.1	95	13.3
14	格拉斯哥大学	University of Glasgow	78.4	79.4	39.9	204	81.3	82.6	88	13.4
15	利兹大学	University of Leeds	77.7	77.2	36.8	163	82	87.2	93.5	13.7

续表

排名	学校名称（中文）	学校名称（英文）	教学质量（%）	学生体验（%）	研究质量（%）	入学标准	毕业生前景（%）	优秀学位获得率（%）	毕业率（%）	师生比（%）
16	南安普顿大学	The University of Southampton	79	78.8	44.9	153	81.6	85.8	92	13.3
17	爱丁堡大学	The University of Edinburgh	72.8	72.9	43.8	187	81.2	89.5	93.8	11.9
18	曼彻斯特大学	The University of Manchester	76.7	75.5	39.8	165	83	82.9	93.5	13.1
19	伯明翰大学	University of Birmingham	76.4	74.9	37.1	159	84.7	86.2	94.6	14.1
20	约克大学（英国）	University of York	80.7	78.7	38.3	151	81.7	82.4	94.3	14.4
21	东英吉利大学	University of East Anglia	80.7	79.1	35.8	138	79.6	84.7	87.8	13.5
22	伦敦大学皇家霍洛威学院	Royal Holloway, University of London	79.7	79.2	36.3	134	75	81.5	91.2	14.7
23	邓迪大学	University of Dundee	80.9	80.7	31.2	176	84.4	76.5	87.7	14.3
24	谢菲尔德大学	The University of Sheffield	79.7	80.6	37.6	152	81.8	82.7	93.2	14.7
25	思克莱德大学	University of Strathclyde	78.5	79.5	37.7	200	83.4	84.9	87.8	19.5
26	诺丁汉大学	University of Nottingham	77	75.6	37.8	150	84.9	84.4	92.1	14.5
27	阿伯丁大学	University of Aberdeen	78.4	80.3	29.9	183	79.8	86.2	88.9	16.2
28	哈珀亚当斯大学	Harper Adams University	84.6	82.7	5.7	124	71.2	73	87.6	14.8
29	利物浦大学	University of Liverpool	80	80.2	31.5	143	80.6	78.8	92.7	14.4
30	伦敦国王学院	King's College London	72.5	70.8	44	164	86.3	85.5	91.4	11.9

续表

排名	学校名称（中文）	学校名称（英文）	教学质量（%）	学生体验（%）	研究质量（%）	入学标准	毕业生前景（%）	优秀学位获得率（%）	毕业率（%）	师生比（%）
31	纽卡斯尔大学（英国）	Newcastle University	76.4	77.1	37.7	150	81.4	82	95.1	14.2
32	贝尔法斯特女王大学	Queen's University Belfast	76.1	76.3	39.7	152	84.7	85	91.6	14.6
33	雷丁大学	University of Reading	78.1	77.2	36.5	127	78.9	81.9	91.3	15.8
34	卡迪夫大学	Cardiff University	76.9	75.8	35	154	83.1	81.7	91.8	14.3
35	赫瑞瓦特大学	Heriot-Watt University	77.1	78	36.7	168	80.8	79.3	84.4	17.8
36	斯旺西大学	Swansea University	80.6	80.7	33.7	129	82.6	79.1	89.2	15
37	莱斯特大学	University of Leicester	77	77.3	31.8	132	76.9	78.9	94	13.7
38	斯特林大学	University of Stirling	82.2	78.6	30.5	165	77.4	76.3	81.3	16.2
39	萨里大学	University of Surrey	75	76.9	29.7	146	85.5	79.9	88.9	15.8
40	埃塞克斯大学	University of Essex	78.8	78	37.2	107	73.6	75.4	84.3	16.7
41	伦敦玛丽女王大学	Queen Mary University of London	72.8	73.9	37.9	152	80.3	85	90.7	13
42	亚伯大学	Aberystwyth University	87.3	86.4	28.1	123	66.9	70.7	82.8	16.8
43	阿斯顿大学	Aston University	77.8	77.9	25.8	128	81.3	81.9	89.9	16.1
44	萨塞克斯大学	University of Sussex	76.1	73.6	31.8	142	76.2	75.3	89.9	17.4
45	林肯大学（英国）	University of Lincoln	82.4	81.3	10.3	120	72.9	75.9	88.7	15.3

续表

排名	学校名称（中文）	学校名称（英文）	教学质量（%）	学生体验（%）	研究质量（%）	入学标准	毕业生前景（%）	优秀学位获得率（%）	毕业率（%）	师生比（%）
46	奇切斯特大学	University of Chichester	83.8	81.1	6.4	122	69.5	75.6	90.5	14.4
47	考文垂大学	Coventry University	82.4	80.5	3.8	122	78.6	74.6	81.8	13.9
48	肯特大学	University of Kent	77.9	76.8	35.2	131	72.9	78	88.8	17
49	伦敦大学圣乔治学院	St George's, University of London	71.7	73.1	22.2	156	90.3	78.1	94.4	13.3
50	伦敦大学亚非学院	SOAS, University of London	75	71.3	27.9	158	68.5	82.5	82	11.6
51	基尔大学（英国）	Keele University	80.5	79	22.1	123	78.2	76	86.9	14.3
52	阿尔斯特大学	Ulster University	79.6	78.9	31.8	128	76.6	78.6	80.3	18.1
53	诺丁汉特伦特大学	Nottingham Trent University	82.3	81.3	6.5	125	71.7	69.7	86.7	14.8
54	伯恩茅斯艺术学院	Arts University Bournemouth	86.5	83.2	2.4	147	57.3	68.3	91.4	14.5
55	利兹艺术大学	Leeds Arts University	83.5	79.6	n/a	152	62.4	76.7	93.6	14.1
56	牛津布鲁克斯大学	Oxford Brookes University	76.3	76.3	11.4	122	78.5	78.8	89.4	14.7
57	诺森比亚大学	Northumbria University	79.4	77	9	143	75.2	78.7	83.8	15.5
58	西英格兰大学	University of the West of England	83.9	83	8.8	121	76.8	74.5	82.5	15.4
59	普利茅斯大学	University of Plymouth	82.7	80	15.9	128	76.5	73.7	83.5	16.2
60	赫尔大学	University of Hull	80.3	78.6	16.7	125	75	73.7	82.9	15.1
61	西伦敦大学	University of West London	86.3	85.2	1.6	123	68	75.4	77.8	15.2

续表

排名	学校名称（中文）	学校名称（英文）	教学质量（%）	学生体验（%）	研究质量（%）	入学标准	毕业生前景（%）	优秀学位获得率（%）	毕业率（%）	师生比（%）
62	班戈大学	Bangor University	81.1	79.6	27.2	125	73.2	72	83.8	15.7
63	爱丁堡龙比亚大学	Edinburgh Napier University	81.6	80.2	4.6	152	74.3	78.8	81.1	18.2
64	格罗斯泰斯特主教大学	Bishop Grosseteste University	84.7	81.2	2.1	109	71	70.7	89	18.4
65	曼彻斯特城市大学	Manchester Metropolitan University	80.2	78.1	7.5	131	66.5	72.8	85.1	15
66	罗伯特戈顿大学	Robert Gordon University	84.3	82.2	4	156	78.5	72	84.5	18.7
67	谢菲尔德哈莱姆大学	Sheffield Hallam University	80.6	77.4	5.4	116	77.1	75.7	85.5	16.8
68	伯恩茅斯大学	Bournemouth University	78.3	76.2	9	115	79	78.8	84.3	17.6
69	切斯特大学	University of Chester	82.4	80.1	4.1	116	67.8	71.5	79.7	15.1
70	边山大学	Edge Hill University	78	76.7	4.9	130	72	71.3	84.2	14
71	创意艺术大学	University for the Creative Arts	81.9	74.5	3.4	136	54.2	73.5	84.8	13.7
72	朴次茅斯大学	University of Portsmouth	81.1	79.4	8.6	113	72.9	73.6	83.8	16.1
73	哈德斯菲尔德大学	University of Huddersfield	78.5	75.6	9.4	128	72	75.6	83.5	15.5
74	皇家农业大学	Royal Agricultural University	78.4	77.3	1.1	120	70.3	67.6	94.4	19.8

续表

排名	学校名称（中文）	学校名称（英文）	教学质量（%）	学生体验（%）	研究质量（%）	入学标准	毕业生前景（%）	优秀学位获得率（%）	毕业率（%）	师生比（%）
75	格拉斯哥卡利多尼安大学	Glasgow Caledonian University	80.8	79	7	159	74.6	80.3	85	21.4
76	斯塔福德郡大学	Staffordshire University	83.7	79.4	16.5	120	66.7	73.4	79.7	17.5
77	诺维奇艺术大学	Norwich University of the Arts	80.5	76.9	5.6	130	56.2	70.8	84.1	15.2
78	罗汉普敦大学	University of Roehampton	79	77.9	24.5	103	61.6	66.7	75.1	14.8
79	卡迪夫城市大学	Cardiff Metropolitan University	81.1	80.2	3.9	128	72.2	70.6	80.1	18.1
80	阿伯泰大学	Abertay University	87	81.2	5.1	148	67.3	75.8	74.3	21.2
81	利物浦霍普大学	Liverpool Hope University	83.1	79.4	9.2	114	62.9	71.8	77.3	15
82	伦敦大学城市学院	City, University of London	71.7	72.1	22.6	136	76.7	75.6	87.5	17.3
83	伦敦艺术大学	University of the Arts London	76.7	69.7	8	135	57.9	72.2	84.2	13.7
84	约克圣约翰大学	York St John University	84.4	80.7	4.1	103	66.9		86.4	18
85	利物浦约翰摩尔斯大学	Liverpool John Moores University	79.8	79.5	8.9	145	69.8	73.7	82.1	16.8
86	圣玛丽大学（英国）	St Mary's University, Twickenham	82	80.1	4	110	70.1	75.1	82.8	18
87	中央兰开夏大学	University of Central Lancashire	78.4	75.7	5.6	127	72.5	72.3	76.2	13.3

续表

排名	学校名称（中文）	学校名称（英文）	教学质量（%）	学生体验（%）	研究质量（%）	入学标准	毕业生前景（%）	优秀学位获得率（%）	毕业率（%）	师生比（%）
88	布鲁内尔大学	Brunel University London	73.9	73.9	25.4	119	75	75.6	87.5	17.7
89	爱丁堡玛格丽特女王大学	Queen Margaret University, Edinburgh	80.3	76.1	6.6	153	71.8	79.6	79.3	19.5
90	伯明翰城市大学	Birmingham City University	80.3	76.7	4.3	123	71.4	74.4	84	16.6
91	南威尔士大学	University of South Wales	82	78	4	121	68	70.4	81.7	15.1
92	提塞德大学	Teesside University	82.1	78.7	3.6	120	78.1	71.6	77.9	18.2
93	索伦特大学	Solent University	82.5	79.9	0.5	124	64.1	70.7	78.5	15.8
94	德比大学	University of Derby	83	80.4	2.5	118	68.7	66.9	78.3	14.6
95	法尔茅斯大学	Falmouth University	81.7	77.2	4.6	126	59.7	76.4	86.9	17.3
96	温切斯特大学	University of Winchester	79.8	75.9	5.8	110	66.5	74.3	84.2	16.5
97	伦敦大学金史密斯学院	Goldsmiths, University of London	70	63.8	33.4	127	62.4	79.6	78	14.9
98	格林威治大学	University of Greenwich	78	76.3	4.9	122	73	77.1	81.4	17.8
99	赫特福德大学	University of Hertfordshire	79.3	78.1	5.6	107	71.3	65.7	82	14.8
100	索尔福德大学	University of Salford	79.4	76.7	8.3	127	72.8	71.7	81.9	16.5

资料来源：http://rankings.betteredu.net/times/university-rankings/2021.html。

4. 2020—2021年QS英国大学专业排名

会计金融专业（ Accounting and Finance ）

2019年排名	2020年排名	学校名称（中文）	学校名称（英文）	所在城镇
2	1	伦敦政治经济学院	The London School of Economics and Political Science	伦敦
1	2	牛津大学	University of Oxford	牛津
3	3	剑桥大学	University of Cambridge	剑桥
4	4	伦敦商学院	London Business School	伦敦
5	5	曼彻斯特大学	The University of Manchester	曼彻斯特
6	6	帝国理工学院	Imperial College London	伦敦
8	7	爱丁堡大学	The University of Edinburgh	爱丁堡
7	8	华威大学	The University of Warwick	考文垂
9	9	伦敦大学城市学院	City，University of London	伦敦
11	10	兰卡斯特大学	Lancaster University	兰卡斯特

建筑专业（Architecture ）

2019年排名	2020年排名	学校名称（中文）	学校名称（英文）	所在城镇
1	1	伦敦大学学院	University College London	伦敦
3	2	曼彻斯特建筑学院	Manchester School of Architecture	曼彻斯特
2	3	剑桥大学	University of Cambridge	剑桥
4	4	谢菲尔德大学	The University of Sheffield	谢菲尔德
5	5	卡迪夫大学	Cardiff University	卡迪夫
6	6	拉夫堡大学	Loughborough University	拉夫堡
7	7	纽卡斯尔大学	Newcastle University	纽卡斯尔
8	8	牛津布鲁克斯大学	Oxford Brookes University	牛津
9	9	巴斯大学	University of Bath	巴斯
10	10	爱丁堡大学	The University of Edinburgh	爱丁堡

艺术设计专业（Art & Design ）

2019年排名	2020年排名	学校名称（中文）	学校名称（英文）	所在城镇
1	1	皇家艺术学院	Royal College of Art	伦敦
2	2	伦敦艺术大学	University of the Arts，London	伦敦

续表

2019年排名	2020年排名	学校名称（中文）	学校名称（英文）	所在城镇
3	3	格拉斯哥艺术学院	The Glasgow School of Art	格拉斯哥
4	4	伦敦大学金史密斯学院	Goldsmiths, University of London	伦敦
5	5	拉夫堡大学	Loughborough University	拉夫堡
7	6	牛津大学	University of Oxford	牛津
6	7	伦敦大学学院	University College London	伦敦
9	8	爱丁堡艺术学院	Edinburgh College of Art	爱丁堡
10	9	金斯顿大学	Kingston University	金斯顿
11	10	兰卡斯特大学	Lancaster University	兰卡斯特

商学院（Business & Management）

2019年排名	2020年排名	学校名称（中文）	学校名称（英文）	所在城镇
1	1	伦敦商学院	London Business School	伦敦
2	2	剑桥大学	University of Cambridge	剑桥
3	3	伦敦政治经济学院	The London School of Economics and Political Science	伦敦
4	4	牛津大学	University of Oxford	牛津
5	5	华威大学	University of Warwick	考文垂
6	6	帝国理工学院	Imperial College London	伦敦
7	7	曼彻斯特大学	The University of Manchester	曼彻斯特
8	8	阿斯顿大学	Aston University	伯明翰
9	9	伦敦大学城市学院	City, University of London	伦敦
10	10	克兰菲尔德大学	Cranfield University	贝德福德

传媒专业（Communication & Media）

2019年排名	2020年排名	学校名称（中文）	学校名称（英文）	所在城镇
1	1	伦敦政治经济学院	The London School of Economics and Political Science	伦敦
2	2	伦敦大学金史密斯学院	Goldsmiths, University of London	伦敦
4	3	卡迪夫大学	Cardiff University	卡迪夫
5	4	伦敦大学国王学院	King's College London	伦敦
3	5	利兹大学	University of Leeds	利兹
6	6	威斯敏斯特大学	University of Westminster	伦敦

续表

2019年排名	2020年排名	学校名称（中文）	学校名称（英文）	所在城镇
7	7	莱斯特大学	University of Leicester	莱斯特
9	8	伦敦大学城市学院	City，University of London	伦敦
8	9	拉夫堡大学	Loughborough University	拉夫堡
10	10	伦敦大学皇家霍洛威学院	Royal Holloway，University of London	伦敦

经济学专业（Economics）

2019年排名	2020年排名	学校名称（中文）	学校名称（英文）	所在城镇
1	1	伦敦政治经济学院	The London School of Economics and Political Science	伦敦
2	2	牛津大学	University of Oxford	牛津
3	3	剑桥大学	University of Cambridge	剑桥
4	4	伦敦大学学院	University College London	伦敦
5	5	华威大学	University of Warwick	考文垂
6	6	伦敦商学院	London Business School	伦敦
7	7	曼彻斯特大学	University of Manchester	曼彻斯特
8	8	诺丁汉大学	University of Nottingham	诺丁汉
12	9	布里斯托大学	University of Bristol	布里斯托
9	10	爱丁堡大学	The University of Edinburgh	爱丁堡

计算机科学专业（Computer Science）

2019年排名	2020年排名	学校名称（中文）	学校名称（英文）	所在城镇
2	1	牛津大学	University of Oxford	牛津
1	2	剑桥大学	University of Cambridge	剑桥
3	3	帝国理工学院	Imperial College London	伦敦
5	4	伦敦大学学院	University College London	伦敦
4	5	爱丁堡大学	The University of Edinburgh	爱丁堡
6	6	伦敦大学国王学院	King's College London	伦敦
7	7	曼彻斯特大学	University of Manchester	曼彻斯特
8	8	伦敦政治经济学院	The London School of Economics and Political Science	伦敦
9	9	华威大学	University of Warwick	考文垂
16	10	布里斯托大学	University of Bristol	布里斯托

资料来源：https://www.honglingjin.co.uk/265766.html。

5. 2020—2021年USNEWS美国综合性研究型大学排名

2020年排名	2021年排名	学校名称（中文）	学校名称（英文）	2020—2021年学费（美元）	2020—2021年食宿费（美元）	RD申请截止时间	现有本科生人数	本科校友起薪中位数（美元）	2019年秋季录取率	4年毕业率
1	1	普林斯顿大学	Princeton University	53890	17820	1月1日	5422	70200	0.06	0.9
2	2	哈佛大学	Harvard University	54002	18389	1月1日	6755	69000	0.05	0.85
3	3	哥伦比亚大学	Columbia University	64380	14970	1月1日	6245	67500	0.05	0.87
3	4	麻省理工学院	Massachusetts Institute of Technology	53818	12000	1月1日	4530	82300	0.07	0.87
3	4	耶鲁大学	Yale University	57700	17200	1月2日	6092	64500	0.06	0.88
6	6	斯坦福大学	Stanford University	56169	17255	1月2日	6996	73800	0.04	0.73
6	6	芝加哥大学	University of Chicago	59298	17004	1月4日	6734	60100	0.06	0.9
6	8	宾夕法尼亚大学	University of Pennsylvania	60042	16784	1月5日	10019	68100	0.08	0.86
12	9	加州理工学院	California Institute of Technology	56862	17337	1月3日	938	83200	0.06	0.84
10	9	约翰斯·霍普金斯大学	Johns Hopkins University	57010	16800	1月2日	6256	66100	0.1	0.88
9	9	西北大学	Northwestern University	58701	17616	1月1日	8327	61000	0.09	0.84
10	12	杜克大学	Duke University	60488	17484	1月3日	6649	68500	0.08	0.88
12	13	达特茅斯学院	Dartmouth College	59458	17022	1月2日	4459	65800	0.08	0.87
14	14	布朗大学	Brown University	60696	15908	1月1日	7160	62700	0.07	0.83
15	14	范德堡大学	Vanderbilt University	54158	17670	1月1日	6886	63000	0.09	0.9

续表

2020年排名	2021年排名	学校名称（中文）	学校名称（英文）	2020—2021年学费（美元）	2020—2021年食宿费（美元）	RD申请截止时间	现有本科生人数	本科校友起薪中位数（美元）	2019年秋季录取率	4年毕业率
17	16	莱斯大学	Rice University	51107	14500	1月1日	3989	67700	0.09	0.84
19	16	圣路易斯华盛顿大学	Washington University in St. Louis	57386	17402	1月2日	7822	62500	0.14	0.89
17	18	康奈尔大学	Cornell University	59316	15846	1月2日	15043	66900	0.11	0.87
15	19	圣母大学	University of Notre Dame	57699	15984	1月1日	8731	65300	0.16	0.91
20	20	加州大学洛杉矶分校	University of California, Los Angeles	州内13226 州外42980	16104	11月30日	31543	58400	0.12	0.79
21	21	埃默里大学	Emory University	53868	15242	1月1日	7118	59200	0.16	0.82
22	22	加州大学伯克利分校	University of California, Berkeley	州内14226 州外43980	19556	11月30日	31780	66600	0.17	0.76
24	23	乔治城大学	Georgetown University	57928	17498	1月10日	7513	59900	0.14	0.91
25	24	密歇根大学安娜堡分校	University of Michigan, Ann Arbor	州内15948 州外52266	12224	2月1日	31266	63700	0.23	0.8
22	24	南加州大学	University of Southern California	59072	15916	1月15日	20351	60600	0.77	0.77
25	26	卡耐基梅隆大学	Carnegie Mellon University	58924	15550	1月1日	7022	74200	0.15	0.76
28	26	弗吉尼亚大学	University of Virginia	州内18878 州外52957	12350	1月1日	17011	61600	0.24	0.89

续表

2020年排名	2021年排名	学校名称（中文）	学校名称（英文）	2020—2021年学费（美元）	2020—2021年食宿费（美元）	RD申请截止时间	现有本科生人数	本科校友起薪中位数（美元）	2019年秋季录取率	4年毕业率
29	28	北卡罗来纳大学教堂山分校	University of North Carolina, Chapel Hill	州内9021 州外36200	11740	1月15日	19355	51000	0.23	0.84
27	28	维克森林大学	Wake Forest University	57760	17334	1月1日	5287	55900	0.3	0.84
29	30	纽约大学	New York University	54880	19244	1月1日	26981	59100	0.16	0.76
29	30	塔夫茨大学	Tufts University	60862	15630	1月1日	5643	61200	0.15	0.88
34	30	加州大学圣塔芭芭拉分校	University of California, Santa Barbara	州内14391 州外44145	15389	11月30日	23349	55600	0.3	0.7
34	30	佛罗里达大学	University of Florida	州内6380 州外28658	10590	3月1日	35405	54800	0.37	0.67
34	34	罗切斯特大学	University of Rochester	58208	17144	1月5日	6780	57500	0.3	0.8
29	35	波士顿学院	Boston College	60202	15220	1月1日	9370	59900	0.27	0.9
37	35	佐治亚理工学院	Georgia Institute of Technology	州内12682 州外33794	14830	1月6日	15964	70100	0.21	0.46
29	35	加州大学尔湾分校	University of California, Irvine	州内13932 州外43686	16561	11月30日	30382	56300	0.27	0.69
37	35	加州大学圣地亚哥分校	University of California, San Diego	州内14451 州外44205	14680	11月30日	30794	59900	0.32	0.65

续表

2020年排名	2021年排名	学校名称（中文）	学校名称（英文）	2020—2021年学费（美元）	2020—2021年食宿费（美元）	RD申请截止时间	现有本科生人数	本科校友起薪中位数（美元）	2019年秋季录取率	4年毕业率
39	39	加州大学戴维斯分校	University of California, Davis	州内14653 州外44407	16100	11月30日	30982	57600	0.39	0.63
40	39	威廉玛丽学院	College of William & Mary	州内23362 州外46283	13356	1月1日	6256	55100	0.38	0.85
40	41	杜兰大学	Tulane University	58852	16248	11月15日	6968	51900	0.13	0.77
40	42	波士顿大学	Boston University	58072	16640	1月1日	17983	57500	0.19	0.84
40	42	布兰迪斯大学	Brandeis University	57615	15890	1月1日	3688	55500	0.3	0.81
40	42	凯斯西储大学	Case Western Reserve University	52948	16080	1月15日	5383	65200	0.27	0.68
48	42	得克萨斯大学奥斯汀分校	The University of Texas, Austin	州内11106 州外39322	12286	12月1日	40163	58800	0.32	0.66
46	42	威斯康星大学麦迪逊分校	University of Wisconsin, Madison	州内10741 州外38629	12220	2月1日	33456	55900	0.54	0.63
50	47	佐治亚大学	University of Georgia	州内12080 州外31120	10328	1月1日	29848	51700	0.46	0.66
48	47	伊利诺伊大学厄巴纳—香槟分校	University of Illinois, Urbana-Champaign	州内16862 州外34312	12252	1月5日	34120	61400	0.59	0.7
50	49	理海大学	Lehigh University	55260	14740	1月1日	5178	67500	0.32	0.8

续表

2020年排名	2021年排名	学校名称（中文）	学校名称（英文）	2020—2021年学费（美元）	2020—2021年食宿费（美元）	RD申请截止时间	现有本科生人数	本科校友起薪中位数（美元）	2019年秋季录取率	4年毕业率
40	49	东北大学	Northeastern University	55382	17480	1月1日	14202	62300	0.18	—
50	49	佩珀代因大学	Pepperdine University	58002	16160	1月15日	3585	54500	0.62	0.79
57	49	迈阿密大学	University of Miami	53682	15470	1月1日	11307	54800	0.27	0.73
54	53	俄亥俄州立大学	The Ohio State University	州内11517 州外33501	13026	2月1日	46818	55000	0.54	0.62
57	53	普渡大学西拉法叶分校	Purdue University, West Lafayette	州内9992 州外28794	10030	滚动录取	33646	61600	0.6	0.59
50	53	伦斯勒理工学院	Rensselaer Polytechnic Institute	57012	15954	1月15日	6241	70100	0.47	0.66
54	53	圣克拉拉大学	Santa Clara University	55629	15972	1月7日	5694	65200	0.49	0.87
46	53	维拉诺瓦大学	Villanova University	57710	14975	1月15日	6865	63100	0.28	0.87
57	58	佛罗里达州立大学	Florida State University	州内6507 州外21673	11088	3月1日	33270	48100	0.36	0.68
54	58	雪城大学	Syracuse University	55926	16356	1月1日	15275	55500	0.44	0.72
64	58	马里兰大学帕克分校	University of Maryland, College Park	州内10778 州外36890	12874	1月20日	30511	59900	0.44	0.69
57	58	匹兹堡大学	University of Pittsburgh	州内19678 州外33706	11250	滚动录取	19200	54800	0.57	0.65

续表

2020年排名	2021年排名	学校名称（中文）	学校名称（英文）	2020—2021年学费（美元）	2020—2021年食宿费（美元）	RD申请截止时间	现有本科生人数	本科校友起薪中位数（美元）	2019年秋季录取率	4年毕业率
62	58	华盛顿大学	University of Washington	州内12092 州外39431	13887	11月15日	32046	59000	0.52	0.66
57	63	宾州州立大学	Pennsylvania State University, University Park	州内18450 州外35514	10592	滚动录取	40639	58300	0.49	0.68
62	63	罗格斯大学	Rutgers University, New Brunswick	州内15003 州外31785	13075	滚动录取	36158	57600	0.61	0.65
64	63	康涅狄格大学	University of Connecticut	州内17834 州外40502	13258	1月15日	18847	58900	0.49	0.73
74	66	福特汉姆大学	Fordham University	55788	19066	1月1日	9767	54800	0.46	0.78
70	66	乔治·华盛顿大学	George Washington University	58640	14711	1月1日	12484	55600	0.41	0.76
64	66	洛约拉马利蒙特大学	Loyola Marymount University	52577	16165	1月15日	6778	54000	0.44	0.73
64	66	南卫理公会大学	Southern Methodist University	58540	17110	1月15日	6710	57500	0.47	0.72
70	66	得州农工大学	Texas A&M University, College Station	州内12445 州外39394	11400	12月1日	59300	53791	0.58	0.55
64	66	马萨诸塞大学阿默斯特分校	University of Massachusetts, Amherst	州内16389 州外35710	13598	1月15日	24209	55700	0.64	0.74
70	66	明尼苏达大学双城分校	University of Minnesota, Twin Cities	州内15027 州外33325	10768	滚动录取	35165	56000	0.57	0.69

续表

2020年排名	2021年排名	学校名称（中文）	学校名称（英文）	2020—2021年学费（美元）	2020—2021年食宿费（美元）	RD申请截止时间	现有本科生人数	本科校友起薪中位数（美元）	2019年秋季录取率	4年毕业率
64	66	伍斯特理工学院	Worcester Polytechnic Institute	53826	15820	1月15日	4761	71000	0.49	0.82
70	74	克莱蒙森大学	Clemson University	州内15120 州外38112	11414	5月1日	20195	57100	0.51	0.6
76	74	弗吉尼亚理工学院	Virginia Polytechnic Institute and State University	州内13749 州外32893	9556	1月15日	29300	62000	0.7	0.65
77	76	美利坚大学	American University	51335	14980	1月15日	8527	50000	0.36	0.75
79	76	贝勒大学	Baylor University	47364	13842	2月1日	14108	52600	0.45	0.63
79	76	印第安纳大学伯明顿分校	Indiana University, Bloomington	州内11221 州外37600	10830	滚动录取	33084	51000	0.78	0.67
97	76	叶史瓦大学	Yeshiva University	46475	12750	2月1日	2038	54600	0.55	0.71
77	80	杨百翰大学	Brigham Young University, Provo	5790	7808	12月15日	31292	57400	0.67	0.22
79	80	贡萨加大学	Gonzaga University	44920	12951	2月1日	5238	55300	0.62	0.75
—	80	霍华德大学	Howard University	28440	12380	2月15日	6526	52800	0.36	0.52
84	80	密歇根州立大学	Michigan State University	州内14460 州外39766	10472	滚动录取	39176	53600	0.71	0.56
84	80	北卡罗来纳州立大学	North Carolina State University, Raleigh	州内9101 州外29220	11601	1月15日	25973	56700	0.45	0.57

续表

2020年排名	2021年排名	学校名称（中文）	学校名称（英文）	2020—2021年学费（美元）	2020—2021年食宿费（美元）	RD申请截止时间	现有本科生人数	本科校友起薪中位数（美元）	2019年秋季录取率	4年毕业率
74	80	史蒂文斯理工学院	Stevens Institute of Technology	55952	16244	1月15日	3487	70400	0.4	0.46
97	80	得州基督大学	Texas Christian University	51660	14040	2月1日	9474	53000	0.46	0.71
97	80	丹佛大学	University of Denver	53775	14178	1月15日	5774	52300	0.59	0.67
79	88	纽约州立大学宾汉顿分校	Binghamton University，SUNY	州内10494 州外27884	16549	滚动录取	14165	57600	0.41	0.71
84	88	科罗拉多矿业学院	Colorado School of Mines	州内19100 州外39800	14720	5月1日	5154	71200	0.53	0.62
84	88	依隆大学	Elon University	37921	13414	1月10日	6277	50700	0.78	0.82
84	88	马凯特大学	Marquette University	45666	13656	12月1日	8515	55300	0.83	0.64
91	88	纽约州立大学石溪分校	Stony Brook University，SUNY	州内10530 州外28200	14798	1月15日	17909	56700	0.44	0.59
79	88	纽约州立大学水牛城分校	University at Buffalo，SUNY	州内10724 州外28194	14136	滚动录取	21921	52900	0.61	0.58
91	88	加州大学河滨分校	University of California，Riverside	州内13859 州外43613	16927	11月30日	22055	52600	0.57	0.56
84	83	爱荷华大学	University of Iowa	州内9605 州外31568	11590	5月1日	23482	50900	0.83	0.54

续表

2020年排名	2021年排名	学校名称（中文）	学校名称（英文）	2020—2021年学费（美元）	2020—2021年食宿费（美元）	RD申请截止时间	现有本科生人数	本科校友起薪中位数（美元）	2019年秋季录取率	4年毕业率
91	88	圣地亚哥大学	University of San Diego	52864	15156	12月15日	5919	55900	0.49	0.66
—	97	奥本大学	Auburn University	州内11796 州外31956	13778	—	24594	52900	0.81	0.5
—	97	亚利桑那大学	University of Arizona	州内12402 州外36738	13050	5月1日	35801	54900	0.85	0.47
—	97	加州大学美熹德分校	University of California, Merced	州内13538 州外43292	18267	11月30日	8151	55400	0.72	0.45
84	97	加州大学圣克鲁兹分校	University of California, Santa Cruz	州内14054 州外43808	16641	11月30日	17517	53400	0.52	0.54
91	97	特拉华大学	University of Delaware	州内14412 州外35842	13472	1月15日	18766	56500	0.68	0.71
—	97	犹他大学	University of Utah	州内9498 州外30132	10201	4月1日	24485	53400	0.62	0.33

6. 2020—2021年USNEWS美国文理学院排名

排名	学校名称（中文）	学校名称（英文）	所在城市	学费/年（美元）	学生人数	SAT平均分	ACT平均分
1	威廉姆斯学院	Williams College	威廉姆斯镇，马萨诸塞州	50760	2078	1410~1550	32~35
2	阿默斯特学院	Amherst College	阿默斯特，马萨诸塞州	60890	1839	1410~1550	31~34
3	斯沃斯莫尔学院	Swarthmore College	斯沃斯莫尔，宾夕法尼亚州	54656	1594	1380~1540	31~35
4	波莫纳学院	Pomona College	克莱蒙特，加利福尼亚州	54774	1717	1390~1540	32~35
4	韦尔斯利学院	Wellesley College	韦尔斯利，马萨诸塞州	58448	2519	1360~1530	31~34
6	鲍登学院	Bowdoin College	布伦瑞克，缅因州	56350	1835	1330~1520	31~34
6	克莱蒙特麦肯纳学院	Claremont McKenna College	克莱蒙特，加利福尼亚州	56475	1343	1360~1510	31~34
6	美国海军学院	United States Naval Academy	安纳波利斯，马里兰州	—	4524	1240~1460	26~32
9	卡尔顿学院	Carleton College	北田镇，明尼苏达州	59352	2119	1360~1540	31~34
9	汉密尔顿学院	Hamilton College	克林顿市，纽约州	58510	1924	1370~1520	32~34
9	明德学院	Middlebury College	明德镇，佛蒙特州	58316	2580	1360~1530	32~34
9	华盛顿与李大学	Washington and Lee University	莱克星顿，弗吉尼亚州	57285	1860	1360~1500	32~34
13	格林内尔学院	Grinnell College	格林内尔，爱荷华州	56680	1733	1370~1530	31~34
13	瓦萨学院	Vassar College	波基浦西市，纽约州	60930	2441	1370~1530	31~34
15	科尔比学院	Colby College	沃特维尔，缅因州	59430	2003	1380~1520	31~34
15	戴维森学院	Davidson College	戴维森，北卡罗来纳州	55060	1837	1310~1485	30~33
15	哈弗福德学院	Haverford College	哈弗福德，宾夕法尼亚州	58900	1317	1380~1540	32~34

续表

排名	学校名称（中文）	学校名称（英文）	所在城市	学费/年（美元）	学生人数	SAT平均分	ACT平均分
15	史密斯学院	Smith College	北安普敦，马萨诸塞州	56114	2531	1330~1520	30~33
15	西点军校	United States Military Academy	西点，纽约州	—	4457	1160~1380	25~30
20	科尔盖特大学	Colgate University	汉密尔顿，纽约州	60015	2980	1330~1500	31~34
20	卫斯理安大学	Wesleyan University	米德尔敦，康涅狄格州	59386	3018	1320~1510	31~34
22	巴纳德学院	Barnard College	纽约市，纽约州	57668	2631	1340~1520	31~34
22	贝茨学院	Bates College	路易斯顿，缅因州	57353	1820	1270~1480	29~33
22	里士满大学	University of Richmond	里士满市，弗吉尼亚州	56860	3161	1290~1460	30~33
25	科罗拉多学院	Colorado College	科罗拉多春城，科罗拉多州	60864	2099	1300~1480	29~33
25	哈维姆德学院	Harvey Mudd College	克莱蒙特，加利福尼亚州	58660	895	1490~1570	33~35
27	麦卡莱斯特学院	Macalester College	圣保罗，明尼苏达州	58478	2098	1320~1510	29~33
28	布林莫尔学院	Bryn Mawr College	布林莫尔，宾夕法尼亚州	56610	1384	1290~1510	29~33
28	凯尼恩学院	Kenyon College	甘比尔，俄亥俄州	61100	1747	1270~1460	29~33
28	斯克利普斯学院	Scripps College	克莱蒙特，加利福尼亚州	59410	1089	1333~1490	30~33
28	美国创价大学	Soka University of America	奥维耶尚，加利福尼亚州	33962	406	1240~1430	26~32
28	美国空军学院	United States Air Force Academy	科罗拉多春城，科罗拉多州	—	4304	1230~1440	28~33
33	伯里亚学院	Berea College	伯里亚，肯塔基州	—	1688	1090~1298	23~27
34	巴克内尔大学	Bucknell University	路易斯堡，宾夕法尼亚州	58202	3627	1255~1430	28~32

续表

排名	学校名称（中文）	学校名称（英文）	所在城市	学费/年（美元）	学生人数	SAT平均分	ACT平均分
34	曼荷莲女子学院	Mount Holyoke College	南哈德利，马萨诸塞州	54618	2190	1270~1490	27~32
36	圣十字学院	College of the Holy Cross	伍斯特，马萨诸塞州	56520	3174	1260~1430	28~32
36	欧柏林学院	Oberlin College	欧柏林，俄亥俄州	58504	2846	1280~1480	29~33
36	匹泽学院	Pitzer College	克莱蒙特，加利福尼亚州	55878	1119	1348~1480	30~33
36	斯基德莫尔学院	Skidmore College	萨拉托加温泉镇，纽约州	58128	2662	1220~1400	28~32
40	拉法耶特学院	Lafayette College	伊斯顿镇，宾夕法尼亚州	57052	2662	1250~1440	28~33
40	西方学院	Occidental College	洛杉矶，加利福尼亚州	56576	2081	1300~1480	28~32
40	托马斯阿奎那斯学院	Thomas Aquinas College	圣保罗，加利福尼亚州	26000	439	1150~1390	26~31
43	富兰克林·马歇尔学院	Franklin & Marshall College	兰开斯特，宾夕法尼亚州	61062	2315	1250~1460	28~32
44	丹尼森大学	Denison University	格兰维尔，俄亥俄州	56680	2293	1200~1410	27~31
44	三一学院	Trinity College	哈特弗德，康涅狄格州	58620	2195	1298~1450	29~32
44	联合学院	Union College	斯克内克塔迪市，纽约州	59427	2189	1220~1420	27~32
47	德堡大学	DePauw University	绿城堡，印第安纳州	53684	1972	1130~1360	23~30
47	狄金森学院	Dickinson College	卡莱尔市，宾夕法尼亚州	56498	2133	1240~1410	28~32
47	西沃恩南方大学	Sewanee University of the South	西沃恩，田纳西州	47980	1695	1150~1340	25~30
47	惠特曼学院	Whitman College	沃拉沃拉，华盛顿州	53820	—	1280~1440	29~32
51	康涅狄格学院	Connecticut College	新伦敦，康涅狄格州	59025	1861	1310~1450	30~33

续表

排名	学校名称（中文）	学校名称（英文）	所在城市	学费/年（美元）	学生人数	SAT平均分	ACT平均分
52	森特学院	Centre College	丹弗列，肯塔基州	44300	1411	1130~1380	26~32
52	弗曼大学	Furman University	格林维尔，南卡罗来纳州	52092	2687	1240~1420	28~32
54	巴德学院	Bard College	哈德逊河畔安南戴尔，纽约州	56036	1954	1244~1413	27~31
54	葛底斯堡学院	Gettysburg College	葛底斯堡，宾夕法尼亚州	58505	2372	1280~1410	27~31
54	希尔斯代尔学院	Hillsdale College	希尔斯代尔，密歇根州	29482	1468	1300~1470	29~33
54	罗德学院	Rhodes College	孟菲斯市，田纳西州	50910	1973	1220~1430	27~32
54	斯贝尔曼学院	Spelman College	亚特兰大市，佐治亚州	29972	2120	1080~1230	22~26
54	圣劳伦斯大学	St. Lawrence University	坎顿，纽约州	58750	2392	1160~1350	24~30
54	瓦伯西学院	Wabash College	克劳福兹维尔镇，印第安纳州	45850	867	1120~1320	23~29
61	阿格尼斯斯科特学院	Agnes Scott College	迪凯特市，佐治亚州	44250	1005	1130~1340	24~30
61	伊利诺伊惠顿学院	Wheaton College（IL）	惠顿市，伊利诺伊州	39100	2395	1220~1440	26~32
63	劳伦斯大学	Lawrence University	阿普尔顿市，威斯康星州	50958	1445	1200~1430	25~32
63	里德学院	Reed College	波特兰市，俄勒冈州	58440	—	1310~1520	30~33
63	莎拉劳伦斯学院	Sarah Lawrence College	布朗克斯维尔，纽约州	57520	1433	1240~1422	28~31
63	圣约翰学院	St. John's College（MD）	安那波利斯，马里兰州	35935	494	1200~1420	26~32
67	卡拉马祖学院	Kalamazoo College	卡拉马祖，密歇根州	52380	1286	1170~1370	25~31
67	圣奥拉夫学院	St. Olaf College	北田镇，明尼苏达州	51450	3072	1190~1430	26~32

续表

排名	学校名称（中文）	学校名称（英文）	所在城市	学费/年（美元）	学生人数	SAT平均分	ACT平均分
69	伍斯特学院	College of Wooster	伍斯特市，俄亥俄州	54000	1947	1150~1380	24~31
69	弗吉尼亚军事学院	Virginia Military Institute	莱克星顿，弗吉尼亚州	45962	1698	1090~1270	21~28
69	沃福德学院	Wofford College	斯帕坦堡，南卡罗来纳州	47650	1667	1190~1350	26~30
72	霍巴特和威廉史密斯学院	Hobart and William Smith Colleges	日内瓦，纽约州	58630	2061	1180~1360	26~30
72	诺克斯学院	Knox College	盖尔斯堡，伊利诺伊州	49974	1258	1090~1350	24~31
72	穆伦堡学院	Muhlenberg College	阿伦敦，宾夕法尼亚州	56665	2251	1150~1340	26~31
72	威拉姆特大学	Willamette University	塞勒姆，俄勒冈州	53624	1515	1140~1340	24~30
76	本宁顿学院	Bennington College	本宁顿，佛蒙特州	58124	733	1250~1440	29~32
76	康奈尔学院	Cornell College	弗蒙山庄，爱荷华州	45914	1020	1100~1345	23~29
76	刘易斯克拉克学院	Lewis & Clark College	波特兰市，俄勒冈州	55266	1965	1210~1400	27~34
76	圣约翰学院	St. John's College（NM）	圣塔菲，新墨西哥州	36410	317	1270~1460	26~31
80	阿勒格尼学院	Allegheny College	米德维尔，宾夕法尼亚州	50980	1775	1170~1360	24~30
80	布洛伊特学院	Beloit College	布洛伊特，威斯康星州	53348	1143	1080~1380	24~30
80	伊利诺伊卫斯理大学	Illinois Wesleyan University	布鲁明顿镇，伊利诺伊州	51336	1629	1120~1320	24~29
80	马里兰圣玛丽学院	St Mary's College of Maryland	圣玛丽城，马里兰州	31200	1491	1060~1290	21~29
84	厄勒姆学院	Earlham College	里士满，印第安纳州	48091	957	1100~1370	23~30

续表

排名	学校名称（中文）	学校名称（英文）	所在城市	学费/年（美元）	学生人数	SAT平均分	ACT平均分
84	古斯塔夫阿道夫学院	Gustavus Adolphus College	圣彼得，明尼苏达州	48460	2235	一	25~30
84	朱尼亚塔学院	Juniata College	汉廷顿，宾夕法尼亚州	49175	1389	1118~1320	24~28
84	森林湖学院	Lake Forest College	森林湖市，伊利诺伊州	49822	1538	1080~1280	23~29
84	新佛罗里达学院	New College of Florida	萨拉索塔，佛罗里达州	29944	702	1180~1360	25~31
84	特兰西瓦尼亚大学	Transylvania University	莱克星顿，肯塔基州	41610	949	1080~1350	23~30
84	普吉特湾大学	University of Puget Sound	塔科马，华盛顿州	53800	2299	1150~1370	25~30
84	乌尔西努努学院	Ursinus College	学院村，宾夕法尼亚州	55210	1472	1150~1350	24~30
84	马萨诸塞惠顿学院	Wheaton College（MA）	诺顿，马萨诸塞州	56366	1774	1150~1340	27~32
93	亨德里克斯学院	Hendrix College	康威，阿肯色州	49490	1109	1150~1370	25~31
93	俄亥俄卫理斯理大学	Ohio Wesleyan University	特拉华市，俄亥俄州	47130	1494	1080~1330	22~28
93	普林希匹亚学院	Principia College	埃尔萨，伊利诺伊州	30720	404	1010~1218	22~27
96	奥古斯塔纳学院	Augustana College	石岛，伊利诺伊州	45136	2546	1090~1320	23~29
96	圣本笃学院	College of Saint Benedict	圣约瑟夫，明尼苏达州	48444	1748	1040~1255	22~28
96	印第安纳圣玛丽学院	Saint Mary's College（IN）	诺特丹，印第安纳州	45720	1452	1060~1250	24~28
96	华盛顿与杰弗逊学院	Washington and Jefferson College	华盛顿，宾夕法尼亚州	50192	1262	1090~1280	22~28
96	华盛顿学院	Washington College	切斯特镇，马里兰州	49768	1288	1090~1300	20~29
101	大西洋学院	College of the Atlantic	巴港，缅因州	43542	355	1170~1340	26~32

资料来源：迁木网。

7. 2021年NICHE美国私立高中排名

排名	学校名称（中文）	学校名称（英文）	所在州
1	菲利普斯中学安多佛	Phillips Academy Andover	马萨诸塞州
2	菲利普斯埃克塞特中学	Phillips Exeter Academy	新罕布什尔州
3	霍奇基斯中学	The Hotchkiss School	康涅狄格州
4	乔特罗斯玛丽中学	Choate Rosemary Hall	康涅狄格州
5	劳伦斯威尔高中	The Lawrenceville School	新泽西州
6	格罗顿学校	Groton School	马萨诸塞州
7	诺贝尔格林诺中学	Noble and Greenough School	马萨诸塞州
8	圣保罗中学	St. Paul's School	新罕布什尔州
9	康科德中学	Concord Academy	马萨诸塞州
10	迪尔菲尔德学院	Deerfield Academy	马萨诸塞州
11	米尔顿高中	Milton Academy	马萨诸塞州
12	米德尔塞克斯中学	Middlesex School	马萨诸塞州
13	鲁米斯查菲高中	The Loomis Chaffee School	康涅狄格州
14	撒切尔学校	The Thacher School	加利福尼亚州
15	克瑞布鲁克中学	Cranbrook Schools	密歇根州
16	凯特中学	Cate School	加利福尼亚州
17	霍克黛女子学校	The Hockaday School	得克萨斯州
18	湖森中学	Lake Forest Academy	伊利诺伊州
19	塔夫脱中学	The Taft School	康涅狄格州
20	哈克里中学	Hackley School	纽约州
21	圣奥尔本斯中学	St. Albans School	华盛顿特区
22	圣斯蒂芬教会学校	St. Stephen's Episcopal School	得克萨斯州
23	圣安德鲁学校（特拉华州）	St. Andrew's School（DE）	特拉华州
24	圣马克学校	St. Mark's School	马萨诸塞州
25	佩迪中学	Peddie School	新泽西州
26	摩尔西斯堡学院	Mercersburg Academy	宾夕法尼亚州
27	艾玛威拉德女子中学	Emma Willard School	纽约州
28	北野山高中	Northfield Mount Hermon School	马萨诸塞州
29	韦伯中学	The Webb Schools	加利福尼亚州

续表

排名	学校名称（中文）	学校名称（英文）	所在州
30	雅典纳中学	The Athenian School	加利福尼亚州
31	庞弗雷特中学	Pomfret School	康涅狄格州
32	肯特高中	Kent School	康涅狄格州
33	托马斯杰弗逊学校	Thomas Jefferson School	密苏里州
34	世界联合学院	United World College（USA）	新墨西哥州
35	伊奥拉尼学校	Iolani School	夏威夷州
36	主教高中	Episcopal High School	弗吉尼亚州
37	玛黛拉女子中学	The Madeira School	弗吉尼亚州
38	西储学院	Western Reserve Academy	俄亥俄州
39	明尼苏达国际学校	The International School of Minnesota	明尼苏达州
40	石溪中学	The Stony Brook School	纽约州
41	乔治高中	George School	宾夕法尼亚州
42	乔治城预科学校	Georgetown Preparatory School	马里兰州
43	桑迪赛德学院	Shady Side Academy	宾夕法尼亚州
44	普林斯顿国际数学与科学学院	Princeton International School of Math and Science	新泽西州
45	俄勒冈主教高中	Oregon Episcopal School	俄勒冈州
46	布莱尔学院	Blair Academy	新泽西州
47	希尔中学	The Hill School	宾夕法尼亚州
48	印第安泉中学	Indian Springs School	亚拉巴马州
49	伍德赛德中学	Woodside Priory School	加利福尼亚州
50	波特女子高中	Miss Porter's School	康涅狄格州
51	伯克希尔中学	Berkshire School	马萨诸塞州
52	萨菲尔德中学	Suffield Academy	康涅狄格州
53	威利学校	The Village School	得克萨斯州
54	库欣高中	Cushing Academy	马萨诸塞州
55	柯尔沃学院	Culver Academies	印第安纳州
56	乌德贝里森林学校	Woodberry Forest School	弗吉尼亚州
57	布鲁克斯学校	Brooks School	马萨诸塞州
58	安妮怀特中学	Annie Wright Schools	华盛顿州

续表

排名	学校名称（中文）	学校名称（英文）	所在州
59	史蒂文森中学	Stevenson School –Upper Division	加利福尼亚州
60	圣安德鲁学校	Saint Andrew's School	佛罗里达州
61	圣多明尼哥中学	San Domenico School	加利福尼亚州
62	迈斯特中学	The Masters School	纽约州
63	威斯顿剑桥中学	The Cambridge School of Weston	马萨诸塞州
64	朴次茅斯修道院中学	Portsmouth Abbey School	罗得岛州
65	林顿女子中学	Linden Hall	宾夕法尼亚州
66	米德兰中学	Midland School	加利福尼亚州
67	费尔蒙特预备中学	Fairmont Preparatory Academy	加利福尼亚州
68	潘宁顿中学	The Pennington School	新泽西州
69	达娜豪尔女子高中	Dana Hall School	马萨诸塞州
70	科罗拉多喷泉谷学校	Fountain Valley School of Colorado	科罗拉多州
71	圣乔治学校	St. George's School	罗得岛州
72	福临特里奇圣心学院	Flintridge Sacred Heart Academy	加利福尼亚州
73	麦克多纳学校	McDonogh School	马里兰州
74	西城中学	Westtown School	宾夕法尼亚州
75	阿什维尔学校	Asheville School	北卡罗来纳州
76	伽文纳中学	The Governor's Academy	马萨诸塞州
77	河石国际学校	Riverstone International School	爱达荷州
78	格里尔女子中学	Grier School	宾夕法尼亚州
79	圣约翰中学	Saint John's Preparatory School	明尼苏达州
80	伍德兰兹圣心学院	Woodlands Academy of the Sacred Heart	伊利诺伊州
81	威斯多佛学校	Westover School	康涅狄格州
82	橡树基督教学校	Oaks Christian School	加利福尼亚州
83	泰博学院	Tabor Academy	马萨诸塞州
84	麦卡利中学	McCallie School	田纳西州
85	圣詹姆斯学校	Saint James School	马里兰州
86	劳伦斯中学	Lawrence Academy	马萨诸塞州
87	米斯豪司中学	Miss Hall's School	马萨诸塞州

续表

排名	学校名称（中文）	学校名称（英文）	所在州
88	因特劳肯艺术学院	Interlochen Arts Academy	密歇根州
89	马赫西学校	Maharishi School	爱荷华州
90	莫米谷走读中学	Maumee Valley Country Day School	俄亥俄州
91	圣卡塔利娜学校	Santa Catalina School	加利福尼亚州
92	贝勒中学	Baylor School	田纳西州
93	亚凡吉农场中学	Avon Old Farms School	康涅狄格州
94	梳士巴利男子学校	Salisbury School	康涅狄格州
95	得克萨斯主教中学	TMI Episcopal	得克萨斯州
96	马杜菲中学	The MacDuffie School	马萨诸塞州
97	威斯敏斯特学校	Westminster School	康涅狄格州
98	帕特尼中学	The Putney School	佛蒙特州
99	福利斯特里奇女子中学	Forest Ridge School of the Sacred Heart	华盛顿州
100	夏威夷预科学院	Hawaii Preparatory Academy	夏威夷州

8. 2021年雅思考试时间

考试日期	类别	报名截止日期	准考证打印日期	成绩单寄送日期
2021-01-09	A+G	2020-12-21	2020-12-30	2021-01-22
2021-01-16	A	2020-12-28	2021-01-06	2021-01-29
2021-01-21	A	2021-01-04	2021-01-11	2021-02-03
2021-01-23	A+G	2021-01-04	2021-01-13	2021-02-05
2021-01-30	A	2021-01-11	2021-01-20	2021-02-12
2021-02-06	A+G	2021-01-18	2021-01-27	2021-02-19
2021-02-20	A	2021-02-01	2021-02-10	2021-03-05
2021-02-25	A+G	2021-02-08	2021-02-15	2021-03-10
2021-02-27	A	2021-02-08	2021-02-17	2021-03-12
2021-03-04	A+G	2021-02-15	2021-02-22	2021-03-17
2021-03-06	A	2021-02-15	2021-02-24	2021-03-19
2021-03-13	A+G	2021-02-22	2021-03-03	2021-03-26
2021-03-20	A	2021-03-01	2021-03-10	2021-04-02

续表

考试日期	类别	报名截止日期	准考证打印日期	成绩单寄送日期
2021-03-27	A+G	2021-03-08	2021-03-17	2021-04-09
2021-04-03	A	2021-03-15	2021-03-24	2021-04-16
2021-04-10	A	2021-03-22	2021-03-31	2021-04-23
2021-04-17	A+G	2021-03-29	2021-04-07	2021-04-30
2021-04-24	A+G	2021-04-05	2021-04-14	2021-05-07
2021-04-29	A	2021-04-12	2021-04-19	2021-05-12
2021-05-08	A	2021-04-19	2021-04-28	2021-05-21
2021-05-15	A	2021-04-26	2021-05-05	2021-05-28
2021-05-20	A+G	2021-05-03	2021-05-10	2021-06-02
2021-05-22	A	2021-05-03	2021-05-12	2021-06-04
2021-05-29	A+G	2021-05-10	2021-05-19	2021-06-11
2021-06-05	A	2021-05-17	2021-05-26	2021-06-18
2021-06-12	A+G	2021-05-24	2021-06-02	2021-06-25
2021-06-17	A	2021-05-31	2021-06-07	2021-06-30
2021-06-19	A+G	2021-05-31	2021-06-09	2021-07-02
2021-06-26	A	2021-06-07	2021-06-16	2021-07-09
2021-07-01	A	2021-06-14	2021-06-21	2021-07-14
2021-07-10	A+G	2021-06-21	2021-06-30	2021-07-23
2021-07-17	A	2021-06-28	2021-07-07	2021-07-30
2021-07-24	A+G	2021-07-05	2021-07-14	2021-08-06
2021-07-31	A	2021-07-12	2021-07-21	2021-08-13
2021-08-07	A	2021-07-19	2021-07-28	2021-08-20
2021-08-12	A+G	2021-07-26	2021-08-02	2021-08-25
2021-08-14	A	2021-07-26	2021-08-04	2021-08-27
2021-08-21	A+G	2021-08-02	2021-08-11	2021-09-03
2021-08-28	A	2021-08-09	2021-08-18	2021-09-10
2021-09-04	A+G	2021-08-16	2021-08-25	2021-09-17
2021-09-11	A	2021-08-23	2021-09-01	2021-09-24
2021-09-16	A	2021-08-30	2021-09-06	2021-09-29
2021-09-25	A+G	2021-09-06	2021-09-15	2021-10-08

考试日期	类别	报名截止日期	准考证打印日期	成绩单寄送日期
2021－10－09	A	2021－09－20	2021－09－29	2021－10－22
2021－10－14	A	2021－09－27	2021－10－04	2021－10－27
2021－10－23	A＋G	2021－10－04	2021－10－13	2021－11－05
2021－10－30	A＋G	2021－10－11	2021－10－20	2021－11－12
2021－11－06	A	2021－10－18	2021－10－27	2021－11－19
2021－11－11	A＋G	2021－10－25	2021－11－01	2021－11－24
2021－11－20	A＋G	2021－11－01	2021－11－10	2021－12－03
2021－11－27	A	2021－11－08	2021－11－17	2021－12－10
2021－12－02	A	2021－11－15	2021－11－22	2021－12－15
2021－12－04	A＋G	2021－11－15	2021－11－24	2021－12－17
2021－12－11	A	2021－11－22	2021－12－01	2021－12－24
2021－12－18	A＋G	2021－11－29	2021－12－08	2021－12－31

资料来源：https://www.chinaielts.org/whats_new/ielts_news/97482.shtml。

9. 2021年托福考试时间

月份	日期
1月	9日、10日、16日、30日、31日
2月	27日、28日
3月	6日、13日、14日、21日、27日
4月	10日、24日、25日
5月	8日、15日、22日
6月	5日、19日、20日、26日
7月	3日、4日、10日、11日
8月	15日、21日、22日、28日、29日
9月	4日、5日、11日、18日、19日、25日
10月	9日、16日、23日、24日、30日
11月	6日、13日、14日、20日、21日、27日、28日
12月	4日、11日、18日、19日

注：因全球公共卫生健康事件影响，考试时间也许会有变化，以College Board官网实时发布信息为准。

10. 2021年SAT考试时间（北美/亚太考区）

北美考区		亚太考区	
考试日期	是否有SAT Subject考试	考试日期	是否有SAT Subject考试
3月13日	否	3月13日	否
5月8日	是	5月8日	是
6月5日	是	8月28日	是
8月28日	是	10月2日	是
10月2日	是	12月4日	是
11月6日	是		
11月4日	是		

注：因全球公共卫生健康事件影响，考试时间也许会有变化，以College Board官网实时发布信息为准。

11. 2021年GRE考试时间

月份	日期
1月	8日、17日、23日
2月	7日、26日
3月	7日、19日、28日
4月	3日、17日、23日
5月	9日、16日、29日
6月	4日、12日、27日
7月	2日
8月	14日、20日
9月	3日、12日、26日
10月	10日、17日、31日
11月	7日、19日
12月	3日、12日、17日

注：1. 12个月内最多考五次，每次考试需相隔20天。

2. 因全球公共卫生健康事件影响，考试时间也许会有变化，以College Board官网实时发布信息为准。

12. 2021年AP考试时间

常规考试时间			
第一周	上午8点	中午12点	下午2点
2021年5月3日（星期一）	无考试	物理C：力学	物理C：电与磁
2021年5月4日（星期二）	微积分AB 微积分BC	无考试	
2021年5月5日（星期三）	英语文学与写作	物理1	
2021年5月6日（星期四）	无考试	艺术史 计算机科学A	
2021年5月7日（星期五）	化学	物理2	
第二周	上午8点	中午12点	
2021年5月10日（星期一）	无考试	宏观经济学	
2021年5月11日（星期二）	专题研究	心理学	
2021年5月12日（星期三）	英语语言与写作	微观经济学	
2021年5月13日（星期四）	计算机原理	统计学	
2021年5月14日（星期五）	生物学	环境科学	
延迟考试时间			
第二周	上午8点	中午12点	
2021年5月20日（星期四）	无考试	艺术史	

资料来源：https://www.prometric.com.cn/apregistration。

注：因全球公共卫生健康事件影响，考试时间也许会有变化，以College Board官网实时发布信息为准。